<NO CODE /
LOW CODE>

<노코드/로우코드>

노코드/로우코드

작전명 Codeless, 모두를 시민 개발자로 만드는 기술

초판 1쇄 발행 2023년 11월 3일

지은이 필 사이먼 / **옮긴이** 박수현 / **펴낸이** 전태호
펴낸곳 한빛미디어(주) / **주소** 서울시 서울시 서대문구 연희로2길 62 한빛미디어(주) IT출판2부
전화 02-325-5544 / **팩스** 02-336-7124
등록 1999년 6월 24일 제25100-2017-000058호 / **ISBN** 979-11-6921-154-3 13000

총괄 송경석 / **책임편집** 박민아 / **기획·편집** 김종찬
디자인 표지 이아란 내지 박정화 / **전산편집** 이소연
영업 김형진, 장경환, 조유미 / **마케팅** 박상용, 한종진, 이행은, 김선아, 고광일, 성화정, 김한솔 / **제작** 박성우, 김정우

이 책에 대한 의견이나 오탈자 및 잘못된 내용에 대한 수정 정보는 한빛미디어(주)의 홈페이지나 아래 이메일로
알려주십시오. 잘못된 책은 구입하신 서점에서 교환해드립니다. 책값은 뒤표지에 표시되어 있습니다.

한빛미디어 홈페이지 www.hanbit.co.kr / 이메일 ask@hanbit.co.kr

지금 하지 않으면 할 수 없는 일이 있습니다.
책으로 펴내고 싶은 아이디어나 원고를 메일(**writer@hanbit.co.kr**)로 보내주세요.
한빛미디어(주)는 여러분의 소중한 경험과 지식을 기다리고 있습니다.

< NO CODE / LOW CODE >

< 노코드 / 로우코드 >

필 사이먼 지음 / 박수현 옮김

작전명 Codeless,
모두를 시민 개발자로 만드는 기술

Ⅱ3 한빛미디어
Hanbit Media, Inc.

제가 호주에서 클라우드라는 개념을 통해 애플리케이션을 개발하기 시작한 것이 10년이 채 안 됐습니다. 그때 만났던 고객사 중 한 곳에서 처음으로 노코드/로우코드 플랫폼을 이용해서 프로젝트를 진행했습니다. 마이크로소프트 애저 클라우드에서 제공하는 로직 앱이라는 노코드/로우코드 서비스였습니다. 그게 2016년이었습니다.

제가 클라우드 컴퓨팅 시장에 늦게 진입했고, 노코드/로우코드 시장에 늦게 진입했던 그 시점에서 이미 호주의 노코드/로우코드 시장은 꽤 컸던 것으로 기억합니다.

기억의 시간을 빠르게 돌려 2020년이 됐을 땐, 코로나바이러스라는 전무후무한 팬데믹이 전 세계를 휩쓸었습니다. 모든 기업이 원하든 원하지 않든 강제로 재택근무를 시작해야 했기 때문에 어떻게 해서든 원격으로 모두가 일을 해야 했고, 거기서 최대한 업무 효율성을 예전만큼 또는 예전보다 더 많이 가져가야 했습니다. 마이크로소프트의 사티아 나델라 회장은 이 덕분에 디지털 전환이 몇십 년 이상 당겨졌을 정도라고 한 인터뷰에서 얘기하기도 했죠.

저는 그때 마이크로소프트의 파워 플랫폼이라는 노코드/로우코드 플랫폼이 이 업무 생산성 혁신 분야의 선두 주자가 됐음을 현장에서 직감할 수 있었고, 실제로 가트너가 매년 발표하는 기업용 노코드/로우코드 분야 매직 쿼드런트에서 선두를 달리는 것을 두 눈으로 확인했습니다.

그렇다면, 이러한 노코드/로우코드 도구 혹은 플랫폼이 과연 나의 업무와 회사에는 어떤 영향을 미칠 수 있을까요? 전문 개발자와 얘기를 나누다 보면 노코드/로우코드 플랫폼에 대해 여전히 많은 오해를 갖고 있는 것을 봅니다. "그건 코딩이 아니야!"라든가 "내가 차라리 코딩을 해서 애플리케이션을 개발하는 게 낫지"라는 반응이 대부분이죠. 더불어 시민 개발자라고 불리는 현업/현장 전문가와 얘기를 하다 보면 이번에는 "이러다가 내 직업이 없어지는 것 아닌가요?"라는 막연한 두려움을 보이는 분들까지 있습니다.

저는 이런 반응이 당연하다고 생각합니다. 시대를 막론하고 신문물을 처음 만났을 때 사람들이 느끼는 두려움, 호기심, 박탈감 등과 동일하다고 생각합니다. 하지만, 결국에는 이러한 신문물이 대세가 될 것이고 이 흐름에 올라타는 사람과 그렇지 못한 사람의 차이가 생겨난다고 믿습니다.

그런 관점에서 이 책은 노코드/로우코드 플랫폼이 무엇인지, 왜 이것을 신경 써야 하는지, 어떤 것을 받아들여야 할지에 대해 여러 각도에서 고민해 볼 수 있는 여지를 주고 있습니다. 물론 앞으로도 기존 방식인 코딩을 통해 많은 전문 개발자가 애플리케이션을 개발할 것입니다. 다만, 그 전문 개발자가 개발한 애플리케이션이 채우지 못하는 빈 공간을 이 노코드/로우코드 플랫폼이 채울 것이고, 이를 현업/실무 전문가로 대표되는 시민 개발자가 주도하는 하나의 현상이 될 것입니다.

이 책을 통해 노코드/로우코드 플랫폼에 대해 전혀 모르고 있었다면 새로운 시각을 갖게 될 것이고, 이미 알고 있었다면 기존의 시각을 한 번쯤은 다시 고민해 볼 수 있는 계기를 얻게 될 것입니다.

마이크로소프트 시니어 클라우드 아드보캇, **유저스틴**

노코드/로우코드 전반을 소개할 수 있는 입문서가 한국에도 출간된다니 기쁩니다. 이 책은 개별 도구에 대한 구체적인 튜토리얼을 다루고 있지는 않지만, 노코드/로우코드가 무엇인지, 지금 왜 우리가 노코드/로우코드에 관심을 가져야 하는지 감을 잡을 수 있게 돕습니다. 기술은 점차 발전하면서 더 쉬워지고 더 폭넓게 사용됩니다. 노코드/로우코드도 이러한 기술의 발전 방향에 따라 필연적으로 맞이하게 될 분명한 미래입니다. 많은 분이 이 책을 통해 노코드/로우코드에 대한 전반적인 지식을 얻고, 노코드/로우코드가 가져올 변화에 어떻게 대응해야 할지 고민해 보셨으면 좋겠습니다.

AI/노코드 분야 유튜브 크리에이터, **일잘러 장피엠**

기존에도 자동화라는 키워드는 존재해 왔고 많이 쓰였습니다. 하지만 최근 AI의 급격한 발달 등으로 누구나 쉽게 모르는 분야의 일까지 해결할 수 있는 시대가 되었습니다. 노코드/로우코드도 이와 같은 맥락이라고 생각합니다. 하지만 단순히 자동화되었고 누구나 할 수 있다고 해서 이것이 실무적으로 활용할 수 있는 것은 아닙니다. 실무는 성과를 내야 하고, 명확한 목표에 부합해야 하기 때문입니다. 이 책은 우리가 이런 노코드/로우코드를 통해 무언가를 만들 때 어떤 기준과 방식으로 설계하고 다뤄야 하는지에 대해 잘 서술하고 있습니다. 우리는 새로운 기준이나 개념이 등장할 때 항상 어떤 틀을 가지고 접해야 다루기 쉽습니다. 안 그러면 너무 막연하기 때문입니다. 이 책은 그러한 가이드 역할을 매우 잘해 준다고 생각합니다.

데브옵스 엔지니어, **이장훈**

디지털 전환의 핵심을 이해하는 데 있어서 '노코드/로우코드' 주제를 다루는 이 책은 필수적인 도서입니다. 디지털 전환은 단순히 기술의 도입이 아닌, 업무 프로세스의 재설계와 조직 문화의 변화를 포함합니다. 이 책은 노코드/로우코드 활용하여 어떻게 업무 프로세스를 재설계하고, 그로 인해 조직 전체가 더욱 효율적으로 작동할 수 있는지에 대한 실질적인 방법을 제시합니다. 또한, 노코드/로우코드가 기업의 디지털 전환에 어떻게 이바지할 수 있는지 구체적인 사례와 함께 설명하므로, 이론과 실제 사이의 갭을 메울 수 있습니다. 디지털 시대에 성장하고자 하는 모든 조직에 꼭 필요한 안내서입니다.

메가존클라우드 솔루션 아키텍트, **윤명식**

이 책은 노코드/로우코드를 회사에 도입하려는 기획자에게 좋은 안내서입니다. 노코드/로우코드 시장 동향을 다루며, 시민 개발자의 역할과 이점 그리고 실제 도입 사례를 다루고 있습니다. 또한 노코드/로우코드를 기업에 도입하기 위한 평가 방법과 도입 시 고려할 사항에 대한 내용은 특히 노코드/로우코드를 사내에 도입하고자 하는 IT 기획자에게 큰 도움이 될 것입니다.

(주)두산, 마이크로소프트 365 & 파워 플랫폼 컨설턴트, **장부관**

이제는 코딩의 지식 없이도 애플리케이션을 충분히 만들 수 있는 시대가 되었습니다. 이 책은 이처럼 '시민 개발자' 시대가 된 노코드/로우코드의 역사를 IT 발전과 함께 되짚어 보고, 노코드/로우코드 애플리케이션 배포를 위한 전반적인 과정을 많은 사례와 함께 살펴봅니다. 노코드/로우코드가 작은 기업에서만 적용되는 개념인지 아닌지는 이 책을 보면 확실히 알 수 있을 것입니다.

클라우드메이트 클라우드 엔지니어, **최치영**

'디지털 전환'을 넘어 '디지털 강제'라는 용어가 등장한 시대입니다. 디지털 기반의 업무재설계가 더없이 중요해졌지만, 실무적으로는 여전히 어려움이 있습니다. 이런 상황에서 OpenExO가 분류한 기하급수적으로 성장하는 조직의 주요 속성 11가지 가운데 업무 자동화를 통한 '알고리즘'과 '차용한 자산'은 '노코드/로우코드'로 충분히 해결할 수 있는 속성입니다. 이를 통해 더 많은 조직이 기하급수적으로 성장하는 데 이 책이 추상적이면서도 구체적이고 실무적인 답을 줄 것으로 확신합니다.

파란두루미 주식회사 대표, MS MVP, 이인희

생성형 AI와 결합된 노코드/로우코드는 개발 틈새시장으로 매우 유용합니다. 예를 들어 기업이 안드로이드 14, 윈도우 12에서 C++ 메모리 버그 때문에 RUST 언어로 전부 코드를 재가공 중인데, 시민 개발자가 노코드/로우코드 도구로 생성형 AI의 도움을 받아 RUST 코드 생성/변환기를 만들어 낸다면 엄청난 비용과 시간을 절약할 수 있습니다. 이처럼 편리함을 제공하는 시민 개발자에게 기회는 늘 열려있을 겁니다. 이 책으로 그 기회를 먼저 잡아 보세요.

UCA수퍼컴퓨팅아카데미 대표, 울산대 산업대학원 겸임교수, 이태희

지은이·옮긴이 소개

지은이 **필 사이먼** Phil Simon

왕성하게 활동하는 기조연설자이자 워크플레이스 기술 분야의 세계적인 권위자.
지금까지 12권의 비즈니스 서적을 출간했고 여러 번의 수상 경력을 가지고 있습
니다. 조직 내부와 조직 간의 더 나은 의사소통, 협업, 기술 사용에 큰 도움을 주
고 있으며 하버드 비즈니스 리뷰, MIT 슬론 매니지먼트 리뷰, 와이어드, NBC,
CNBC, 블룸버그 비즈니스 위크 및 뉴욕타임스 등에 글을 기고하기도 했습니다.
최근에는 협업에 관련된 대화를 주제로 팟캐스트를 진행하고 있습니다.

옮긴이 **박수현** ardeness@gmail.com

홍익대학교 컴퓨터공학과에서 박사 학위를 받았으며 현재는 SK텔레콤에서 개발
자로 일하고 있습니다. 커널, 시스템, 클라우드 컴퓨팅, 쿠버네티스, 웹 등 다양
한 개발 분야에 관심을 가지고 있으며, 『자바스크립트는 왜 그 모양일까?』(인사
이트, 2020), 『스벨트 앤 새퍼 인 액션』(한빛미디어, 2021), 『클라우드 네이티브
애플리케이션 디자인 패턴』(한빛미디어, 2022), 『실전에서 바로 쓰는 Next.js』
(한빛미디어, 2023)를 번역했습니다.

노코드/로우코드, 시민 개발과 시민 개발자 같은 용어는 마케팅 용어일 수 있습니다. 사람들은 보통 새로운 기술이나 트렌드에 적당한 용어를 붙이고 사용하는 것을 선호하는 편이죠. 물론 정말 새로운 개념에 새로운 이름을 붙이는 경우도 있지만, 적어도 노코드/로우코드는 그렇지 않습니다. 이름만 보았을 때는 코드가 더 이상 필요하지 않거나 거의 할 필요가 없다는 생각이 들게 만든다는 점에서는 뭔가 획기적인 기술이 그 뒤에 있으리라 생각하실 수 있겠지만, 그렇지 않습니다.

인류는 역사적으로 귀찮고 하기 싫은 일들을 자동화해 왔습니다. 증기기관이 그랬고, 공장 자동화가 그러하며 인공지능 역시 사람이 해야 할 일을 대신하게끔 만들고자 하는 욕구가 반영되어 있죠.

노코드/로우코드도 이러한 자동화의 산물입니다. 그럴싸한 블로그 페이지를 노코드/로우코드가 자동으로 만들어 주지는 않습니다. 하지만 정형화되어 있는 페이지 레이아웃의 대부분을 클릭 한 번으로 만들어 주죠. 사용자는 아주 조금의 수정만으로 자신이 원하는 페이지와 근접한 결과물을 얻게 되는 것입니다. 바닥부터 만들지 않고, 누구나가 쉽게 할 수 있는 일을 다시 반복하지 않고 노코드/로우코드가 대신해 주는 것입니다. 어때요, 참 쉽죠?

그렇기에 개발자들이 노코드/로우코드로 인해서 직장을 잃게 될 것이라는 걱정은 할 필요가 없습니다. 저자가 말하듯, 누군가는 노코드/로우코드 도구들을 만들어 주어야 합니다. 노코드/로우코드로 할 수 없는 일들은 개발자들이 할 수밖에 없을 것입니다. 정말 개발자들을 대체할 만한 수준의 인공지능이 나온다면, 그때는 직장을 잃을지도 모른다는 걱정을 할 수도 있겠네요. 하지만 노코드/로우코드는 최소한 아닙니다. 노코드/로우코드는 간단한 애플리케이션을 바닥부터 만들지 않고 최대한 간결하고 반복적인 작업 없이 만들고자 하는 모든 개발자/비 개발자들을 위한 것입니다.

끝으로 좋은 책을 번역할 기회를 주신 한빛미디어와 관계자분들, 좀 더 좋은 글을 만들기 위해 고심하시고 피드백 주신 김종찬 편집자님, 사랑하는 제 아내 지선이와 딸 현서, 그 외 번역에 도움을 주신 많은 분께 감사의 인사를 전합니다.

박수현

목차

Part 1 오늘날의 애플리케이션 개발 방법

CHAPTER 1 현실로 다가온 워크플레이스 기술

CHAPTER 2 재미로 알아보는 비즈니스 기술의 역사

Part 2   새로 쓰는 애플리케이션 개발 방법

CHAPTER **3**   왜 노코드/로우코드가 모든 것을 바꾸는가

CHAPTER **4**   노코드/로우코드 시장과 동향

_{CHAPTER} **5** **시민 개발자**

Part **3**　**노코드/로우코드와 시민 개발자의 잠재력**

CHAPTER **7**　**시민 개발의 실제 사례**

CHAPTER 8 **시민 개발 접근법**

오늘날의
애플리케이션
개발 방법

현실로 다가온
워크플레이스 기술

"누울 자리를 보고 발을 뻗어라."

– 한국 속담 –

지난 수년간 워크플레이스 관련 시스템이나 애플리케이션 및 기술은 급속도로 발전하고 복잡해졌습니다.

2018년 10월 다국적 회계 감사 기업인 프라이스워터하우스쿠퍼스(이하 PwC)는 다양한 국가에서 여러 산업군에 종사하고 있는 근로자 만 이천 명을 대상으로 설문조사를 실시한 바 있습니다.[i] 그 결과에 따르면 대다수의 근로자는 자사에서 제공하는 업무용 도구나 기술에 대해 불만을 가진 것으로 나타났습니다. 그중 약 75%는 회사에서 제공하는 도구보다 자신이 개인적으로 사용하는 도구나 기술이 훨씬 더 낫다고 생각할 정도였죠.

또한 경영진들이 회사에서 사용할 워크플레이스 기술을 고를 때 근로자들을 고려했을 것이라고 생각하는 직원들은 전체의 절반에 불과했습니다. 물론 경영진들의 생각은 다르겠죠. 경영진들은 스스로가 근로자들과 근무 환경을 고려하고 심사숙고한 끝에 워크플레이스 기술을 선택했다고 응답했습니다. 다음 [그림 1-1]을 보면 그 확연한 차이를 알 수 있습니다.

입장 차이가 정말 극명합니다. 직원들 입장에서는 자사가 사용하는 워크플레이스 기술이 개선될 여지가 많다는 점이 그나마 다행이라고 할 수 있겠네요. 워크플레이스 기술의 여러 문제점을 해결하려면 경영진들이나 관리자들이 더 잘해야 합니다.

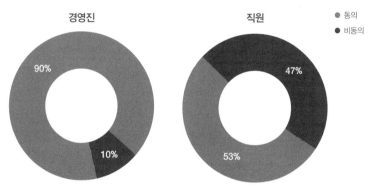

워크플레이스 기술 사용 경험에 대한 설문

'당신의 회사가 사용하고 있는 워크플레이스 기술은 근무자들의 필요성을
충분히 고려하고 선택한 것인가'에 대한 응답 비율

경영진 · 90% · 10%

직원 · 47% · 53%

● 동의
● 비동의

그림 1-1 워크플레이스 기술 사용 경험에 대한 설문조사(출처: PwC)

PwC는 조사 보고서에서 이러한 현상은 곧 근무자들의 작업 환경 개선에 관심이 있는 인사 관리자들에게 더 많은 기회가 주어질 것을 시사한다고 밝힌 바 있죠.

새로운 애플리케이션이나 기술을 도입하려면 상당한 투자가 필요하겠지만, 그만큼 얻을 수 있는 것도 많을 것입니다. 아마도 근무자들의 직업 만족도와 생산성이 늘어날 것이고, 그만큼 뛰어난 인재들이 회사에 계속 머무를 확률도 커지겠죠.

그럼, 없는 살림을 쥐어짜서라도 더 좋은 워크플레이스 기술을 도입해야 할까요? 이론적으로만 보자면, 그 답은 명확해 보입니다.

1.1 원인과 결과를 분리해서 보라

설문조사와 달리 세상은 그리 호락호락하지 않습니다. 현실 세계는 상상할 수도 없는 수많은 것들이 상호작용하기 때문에 예측한다는 것은 불가능에 가깝습니다. 워크플레이스 기술에 대해서 얼마의 비용을 투자하면 직원들의 생산성이 어느 정도 향상되는지를 예측하고 계산하는 것조차 불가능하죠. 현실에서 이런 지표들은 제멋대로 뛰어 다닙니다. 이런 원인과 결과에 대한 완벽한 분석은, 아마도 평행 우주 저 너머 어딘가의 세계에서 연구자들이 완벽하게 통제한 실험실에서나 가능할 것입니다. 이곳에서 이루어지는 다양한 실험이나 위약(플라시보 효과), 무작위 할당, 블라인드 테스트 등의 연구 기법을 통해 원인과 결과를 완벽하게 분리하고 단 하나의 궁극적인 결론을 도출할 수 있을 것입니다.

이런 현실에서도 많은 사람이 희망의 끈을 놓지 않고 계속 연구해 왔습니다. 수많은 학자와 연구자, 소셜 과학자들이 수십 년간 자연적 실험을 통해 풀기 어려운 현실 세계의 문제를 풀기 위해 노력해 왔습니다. 현실에서 일어나는 상황들을 주기적으로 연구하고 분석해서 다양한 변수들의 관계를 확인하고 정립해 왔습니다. 결코 녹록지 않은 일이죠.

PwC 조사 보고서가 발표된 지 얼마 지나지 않아서, 거대한 자연적 실험의 장이 우연히도 눈앞에 펼쳐졌습니다. 바로 코로나바이러스로 야기된 팬데믹이죠. 인류에게 많은 고통을 안겨다 준 팬데믹 상황은 역설적으로 워크플레이스 기술 분야의 기업 투자와 그 영향에 대한 연구에 한 줄기 등불이 되어 주었습니다. 특히 워크플레이스 기술이 근로자의 생산성과 직업 만족도 등에 어떤 영향을 미치는지를 알 수 있게 해 주었습니다.

가트너는 2021년 미국에서만 비즈니스에서의 IT 분야 지출이 2020년보다 4% 증가한 약 3조 8천억 달러에 이를 것으로 내다봤습니다.[ii] IT 분야의 지출 증가 중 일부가 팬데믹으로 인해 일어났다는 것은 의심할 여지가 없겠죠. KPMG는 2020년 기업들이 원격 근무가 가능하도록 하기 위해 주당 약 150억 달러를 추가로 지출한다고 보고하기도 했습니다.[iii] 투자 비용이 상당하긴 한데, 과연 그 돈을 제대로 쓰긴 한 것일까요? 2022년의 연구 결과를 보면 좀 실망할지도 모르겠습니다.[1]

- 직원의 약 91%는 직장에서 사용하는 프로그램에 불만이 있는 것으로 나타났습니다.
- 인사관리자의 약 71%는 회사가 직원들에게 업무에 필요한 적합한 도구나 기술, 정보 등에 대한 접근 권한을 제대로 제공하지 않을 경우 직원들이 이직할 수 있다고 응답했습니다.[iv]

....

1 옮긴이_가트너의 2022년 이후의 연구 결과를 직접 확인하려면, 별도의 요금이 필요합니다.

2021년에 이루어진 별도의 설문조사에 따르면, 직원들의 약 20%는 회사에서 사용하는 워크플레이스 기술 때문에 오히려 일이 더 어려워졌다고 응답하기도 했습니다.[v]

1.2 이런 현상은 누구의 잘못인가?

회사의 IT 부서나 직원들을 탓할 수도 있습니다. 사실 그러는 경우가 많긴 하죠. 하지만 그들도 알고 보면 희생양에 불과합니다. 새로운 애플리케이션과 시스템을 빠르게 도입하는 것은 일반적인 상황에서도 아주 어려운 일인데, 하물며 팬데믹 상황에서는 더더욱 힘든 일입니다. 경영 '전문가'들이 흔히들 말하는 것과는 달리, '디지털 전환Digital Transformation'이라는 것은 아주 다루기 힘든 일입니다. 너도나도 디지털 전환만 외치다 보니, 이젠 용어 자체가 싫어질 지경입니다.

시간이나 인력, 비용과 같은 자원을 기반에 둔 방식은 이제는 구시대적 방법입니다. 자원 기반 방식은 팬데믹이 생기기 훨씬 이전부터 IT 부서들을 괴롭혀 왔습니다. 단적인 예로 2018년 4월 세일즈포스 리서치가 발표한 엔터프라이즈 기술 보고서 내용을 들 수 있습니다.[vi] 이 보고서에 따르면 IT 직종 인사관리자들의 약 72%가 프로젝트 수행에 필요한 시간과 자원이 부족하다는 불만을 토로했습니다. 프로젝트를 진행하는 과정에서 끊임없이 튀어나오는 요구사항과 급한 일들을 처리하느라 정작 집중해야 할 중요한 부분에는 소홀해진다는 것이죠. 이 보고서는 물론 코로나바이러스 사태 이전에 수집한 통계 자료이며, 이후 팬데믹으로 인해 벌어진 인력 대탈출 현상은 IT 부서뿐만 아니라 그와 연관된 수많은 조직을 뿌리째 흔들어 놓았습니다.

팬데믹 상황이 벌어진 후 일 년이 넘는 기간 동안 기업들은 수익을 내는 것은 고사하고 살아남기에 바빴습니다. 2021년 액센츄어의 보고에 따르면 기업의 약 28%는 적합한 도구나 프로세스 없이 운영되고 있습니다. 또한 20%의 조직은 아직 시작조차 하지 못한 작업이나 프로젝트가 평균 50개가 넘는다고 보고하기도 했습니다.[vii]

참담하네요.

사실 기업 입장에서는 모든 부서가 다 중요하고 소중합니다. 하지만 코로나바이러스가 집에 들이닥치면서, 몇몇 조직이 실제로는 더 중요하다는 사실이 밝혀지고 말았습니다.

1.3 팬데믹으로 말미암아 검증된 워크플레이스 기술

2020년 3월부터 워크플레이스 기술의 지위는 '중요한 기술'에서 '완전 필수적인 존재'로 격상했습니다. 그 이유는 간단하죠. 코로나바이러스로 야기된 대혼란의 상황에서 수백만 명에 달하는 직원들은 새로운 기술을 도입하지 않고서는 도저히 일할 수 없었습니다.

슬랙의 공동 창업자이자 전 CEO인 스튜어트 버터필드는 소위 뉴노멀이라 일컬어지는 새로운 일상, 새로운 기준에 대한 탐색의 선구자였습니다. 그가 자주 언급했던 기준은 "만약 직장이 일련의 이유로 폐쇄 또는 봉쇄되어 직원들끼리 서로 만나지 못하더라도 커뮤니케이션과 협업 도구가 잘 갖추어져 있고 마음껏 사용할 수 있다면 생산성은 떨어지지 않을 것이다."라는 말로 설명할 수 있습니다. 슬랙 역시 이런 회사 중 하나였고 이제는 세일즈포스에 매각되었죠.

최근의 데이터들이 버터필드의 이런 생각을 뒷받침해 주고 있습니다. 인사노무 및 복리후생 컨설팅 회사인 머서는 코로나바이러스 발생 후 몇 달간 800명의 고용주를 대상으로 설문조사를 했습니다. 94%의 응답자는 팬데믹으로 인해 직원들이 '원격으로 근무하고 있음에도' 생산성은 그대로 유지되거나 오히려 더 향상되었다고 답했습니다. 설문조사 결과는 비용을 지불해야만 볼 수 있지만, 머서에서는 다행히 인포그래픽으로 설문 결과를 공개하였으니 참고하시기 바랍니다.[2]

....

2 https://www.mercer.com/content/dam/mercer/attachments/north-america/us/us-2020-flex-working-survey-results-infographic.pdf

상황을 반대로 생각해 봅시다. 사무실에 출근해서 사람들을 만나 함께 일하지만 디지털 기술로 사람들과 소통하고 협업하지 않는 상황입니다. 직원들의 생산성은 동일하고 작업을 중단하는 경우는 최소라고 가정하더라도, 팬데믹으로 인한 업무 생산성과는 확실히 다를 것입니다.

제가 늘상 장담했듯이, 새로운 기술이 우리를 구원했습니다. 설문조사 결과만 보더라도 예전과 달리 정보 기술 관련 분야에서 일하는 사람이 거물이 되었음을 알 수 있습니다. 2020년 Nash/KPMG가 다양한 산업군에서 종사하고 있는 글로벌 IT 리더 4,219명을 대상으로 한 설문조사 결과에 따르면 이들 중 약 60%가 팬데믹 상황으로 인하여 자신이 조직 및 동료에게 미치는 영향력이 증가하였다고 답했습니다.[viii] 또한 80% 이상의 응답자는 자신에게 배정되는 예산 및 인력이 증대할 것이라고 예상한다고 밝혔습니다. 이 소식을 듣는 다른 분야의 대부분의 사람은 아마도 자신이 때를 잘못 탄 것 같다고 한탄할 테죠.

하지만 제가 10년 넘게 말해왔듯 모든 회사는 '기술' 회사입니다. 마크 안드레센의 2011년 칼럼 '왜 소프트웨어는 세상을 집어삼키는가Why Software Is Eating The World'의 명언을 인용하자면, 단지 자신이 기술 회사라는 사실을 아직 깨닫지 못한 것이죠. 저는 이 문장이 너무나 마음에 들어서 10년 넘게 제 홈페이지에 이 문구를 장식해 두었습니다.

팬데믹은 세상의 많은 부분을 부각시키는 뜻밖의 효과를 가져왔습니다. 현대 비즈니스에서의 기술에 대한 중요성은 부각된 여러 사실들 중 하나에 불과하죠.

1.4 현시대 IT의 양면성

IT 관리자들과 부서에서 매일 맞닥뜨리는 경쟁적이고 서로 상충되기까지 하는 다양한 요구사항들은 몇 권의 책으로 써도 부족할 것입니다. 사람마다 그 내용도 다 제각각일 것이고요. 좀 더 먼 시각에서 바라보면 이런 일은 단순한 사실 하나 때문에 일어나는 것입니다. 바로 모든 일을 하나의 IT 부서에서 처리하는 것이 구닥다리 방식이라는 것이죠. 현대 IT는 서로 깊은 연관성을 가지고 있지만 동시에 전혀 친밀하지 않은 두 그룹으로 표현할 수 있습니다. 이 두 그룹 덕분에 데브옵스[3]라는 신조어가 탄생하게 되었죠.

사실 이 두 개의 그룹은 30년 이상의 역사를 자랑하지만 데브옵스라는 개념은 불과 8년 전에서야 처음 등장하게 되었습니다. 제가 이런 사실을 어떻게 아냐고요? 바로 구글 트렌드[4] 덕분입니다.

데브옵스는 IT 분야에서 개발과 운영이라는 두 가지 필수적인 기술 분야를 합치는 개념입니다. 하지만 데브옵스를 이론적이나마 도입한 조직들 역시 현실의 벽에 부딪히고 있습니다. 개발자들은 새로운 애플리케이션을 만들고 새로운 기능을 개발하는 데 최우선 순위를 두는 반면, IT 운영자들은 시스템을 업그레이드하고 유지 및 보수하는 것을 가장 우선시한다는 사실을 경영진들이 뒤늦게 깨닫고 있습니다. 개발자들은 재밌고 신기한 새로운 기술에 쉽게 열광합니다. 하지만 IT 보안 분석가들과 운영자들의 마음은 신기술 도입으로 인해 발생할 수 있는 정보 유출이나 해킹, 멀웨어, 랜섬웨어에 대한 걱정들로 가득합니다.

2021년 10월 랙스페이스 테크놀로지는 1,420명의 IT 전문가들을 대상으로 설문을 실시했습니다.[ix] 여러분들은 그 결과에 깜짝 놀랄 수도 있겠지만, 의외로 IT 분야에서는 당연한 사실로 받아들였습니다.

- 절반 이상의 IT 리더들은 급증하는 다양한 위협에 대처할 자신이 없다고 답했습니다.
- 더 놀라운 것은, 응답자의 86%는 자신이 속한 조직이나 회사가 필요한 기술, 경험, 자원을 충분히 가지고 있지 않다고 생각한다는 것이었습니다.

그래도 IT 업계의 거물들은 소외감을 느끼지 않고 있네요. 2020년 2월에 이루어진 맥킨지 글로벌 설문에 따르면 경영진의 약 90%가 근무자의 기술 격차를 경험했거나 경험하게 될 것이라고 답했습니다.[x] 생각만 해도 끔찍한 경험입니다.

경제학은 희소성을 연구하는 학문입니다. 폴 사무엘슨에 따르면 경제학은 항상

---

3 옮긴이_데브옵스(DevOps)는 개발(development)과 운영(operation)을 결합해 탄생한 개발 방법론 입니다.
4 https://tinyurl.com/dev-phil-ops

'다른 대안들 사이에서 이루어지는 선택'이라고 볼 수 있죠. 그렇다고 개발과 운영 사이의 근본적인 차이점을 이해하기 위해서 애덤 스미스나 존 메이너드 케인스와 같은 위대한 경제학자 수준으로 경제학을 알 필요는 없습니다. 어떻게 보면 아주 단순한 돈 계산 문제일 뿐이니깐요. 어떤 한 그룹에 예산을 줄 수 있다면, 동일한 예산은 하나 이상의 그룹에 쪼개서 줄 수밖에 없습니다. JP모건 체이스의 CEO인 제이미 다이아몬이 자사의 보안 대응에 사실상 무제한의 비용을 투입하는 것과 같이 예외도 있긴 합니다. 제이미 다이아몬은 고객의 자산과 정보를 보호하기 위해 한 해 평균 6억 달러 이상을 지출한다고 말한 적이 있거든요.[xi]

[그림 1-2]에서와 같이 각 부서 간의 자원 배분은 늘 존재하는 문제였습니다.

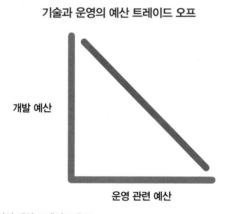

기술과 운영의 예산 트레이드 오프

개발 예산

운영 관련 예산

그림 1-2 기술과 운영의 예산 트레이드 오프

중요한 점은 대개 회사가 운영이나 유지보수 및 보안 분야에 더 많은 돈을 쓴다는 것입니다. 그러다 보니 뛰어난 개발자를 채용하기 위한 예산이 늘 부족하죠.

제가 장담하건대 아마 독자분들 중 대부분은 이 장의 첫 몇 페이지를 읽으면서 하품이 났을 것입니다. 재미없고 따분해 보이는 내용이죠. 이런 것들이 도대체 무슨 상관인가 하는 생각도 들 테고요. 그래서 좀 더 구체적인 예를 들어보기로 하겠습니다. 여러분은 백 명 정도의 직원이 일하는 엔터테인먼트 회사에서 일하고, 이 회사에는 IT 직원이 단 한 명만 있습니다. 이런 회사에도 제가 지금까지 말한 데브옵스 관련 내용들이 영향을 줄까요?

물론, 영향을 줍니다. 전적으로 저를 믿으셔야 합니다. 여러분의 컴퓨터가 고장 났을 때 누구를 부를 것인지가 중요한 것이 아니라, IT라는 것이 움직이는 방식의 독특한 양면성이 여러분과 회사 동료들이 일하는 방식에 엄청난 영향을 미친다는 것이 중요합니다. 이런 경우를 생각해 보죠.

- 회사의 내부 시스템에서 버그를 하나 발견하고 보고했습니다. 반년이 지났지만 아직도 고쳐지지 않은 버그 때문에 짜증이 납니다.
- 회사 시스템이 랜섬웨어에 감염되어서 업무에 꼭 필요한 시스템과 정보에 한 달째 접근하지 못하고 있습니다.
- 핵심 시스템을 개선하기 위해서 미팅 일정을 이리저리 조절해서 마침내 회의를 하게 되었는데, 관련 IT 부서 및 담당자가 갑자기 더 급한 일이 생겼다고 회의를 취소했습니다.
- 한 명 있던 IT 지원 인력이 퇴사해 버렸습니다. 신규 IT 직원을 누가 어떤 기준으로 뽑으며, 그 공백 기간 동안 내부 시스템들은 누가 관리하죠?

이제 제가 어떤 이야기를 하고 싶어 하는지 다들 눈치채셨으리라 봅니다. 예시로 든 상황을 상상했을 때 끔찍하다고 느껴지거나, 아니면 실제 여러분이 겪고 있는 상황과 비슷하다면 최소한 독자 여러분은 혼자가 아니라는 점에서 위안을 얻을 수 있겠네요. 여러분뿐 아니라 수없이 많은 다른 회사나 조직, 직원들이 수년간 이런 곤란한 상황에 직면해 왔습니다. 수십 년간 많은 직원이 회사의 내부 시스템이나 애플리케이션 및 장비에 불만을 가졌으며 이런 상황을 타개하기 위해 회사 내부 경영진들에게 로비하거나 적당히 타협하거나 아니면 회사를 그만두기도 했습니다. 그러다가 2000년대 중반부터 공식적이지는 않지만 적용해 볼 수 있는 새로운 해결책이 인기를 끌기 시작했습니다.

1.5 Shadow IT

Shadow IT는 여러분에게는 조금 생소한 개념일지도 모르겠습니다. Shadow IT란 직원들이 IT 부서 등에서 승인받지 않은 소프트웨어 등을 설치해서 사용하고 IT 부서는 이를 전혀 파악하지 못하는 현상을 일컫는 말입니다. 복잡한 말처럼 들리겠지만 배경지식을 알면 금방 이해할 수 있습니다.

때는 1996년으로 거슬러 올라갑니다. 대형 의류 판매 회사의 영업 이사인 메리는 자사가 직접 개발한 고객 관계 관리 시스템(CRM)을 끔찍하게도 싫어했습니다. 좀 더 현대적이고 좋은 대안 시스템을 갈망하면서 경영진들에게 자신의 요구사항에 대해 토로해 봅니다. 요구사항이 받아들여지고 시스템이 바뀌기 전까지 그녀가 할 수 있는 일은 거의 없었습니다. 그래서 그녀는 몇 년 동안 회사의 감시를 피해서 자신만의 CRM 시스템을 운영했습니다. 스마트폰과 클라우드 컴퓨팅, 소프트웨어 애즈 어 서비스(SaaS) 덕분에 그녀는 아주 쉽게 세일즈포스에 그녀가 관리하는 부서를 통째로 등록해 버렸습니다. 세일즈포스에서 달마다 청구하는 비용은 한꺼번에 큰 비용을 지출하는 CRM 시스템을 구축하는 것보다 회사의 감시를 피하기 훨씬 수월했죠.

메리는 새로운 CRM 시스템에 아주 만족했지만 이 새로운 시스템을 알게 된 다른 직장 동료들은 썩 달가워하지 않았습니다. 세일즈포스가 문제가 있는 것이 아니라 이렇게 회사의 눈을 피해서 시스템이나 소프트웨어를 사용하는 Shadow IT는 회사의 보안 또는 정책 관리자들의 심기를 불편하게 만듭니다. 또한 직원들이 원하는 것은 무엇이든 다 해도 되는 것처럼 보여지는 위험한 선례가 되기도 하고요.

내부 시스템에 불만인 회사 중역이 몰래 세일즈포스를 사용한 위 사례는 Shadow IT의 극히 일부 경우에 불과합니다. 직원들이 직장에서 개인 이메일 계정을 사용해서 다른 회사와 연락하거나 사무실에 자신의 태블릿을 가져와 일하는 등등 수없이 많은 Shadow IT 사례를 주변에서 찾아볼 수 있을 것입니다.

사실 Shadow IT는 생각보다 광범위하게 우리 주변에 퍼져 있습니다. 2017년 에베레스트 그룹은 전체 대기업의 IT 관련 구매의 절반가량이 Shadow IT에 해당하는 것으로 조사했습니다.[xii]

Shadow IT를 선택하거나 비슷한 방법을 선택한 직원과 이야기를 나누어 보면, 십중팔구는 별다른 선택지가 없어서 어쩔 수 없이 Shadow IT를 따르려고 했다고 답할 것입니다. 이상적인 회사에서는 직원들이 전부 회사에서 승인한 도구나 시스템, 애플리케이션만 사용하겠죠. 불행히도 대다수 회사의 내부 시스템은 꽤 옛날부터 비효율적인 기술로 만들어지고 운영되어 왔습니다. 목적이 수단을 정당화하기 때문에 대부분의 직원은 스스로 악당이 되기를 자처하는 것이죠. 어쩔 수 없다고 되뇌이며 말이죠.

회사의 손익을 책임지며 평직원보다 훨씬 더 많은 주식과 성과급을 지급받는 경영진들에게는 이런 현상이 훨씬 더 두드러집니다. 구닥다리 내부 시스템이 자신이 받을 보상에 어떤 영향을 미칠지 잘 알고 있기 때문에 Shadow IT를 사용해서라도 자신에게 주어질 보상을 극대화하려고 합니다. 설령 적발되더라도 그 책임은 나중에 묻기 일쑤입니다. 허락을 구하는 것보다 용서를 구하는 것이 더 쉬운 것이죠.

이런 Shadow IT는 회사나 조직 전체를 위태롭게 할 수 있는 잠재적으로 아주 큰 위험성을 가진 행위입니다. 그럼에도 회사의 IT 부서에서 Shadow IT가 만연할 수밖에 없는 이유를 인정하는 상황을 생각해 봅시다. 다시 말해 회사의 CIO가 내부 시스템이 구닥다리다, 또는 당장 갈아엎어야 하는 상황이라고 말하는 것이죠. IT 부서에서 내부 시스템을 최대한 빠르게 바꾸고 업그레이드하고 새로운 기술과 도구를 도입하겠다고 약속한다면 어떤 생각이 들까요? 대부분의 직원은 CIO가 약속한다고 해서 그 말을 곧이곧대로 믿고 회사 시스템이 언젠가 나아질 것이라고 기대하지 않을 것입니다. 시스템의 혁신은 아주 어렵고 긴 시간이 필요합니다. 그래서 IT 부서는 필요한 기술을 제때 도입하지 못하는 경우가 많은 것이고요. 시스템 혁신이 어렵고 시간이 걸리는 이유는 천차만별이지만 아마도 더 많은 개발자들을 투입할 수 없는 것이 쉽게 생각할 수 있는 핵심 요인 중 하나일 것입니다.

1.6 기술, 그리고 데이터 분야의 인재를 영입하기 위한 끝없는 전쟁

코로나바이러스가 출현하기 이전 리눅스 아카데미에서는 고용주 세 명 중 두 명 꼴로 원하는 IT 직원을 찾거나 채용할 수 없다고 추정했습니다.[xiii] 2017년 포레스터 리서치는 북미에서 2024년까지 부족한 소프트웨어 개발자 수가 50만 명에 이를 것으로 내다봤습니다.[xiv] 2021년 9월 IDC가 'Market Perspective'에서 보고한 내용에 따르면 전 세계 풀타임 개발자의 수요 부족이 2021년 약 140만 명에서 2025년에는 약 400만 명으로 증가할 것이라고 합니다.[xv] 또한 2021년 9월에 보고된 「기술 인재 전쟁은 국가, 산업군의 구분 없이 일어나고 있으며 이는 곧 생존의 문제이다The Tech Talent War Is Global, Cross-Industry, and a Matter of Survival」라는 보고서에서는 오랜 역사와 전통을 자랑하는 컨설팅 회사인 베인앤컴퍼니가 기술 인재 전쟁이 얼마나 치열한지를 보여주었습니다.[xvi] 사회 전반에 걸쳐 기술 및 데이터 분야 인력 수요가 엄청나게 치솟고 있지만 공급은 전혀 따라가지 못하고 있습니다. 프로그래머나 데이터 과학자들을 하루아침에 양성할 수는 없으니까요. 의사나 변호사를 키우는 것과 마찬가지로 긴 시간이 필요한 일입니다. 다음 [그림 1-3]을 보면 기술 직군별 수요가 어느 정도 증가했는지 알 수 있습니다.

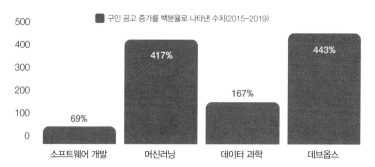

그림 1-3 현실로 닥친 기술 및 데이터 인재 전쟁(출처: 베인앤컴퍼니)

주목할 점은 [그림 1-3]의 기간입니다. 팬데믹 이전이죠. 이 당시 조사 결과는 IT 부서에서 급증한 원격 근무로 인해 도입된 새로운 비즈니스 애플리케이션을 반영하지 못했습니다. 그렇지만 베인앤컴퍼니의 '적합한 인재를 많이 채용할 수 있는 창의적인 방법을 찾아라'라는 권고는 오늘날에도 유효한 제안이라고 할 수 있습니다.

이런 채용 시장의 변화와 '#BlackLivesMatter' 운동의 여파로 2022년 2월 구글은 1억 달러 규모의 경력 증명 기금Career Certificate Fund을 후원했습니다. 국가의 임팩트 금융 및 자문을 주로 맡는 비영리 단체인 소셜파이낸스는 이에 대해 웹사이트에 다음과 같이 밝혔습니다.

> 직업 교육 업체인 메리트 아메리카 및 Year Up을 통해 수강생들은 필요한 기술을 습득하고, 데이터 분석이나 IT 지원, 프로젝트 관리, 사용자 경험 디자인과 같이 실제 현장에서 필요로 하는 기술들을 배웠음을 증명하는 구글 경력 증명을 취득하게 됩니다. 이 교육 프로그램은 사회적으로 소외된 지역 사회 구성원이 더 보수가 좋은 고성장 직업에 진입할 수 있는 기회를 제공하는 데 그 목적을 두고 있습니다.[xvii]

이 기금은 구글이 고등교육을 '방해'하기 위해서 6개월짜리 경력 증명 프로그램을 만든 후 후원된 것입니다. 뭔가 말이 이상하죠? 하지만 구글은 실제로 보다 적은 비용으로 기존의 4년제 대학 학위와 동등한 수준의 학위를 취득할 수 있기를 원했으며[xviii] 초기 프로그램의 결과는 매우 인상적이었습니다. 첫 두 해 동안 25만 명 이상의 사람들이 IT 교육 프로그램을 이수할 정도였으니까요.[xix]

필요한 개발자를 충당하기 위해 시간제로 개발자를 채용하는 것은 어떨까요? 글로벌 시장정보 회사인 IDC의 연구 부소장 아날 다야라트나의 말에 따르면 이는 좋은 방법이 아니라는군요.

> 시간제 개발자는 특정 조직이 사업을 운영하고 관련 프로세스를 디지털로 변환하는 데 투입하기에는 좋겠지만, 결국 장기 계획을 실행하고 확장성과 보안을 고려하여 시스템이나 애플리케이션을 설계할 수 있는 고도로 숙련된 풀타임 개발자를 대체하는 것은 불가능합니다.[xx]

전문용어를 빼고 보더라도 다야라트나의 말이 맞습니다. 시간제 개발자는 임시방편에 불과합니다.

이런 심각한 인재 부족 현상은 소프트웨어 개발자나 다른 기술 근로자에 국한되는 것은 아닙니다. 데이터 과학자 역시 공급이 아주 부족한 상황입니다. 컨설팅 회사 퀀트허브의 2020년 보고서에서는 데이터 과학자가 약 25만 명가량 부족하며 이 부족 현상은 끝날 기미를 보이지 않는다고 밝혔습니다.[xxi] 공급과 수요의 불균형과 이를 빨리 해결해야 한다는 증거는 고등교육 분야에서도 찾을 수 있습니다. 최근 6년간 대학에서는 데이터 분석가 및 과학자를 양성하기 위한 학위 및 비학위 프로그램을 만드는 데 많은 노력을 기울이고 있습니다.[xxii] 저 역시 이런 프로그램 중 하나에서 일한 경험이 있어서 잘 알고 있습니다.

1.7 직원 유지 문제와 원격 근무

팬데믹 상황 이후 많은 고용주가 고용 상황에 대해 소극적으로 변한 지금, 새로운 개발자를 채용하는 문제는 잠시 잊기로 합시다. Qt의 상품 담당 전무인 마르코 카실리아가 이끄는 조직은 포레스터가 함께 조사한 내용을 2021년 6월에 발표했습니다. 그 이후 마르코는 테크리퍼블릭의 오언 휴즈와 함께 다음과 같은 대화를 나눈 바 있습니다.

> 최근 몇 개월간 디지털 변환에 대한 수요는 전에 볼 수 없었던 만큼 급격하게 증가하고 있지만, 디지털 변환에 필요한 적합한 도구를 갖추지 못한 수많은 개발자가 부담을 느끼는 것도 사실입니다. 회사가 살아남기 위해 디지털 혁신을 꾀하고 있지만 정작 이 일을 할 개발자들을 위한 복지는 간과되고 있습니다.[xxiii]

원격 근무에 대한 수요는 증가하고 있지만 직원들이 사무실에 얼굴을 비치길 원하는 경영진들 때문에 원격 근무를 준비하는 IT 담당 임원은 적잖이 곤혹스러워합니다. 2020년 4월 시카고 대학의 연구원인 조나단 딩겔과 브렌트 니먼은 북미 기술자들이 100% 원격 근무가 가능하다고 예상했습니다.[xxiv] 말 그대로 백 퍼센트입니다. 기술자 단 한 명도 빼놓지 않고 전부 원격 근무가 가능하다는 것이죠.

대부분의 기술자들은 월요일부터 금요일 매일 아침 9시부터 오후 5시까지 대면 근무 형태로 복귀하는 것을 반가워하지 않습니다. 2022년 5월 모닝 컨설트는 638개의 하이브리드 또는 전면 재택근무를 시행하는 회사를 대상으로 설문조사를 실시했습니다.[xxv] 응답자의 약 60%는 풀타임 대면 근무 형태로 돌아가는 것을 원하지 않는다고 답했습니다. 60%보다 더 많을 것이라고 생각하지만, 누구나 약간의 허세는 있기 마련이니까 그냥 넘어가겠습니다. 팬데믹 이후 고용 시장에서 기술자들은 최고의 가치를 자랑합니다. 실직 상태를 오래 유지하지 않을 것이라는 것을 그들 스스로도 잘 알고 있죠.

기업들은 능력 있는 인재들을 고용하고 유지하기 위한 힘겨운 싸움을 계속하고 있습니다. 이런 상황에서 근무자들에게 팬데믹 이전의 근무 환경과 일정으로 돌아가라고 강요하는 것은 상황을 더욱 악화시킬 뿐입니다. 원격 근무는 이런 상황에서 또 다른 문제를 불러왔습니다. 마이크로소프트 디지털 디펜스 보고서에는 다음과 같은 내용이 있습니다.

> 팬데믹으로 인하여 많은 산업군에서 원격 근무를 도입하고 있지만, 이는 곧 사이버 범죄가 일어날 수 있는 영역을 확장시키는 것이다. 이를테면 집에서 업무용으로 사용하는 가정용 기기들이 사이버 범죄의 대상이 될 수 있는 것이다.[xxvi]

재택근무자들이 자신의 가정용 네트워크를 통해 업무용 네트워크에 접근하는 것은, 사이버 범죄자들에게 새로운 공격 목표가 되기 십상입니다.[xxvii] 그렇기에 원격 근무를 위해서 새로운 소프트웨어를 구매하고 직원들을 교육하고 경우에 따라서 새로운 장비를 도입해야 할 필요도 생깁니다. 사실 새로운 장비를 구입하는 것은 공급망이나 지정학적 문제 등으로 인해서 아주 어렵습니다. 그래서 기업의 IT 부서에서는 데브옵스의 '데브(Dev)', 즉 애플리케이션 개발 비용을 전환하고 있습니다.

1.8 앞으로 나아갈 길

기업의 IT 부서들은 예상하지 못한 난관에 봉착했습니다. 자원은 부족한데, 직원들의 요구사항은 계속 늘어나고 있습니다. 팬데믹 이후 고용 시장에서는 필요로 하는 인력을 제대로 공급받지도 못하고 있는 실정이고요. 제 코가 석 자인 IT 부서 때문에 Shadow IT의 꼬임에 넘어가는 직원들도 점점 늘어만 가고 있습니다. 경영진들 골치가 이만저만이 아닌 상황이 닥친 것입니다.

그럼 누군가는 저에게 이렇게 되물을 수 있습니다. "지금 뭐가 문제인지는 됐고, 해결책을 알려 달란 말입니다." 이 질문은 정말 수년 동안 반복되어 온 진부한 질문입니다. 여러분의 직장 상사가 이런 말을 해서 여러분들이 당황하고 눈을 이리저리 굴린 경험이 분명 있을 것입니다.

직원들의 요구사항을 들어주지 않는 IT 부서들은 대개 다음 세 가지 중 하나를 방법으로 제시할 것입니다.

① 기다리라고 한다

"업무에 더 적합한 애플리케이션이 필요하다는 것을 저희도 잘 알고 있습니다. 언젠간 애플리케이션을 도입할 것입니다. 믿으세요. 언제 도입할지는 저희도 확실히 모릅니다."

예, 예. 행운을 빕니다.

② 직접 개발하거나 개발자들을 달라고 한다

"인정합니다. 하지만 저희도 지금 상황에서 시스템을 고치거나 애플리케이션을 도입할 수가 없네요. 혹시 그 일을 해 줄 다른 개발자분 좀 알아봐 주실 수 있나요?"

애플리케이션 개발을 아웃소싱 형태로 진행하는 것은 아주 어려운 일입니다. 아웃소싱 애플리케이션 개발에는 흉흉한 이야기만 떠돌고, 많은 데이터가 이 이야기들을 뒷받침하고 있습니다. 컴퓨터 이코노믹스의 연구부서장 톰 던랩의 이야기를 떠올려 봅니다.

> 애플리케이션 개발은 아웃소싱 분야에서는 잘하기 힘듭니다. 애플리케이션 개발자들은 비싸서 많은 경우 아웃소싱으로 애플리케이션을 개발하는 것을 고민하곤 합니다. 하지만 아웃소싱을 통해 개발된 많은 서비스들의 만족도가 중간 정도 수준에 그

치는 것으로 미루어 보아, 아웃소싱으로 애플리케이션을 개발하는 것에는 상당한 위험성이 있다는 사실을 알 수 있습니다.[xxviii]

두 번째 방법이 좀 더 낫지만 이상적이지는 않습니다.

③ 비개발 직군의 직원들에게 비즈니스 애플리케이션을 만들게 한다

세 번째 방법이 가장 그럴듯해 보입니다. 사실 이 책의 주제이기도 합니다. 노코드/로우코드라 불리는 새로운 도구 그룹들과 함께 개발에 정통한 시민 개발자들로 하여금 비즈니스 애플리케이션 개발을 민주주의적 방법으로 해결하는 것이 이 책의 목적입니다. 5장에서 이 그룹에 대해 더 자세히 파헤쳐 보겠습니다.

우선은 지금까지 기업들이 어떻게 새로운 기술들을 만들고 배포해 왔는지 알아볼 필요가 있습니다. 다음 장부터는 기업들의 기술 개발 및 배포의 역사에 대해서 살펴봅시다.

1.9 정리하기

- 직원들이 잊어버려도, 워크플레이스 기술은 회사가 제대로 굴러가도록 유지해 줍니다. 팬데믹 상황이 워크플레이스 기술의 중요성을 다시금 일깨워 주었습니다.
- 엄청난 개발자 부족으로 말미암아 IT 부서들은 직원의 요구사항을 제때에 들어줄 수 없는 지경에 이르렀습니다. 핵심 비즈니스 애플리케이션과 시스템을 개발하고 배포할 수 없는 상황이죠.
- 이런 난관은 작지도 않고 일시적인 현상도 아닙니다.
- 팬데믹 이전의 근무 환경으로 돌아가고 싶어 하는 기술자들은 거의 없습니다. 그리고 이런 현상이 기술자들을 고용하거나 유지하는 것을 더욱 어렵게 만들고 있습니다.

재미로 알아보는
비즈니스 기술의 역사

"어떤 일이 일어날지 뻔히 안다면, 놀라움도 사라집니다."

– 대니얼 카너먼

여러분들은 회사에서 어떤 애플리케이션이나 시스템을 사용하나요? 사용하게 된 이유는 무엇인가요? 어떻게 개발하고 배포했나요?

이런 질문은 저에게 끝없는 흥미를 불러일으키지만, 여러분들에게는 어떨지 모르겠습니다. 여러분들의 나이나 직책, 배경 등에 따라 이런 질문들은 평소에 전혀 신경 쓰지 않던 것일 수도 있고 어쩌면 생각할 필요조차 없을 만큼 행복한 환경일 수도 있겠죠.

직장인에게 이런 애플리케이션이나 시스템이 어떤 차이를 가져올까요? 사무원이나 보안 직원, 회계 분석가, 행정 업무 보조원 등 많은 직원에게는 회사에서 최신 버전의 애플리케이션을 사용하는지 여부가 전혀 중요하지 않을 것입니다. 회사 시스템이 메인프레임에서 돌아가는지, 클라이언트–서버 구조인지, 혹은 클라우드 컴퓨팅 환경에서 동작하는지 알고 있나요? 회사에서 사용하는 기술들을 완전히 이해하고 파악하는 사람은 소수에 불과합니다.

제가 말하고자 하는 바가 바로 이 점입니다. 목적 달성에 있어서 비즈니스 애플리케이션이나 시스템의 복잡성은 중요하지 않습니다. 이 점은 대다수의 전문 IT 인력들 역시 동의할 것입니다. 그래도 애플리케이션이나 시스템을 알아보려면, 간단하게 두 가지 부분에 대해서는 짚고 넘어가야 합니다.

- 회사에서 사용하는 애플리케이션과 시스템의 유형
- 회사에서 사용하는 애플리케이션이나 시스템을 배포한 역사적인 자취

왜 이 점에 대해서 짚어 보고 넘어가야 하는지는 간단명료한 세 가지 근거를 제시할 수 있습니다.

첫째, 비즈니스 애플리케이션과 시스템은 무에서 갑자기 만들어진 것이 아닙니다. 아니, 그럴 수 없습니다. 여러분이 애플리케이션이나 시스템의 구조를 전혀 모르더라도 각 애플리케이션과 시스템은 최소한 다른 하나의 애플리케이션 및 시스템과 상호작용하고 연결됩니다. 두 번째, 워크플레이스 기술은 모든 직원의 성과와 생산성, 협업, 그리고 만족도에 영향을 미칩니다. 팀이나 부서, 조직, 심지어 고용주에게까지 이 영향이 미치지 않는 곳이 없습니다. 마지막으로, 2부에서도 다루겠지만 워크플레이스 기술은 우리 눈앞에서 바로 변화하고 있습니다. 소프트웨어 개발은 더 이상 프로그래머만의 영역이 아닙니다. 수백만 명의 비개발자가 개발자들만의 파티에 끼어들려고 하기 전에 몇 가지 기본 사항을 알아 두는 것이 좋겠죠.

2.1 용어 정의

비즈니스 애플리케이션을 사용해서 조직 또는 개인적인 목적을 위해 좀 복잡한 문서나 스프레드시트를 만드는 것은 아마 대부분의 사람이 일생에 걸쳐 최소 한 번, 경우에 따라서는 수천에서 수만 번 겪는 일일 것입니다. 하지만 다른 사람이 이해하고 사용할 수 있는 애플리케이션이나 시스템을 설계하고 만드는 것은 이와는 전혀 다른 일입니다.

비즈니스 애플리케이션과 시스템은 그 경계를 명확히 나누기가 애매합니다. 뭐가 뭔지 딱 잘라서 말하기 어렵죠. [그림 2-1]처럼 애플리케이션과 시스템은 중복되는 부분도 많습니다.

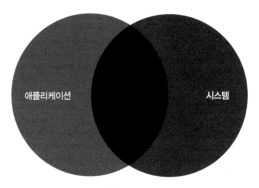

전통적인 애플리케이션과 시스템 영역

애플리케이션

시스템

그림 2-1 전통적인 애플리케이션과 시스템 영역

애플리케이션과 시스템의 구분은 이를 사용하는 사람이나 팀, 부서, 회사마다 다르게 정의할 수 있습니다. 구글 시트를 예로 들어보죠. 2006년 3월에 출시된 이 마이크로소프트 엑셀 모조 프로그램은 G 스위트라는 제품군 안에 속해 있었습니다.[xxix] 2020년 10월 구글은 G 스위트를 구글 워크스페이스라는 이름으로 바꿨습니다.[xxx] 아참, 이 자리를 빌려 구글 CEO인 선다 피차이 씨에게 부탁드리고 싶은 말이 있습니다. 구글 프로덕트나 서비스 이름 좀 그만 바꾸세요. 진짜 헷갈립니다.

이름이야 어찌 되었든, 2020년 시점에는 약 600만 개 이상의 조직에서 다양한 유형의 정보나 데이터를 다루기 위해 구글 워크스페이스를 유료로 사용했습니다.[xxxi] 팬데믹 이전에는 5백만 정도였다고 합니다.[xxxii] 그 외에도 백만이 넘는 조직에서 무료 버전을 사용하고 있고요.

여러분의 컴퓨터 하드 드라이브에 저장하는 엑셀 워크북과는 달리 구글 시트는 웹에서 접근할 수 있습니다. 최근 마이크로소프트 역시 엑셀 워크북을 웹을 통해 공유할 수 있는 기능을 추가했지만, 구글 시트는 태생부터 웹에서 사용하는 도구였습니다. 구글 시트를 사용하면 여러 부서나 팀이 구글 시트에 동시에 접근하고 내용을 검토하고 모바일 기기를 통해 그 내용을 변경할 수 있습니다. 구글 시트가 동시에 여러 사용자가 접근하는 것을 허용했기 때문이죠. 이런 동작 방식 때문에 구글 시트 자체가 약간은 조악한 회사 시스템 역할을 수행할 수 있었습니다. 그렇다고 해서 구글 시트를 이 장에서 설명할 다른 시스템과 혼동해서 부르는 사람은 없을 것입니다.

[그림 2-1]에서 교집합 부분은 계속 커지고 있습니다. 바로 이런 점 때문에 노코드와 로우코드가 장점을 가지는 것입니다. 오늘날 노코더와 로우코더 역시 다른 사람이 쉽게 접근하고 문제없이 사용할 수 있는 효과적이고 가벼운 애플리케이션과 시스템을 만들어 낼 수 있습니다.

2.1.1 대표적인 비즈니스 애플리케이션 유형

[표 2-1]에 가장 인기 있는 비즈니스 애플리케이션들의 유형과 이에 속하는 예시들을 정리해 두었습니다.

표 2-1 비즈니스 애플리케이션의 대표적인 유형

유형	예시
생산성	워드프로세서, 스프레드시트, 그 외 유사한 제품들입니다. 마이크로소프트 오피스365나 구글 워크스페이스가 대표적인 제품입니다. 오픈 소스로는 오픈오피스가 유명합니다.
전문적인 콘텐츠 생산 및 디자인	어도비 크리에이티브 클라우드가 크리에이티브 영역에서 가장 유명한 제품입니다. 오토캐드는 건축가나 조경사, 인테리어 디자이너, 부동산 개발자들이 설계나 도면, 모델링 작업에서 많이 사용합니다. 칸바나 피그마는 웹을 통해 협업을 가능하게 해 주는 도구입니다.
커뮤니케이션	이메일, 또는 슬랙이나 마이크로소프트 팀즈와 같은 내부 협업 허브, 전통적인 스카이프나 시스코 웹엑스와 같은 화상회의 도구가 이에 속합니다.
보안	백신, 방화벽, 네트워크 보안, VPN 등의 제품이 이에 속합니다.
데이터 분석 및 시각화	태블로나 마이크로소프트 파워 BI는 비전문 인력들도 데이터를 쉽게 분석하고 시각화할 수 있는 제품입니다.
통계 분석	IBM SPSS나 SAS 스위트를 통해 복잡한 통계 분석과 모델링 등의 강력한 작업이 가능합니다.

몇 가지 다른 견해도 있겠지만 어쨌든 [표 2-1]의 제품들은 전부 애플리케이션입니다. 비즈니스 시스템이 아니죠.

2.1.2 대표적인 비즈니스 시스템 유형

간단한 설명을 위해 비즈니스 시스템을 다음과 같이 크게 세 가지 유형으로 분류해 보았습니다.

| 백-오피스 시스템 |

ERP(전사적 자원 관리)가 이 유형에 속하는 가장 대표적인 시스템입니다. 오라클이나 SAP, 워크데이, 마이크로소프트, 넷스위트, 그 외 많은 제품군을 사용해서 수없이 많은 기업이 매일 매일의 업무를 처리하고 있습니다. 사람들이 이런 제품들을 백-오피스라고 말하는 이유는 아마도 이런 시스템을 사용하는 직원들이 기업의 고객들과 직접 소통하지 않기 때문일 것입니다. ERP 시스템을 주로 사용하는 부서들은 대표적으로 인사나 재무, 회계, 물류팀 등이 해당합니다.

| 프런트-오피스 시스템 |

CRM, 즉 고객 관계 관리 제품군이 대표적인 프런트-오피스 시스템입니다. 이런 시스템들 역시 조직에서 많이 사용하지만 사용하는 방식은 많이 다릅니다. CRM 시스템을 다루는 직원들은 대개 고객이나 잠재적인 고객들과 직접 상호작용합니다. 많은 기업이 세일즈포스나 오라클, 마이크로소프트 등 다양한 회사 제품을 사용해서 고객들과의 관계를 관리하고 기존의 고객이나 잠재적인 고객들과 의사소통합니다. 이상적으로 봤을 때 CRM 시스템은 모든 기업의 마케팅, 영업, 고객 서비스를 아우르는 시스템입니다. 물론 현실적으로 하나의 시스템에서 이 모든 작업을 완벽하게 처리할 수는 없죠.

CRM과 ERP 시스템은 음과 양의 존재와 같습니다. CRM은 프런트-오피스의 핵심 기능을 담당하고 ERP는 백-오피스 기능을 충실하게 수행합니다. 최근 수십 년간 프런트-오피스와 백-오피스 시스템의 경계가 많이 모호해지기는 했지만, 더 이상의 자세한 설명은 생략하도록 하겠습니다.

여기서 COTS, 즉 상용 소프트웨어에 대해서 한 가지 이야기하고 넘어가겠습니다. 기업들은 상대적으로 저렴한 회계 프로그램인 퀵북이나 마이크로소프트 다이나믹스 365와 같은 제대로 된 엔터프라이즈 제품군 등 상용 소프트웨어를 구입하고 설정해서 사용합니다. 이런 완제품 형태의 시스템은 복리후생 기능이나 급여 지급을 위해 직원을 등록하는 등의 아주 다양한 기능들이 탑재되어 있습니다. 완제품 시스템을 사용하는 기업들은 시스템을 설정하고 직원들을 교육하고 데이터를 가져와서 사용하기만 하면 됩니다. 어때요, 참 쉽죠? 하지만 제가 『Why New Systems Fail』(Authorhouse, 2008)라는 책에서 밝힌 바와 같이 이런 통상적인 프로세스에는 문제점이 많습니다.

| 그 외 모든 시스템 |

나머지 시스템들은 [표 2-2]와 같이 분류할 수 있습니다.

표 2-2 그 외 비즈니스 시스템 유형

시스템 유형	설명
제품 수명 주기 관리 (PLM)	기업은 PLM 시스템을 사용해서 제품의 '수명'을 관리합니다. 제품의 수명은 기획, 개발, 판매, 그리고 '소멸' 단계로 나눌 수 있죠. SAP와 오라클이 대표적인 시스템입니다.
학습 관리 시스템 (LMS)	마지못해 사용하는 경우를 포함해서 거의 모든 대학 교수들이 학습 관리 시스템을 사용합니다. 블랙보드, 칸바, 구글 클래스룸이 학습 관리 시스템에 속합니다.
티켓 관리	젠데스크와 프레시데스크가 유명하며 그 외에도 많은 제품군이 있습니다.
콘텐츠 관리	허브스팟이나 워드프레스가 조직의 웹사이트 관리에 많이 사용됩니다. 더 큰 엔터프라이즈 제품들은 상당한 규모의 호스팅 서비스가 필요합니다. 예를 들어 드롭박스나 내셔널 지오그래픽과 같은 회사는 GoDaddy에 한 달에 고작 8달러만 지불하고 서비스를 할 수는 없습니다. 대신 WPEngine에 훨씬 더 큰 비용을 지불하죠.
이상 금융 거래 탐지	신용카드 회사나 은행들은 아주 복잡한 시스템과 머신러닝 등을 사용해서 가짜 금융 거래나 금융 관련 범죄들을 탐지합니다. 어떤 제품들을 사용하는지 정확히 파악할 수는 없지만, 장담하건대 마이크로소프트 액세스나 에어테이블보다는 훨씬 더 복잡한 시스템일 것입니다.
헬스케어	병원에서 의사들은 환자들을 진단하고 치료하기 위해 아주 다양한 시스템을 활용합니다. 환자의 의료 기록을 추적하고 기록하며 치료 내역을 관리하고 의약품 재고를 관리하는 등의 작업을 수행합니다. 맥켄슨과 에픽이이 분야에서 가장 유명한 시스템입니다.

지식 경영	기업은 아틀라시안 컨플루언스, 도큐먼트360, 그 외 위키와 같은 시스템들을 사용해서 직원 개개인의 지식이나 노하우를 저장하고 관리합니다. 다른 직원들은 시스템을 통해 내부 문서나 답변, 관련 자료 등을 쉽게 검색하고 확인할 수 있습니다.

여기서 정의한 이 분류는 존재하는 모든 애플리케이션이나 시스템을 포함하지는 않습니다. 핵심은 각각의 기업들이 저마다의 목적을 이루기 위해 다양한 유형의 시스템을 사용한다는 점이죠. 대부분의 경우 기업의 목적과 사용하는 시스템 및 애플리케이션 간에 상당한 간극이 있습니다. 노코드/로우코드가 바로 이 간극을 메꾸기에 딱 좋은 방법입니다.

2.2 조직은 새로운 워크플레이스 기술을 어떻게 도입하게 되었나

역사적으로 기업들은 계속 새로운 시스템과 애플리케이션을 다양한 방법으로 개발하고 배포해 왔습니다.

2.2.1 밑바닥부터 만들기

연세가 있는 분들이라면 초창기 웹이 번지기 시작하던 때를 기억할 것입니다. 아마존이 온라인으로 책만 팔던 시절이죠. 1994년 케이티 쿠릭과 브라이언트 검벨은 투데이 쇼에서 이 이상하고 급성장하는 기술인 '인터넷'을 이해하지 못하고 "What is Internet?"이라고 질문을 던져대었죠. 덕분에 이 영상은 인터넷 역사상 가장 유명한 비디오 클립 중 하나가 되었습니다. [xxxiii] 그리고 저는 다른 많은 사람과 함께 맨 앞줄에 앉아서 웹과 전자상거래가 어떻게 발전해 왔는지 구경했죠. 인터넷과 웹의 놀라운 발전 덕분에 브래드 스톤이 아마존에 대해서 다룬 책 『The Everything Store』(Bantam Press, 2013)는 베스트셀러가 될 수밖에 없었습니다. NBC의 그 악명높은 방송이 나가고 난 뒤 거의 30년의 세월이 지난 지금은 온라인으로 돈을 송금하는 방법이 수십 가지인 세상이 되었습니다. 하지만 그 과정은 결코 순탄치 않았죠.

1998년 후반, 아주 도전적인 사업가였던 피터 틸과 맥스 레브는 온라인 송금을 위한 벤처 컴퍼니티를 설립했습니다. 컴퍼니티의 궁극적인 목적은 기업이나 개인이 웹을 통해 안전하게 대금을 결제할 수 있는 방법을 만드는 것이었습니다.[xxxiv] 회사는 얼마 지나지 않아 페이팔이라는 이름으로 재빠르게 브랜딩을 다시 했으며, 시중에는 회사에서 원하는 소프트웨어가 없었기 때문에 새로운 소프트웨어를 바닥부터 만들 수밖에 없었습니다. 이렇게 완전히 새로운 소프트웨어를 만드는 이른바 그린필드 개발 프로젝트는 경우에 따라는 아주 현명한 판단이며 꼭 필요한 일입니다. 또 다른 예를 들어보죠. 1994년도에는 경매 프로그램을 기성품 형태로 살 수 있는 방법이 없었습니다. 이베이가 정신 나간 헛소리에서 진짜가 되기 위해 피에르 오미다이어와 그의 팀은 실제 경매를 흉내 내서 사람들이 실시간으로 경매에 입찰할 수 있는 코드를 만들어야만 했습니다. 결국 그들은 코드를 만들었고 나머지는 우리가 알고 있는 역사 그대로입니다. 그 후에 일어난 일들도 궁금하다면 『The Perfect Store: Inside eBay』(Back Bay Books, 2003) 책을 읽어보시는 게 좋겠네요.

이런 성공적이고 훌륭한 예시도 있지만, 소프트웨어를 바닥부터 만든다는 생각은 가끔 아주 멍청하고 잘못된 생각일 수도 있습니다. 1990년대 초반, 세계적인 제약회사 중 하나는 그들만의 인사 시스템을 만들려고 했습니다. 그게 가능했다면 마이크로소프트도 지금쯤 아스피린을 팔고 있겠죠. 아주 우수한 ERP 시스템들이 시장을 휩쓸고 있을 때도 경영진들은 별다른 관심을 보이지 않았습니다. 회사는 결국 ERP 시스템 중 하나를 사긴 했지만 아주 어설프게 배포했죠. 수십억 원을 내다 버린 끝에 회사는 결국 자신이 잘못된 길을 선택했음을 인정하고 덕지덕지 직접 구축한 시스템을 버린 후 새로운 ERP 시스템을 제대로 배포했습니다.

| 일반적인 장점 |

소프트웨어를 직접 다 만드는 방식은 대개 다음과 같은 장점이 있습니다.

- **비즈니스의 독특한 요구사항을 충족할 수 있습니다.** 페이팔이나 이베이가 대표적인 예겠죠.
- **회사의 시작을 성공적으로 이끌 수 있는 더 나은 방법이 될 수 있습니다.** 1998년의 구글이 이렇게 했습니다. 구글의 검색 엔진은 여타 엔진보다 10% 정도 나은 수준이 아니었습니다. 10배는 더 훌륭했죠.
- **다른 기업에 소프트웨어를 팔 수 있습니다.** 아마존 웹 서비스(AWS)는 처음에는 내부 프로젝트로 시작했다가, 나중에 회사에서 다른 기업이나 조직에 서비스를 팔기 시작했습니다. 아마존의 창립자이자 전 CEO인 제프 베이조스는 워싱턴 포스트를 소유하고 있는데, 워싱턴 포스트 역시 자사의 전용 콘텐츠 관리 시스템을 다른 조직에 팔고 있습니다. 이제는 CMS가 회사의 가장 중요한 자산이 된 것이죠.[xxxv]
- **경쟁사 또는 외부의 소프트웨어에 의존하지 않아도 됩니다.** AWS의 성공에 자극을 받은 마이크로소프트는 새로운 CEO인 사티아 나델라의 지휘 아래 모든 것을 클라우드로 옮기기 시작했습니다. 이제 마이크로소프트 애저는 AWS의 대항마로 자리매김했습니다.
- **그 외 기술적인 이유가 있습니다.** 이유는 다양합니다. 드롭박스의 경우에는 AWS를 떠나서 독자적인 데이터 및 파일 저장 인프라스트럭처를 구성해서 더 뛰어난 성능을 구현했습니다.[xxxvi]
- **비용을 절감할 수 있습니다.** 나중에도 살펴보겠지만 경우에 따라서는 독자적인 시스템을 만드는 것이 더 쌀 때도 있습니다.

| 잠재적인 단점 |

여기에 모든 단점을 나열할 수는 없지만, 소프트웨어를 독자적으로 만들 때 생각할 수 있는 대체적인 단점은 다음과 같습니다.

- **실제 구현이 힘듭니다.** 독자적인 엔터프라이즈 시스템을 만드는 것은 비용도 많이 들고 시간도 소요되며 에러도 많습니다.
- **소프트웨어를 만드는 능력이 부족할 수 있습니다.** 조직이나 회사에서 필요로 하는 기능을 충족할 수 있는 시스템을 만들 능력이 부족할 수 있습니다. 앞장에서 살펴봤듯 최근에는 소프트웨어 개발자를 고용하고 인력을 유지하는 것이 정말 어렵습니다.
- **활발한 사용자 커뮤니티가 없습니다.** 그래서 시스템이나 애플리케이션을 사용해 본 사람의 경험이나 전문성을 활용할 수 없습니다. 시스템의 버그를 알려주는 사람도 없고요.
- **필요없는데 필요하다고 생각하는 경우가 있습니다.** 사실 시장에 이미 나와 있는 제품만으로도 충분하고, 정말 새로운 시스템을 만들어야만 하는 경우도 거의 없습니다. 회사 내부 시스템이 훌륭하다는 이유만으로 직원이 회사를 계속 다니는 것도 아닙니다. 좋은 시스템은 어떻게 보면 위생과 일맥상통하는 점이 있습니다. 있다고 해서 뭔가 좋은 일이 생기는 것은 아니지만, 없으면 많은 문제가 생기죠.

2.2.2 기존 소프트웨어를 구매하고 설정해서 사용하기

회사에 정말 새로운 기술이 필요한 경우를 제외하면 시스템을 완전히 새로 만드는 경우는 거의 없습니다. 최선의 선택이 아닐뿐더러, 대부분의 경우 최악의 결정이 되기 십상입니다.

그럼 소프트웨어 개발 용어로 표현한 '상용 소프트웨어'는 어떨까요? 실제 물건을 뜻할 수도 있고, 디지털 형태를 의미할 수도 있습니다. 물건 형태의 소프트웨어라면, 개인 또는 영세 사업자가 어떤 미디어 안에 담긴 소프트웨어를 사는 행위라고볼 수 있습니다. 예전에는 플로피디스크에, 그 이후에는 CD에 소프트웨어를 담아서 팔았죠. 물론 대기업의 IT 담당 임원이 엔터프라이즈급 관계형 데이터베이스를 사려고 용산 전자상가를 돌아다니지는 않았겠지만요.

| 일반적인 장점 |

상용 소프트웨어를 구매하고 사용하면 직접 만들어서 사용하는 것보다 신뢰성이높으며 소프트웨어 소유로 인한 전체적인 비용이 줄어드는 편입니다. 독자적인CRM이나 ERP를 바닥부터 만들어야 하는 경우는 정말 드물죠. 상용 소프트웨어를 사용하는 것이 회삿돈을 더 잘 사용하는 지름길입니다.

기능이 다양한 상용 소프트웨어를 설정하는 것은 최소한 아무것도 없는 환경에서시작하는 것보다는 훨씬 쉬울 것입니다. 보안성도 더 뛰어나죠. 고객이 사용하다가 버그를 발견하면 소프트웨어 회사는 이를 수정해 줄 것입니다.

| 잠재적인 단점 |

원하는 기능에 따라 초기 투자 비용이 아주 높을 수 있습니다. 시스템을 구매하고초기 프로젝트를 통해 배포하고 설정하기 위한 비용이 큰 편이죠. 비용 지출이 거기서 끝나지도 않습니다. 소프트웨어 회사는 일반적으로 비용의 20%를 매년 유지보수 비용으로 청구합니다.

기업에서 원하는 대로 만드는 맞춤형 시스템과 달리 상용 소프트웨어는 회사에서 요구하는 비즈니스 기능을 모두 만족하지는 못합니다. 기업이 내부에서 직접 만든 시스템을 오라클이나 SAP 등의 상용 제품군으로 바꾸는 경우 이 새로운 시스템은 기존의 시스템과는 항상 다를 수밖에 없죠. 직원들은 늘상 하던 일과 사용하던 도구가 변했다는 사실에 화가 날지도 모릅니다. 물론 상용 소프트웨어를 입맛에 맞게 고칠 수도 있지만 예상하지 못한 많은 문제가 추가로 발생할 수도 있으며 소프트웨어 회사는 자사의 소프트웨어를 수정했다는 이유로 유지보수를 거부할 수도 있습니다.

소프트웨어 회사가 소프트웨어의 핵심 기능 또는 소프트웨어 자체를 더 이상 지원하지 않고 폐기하는 경우도 있습니다. 해당 소프트웨어를 사용하던 기업은 이 경우 소프트웨어를 업그레이드하거나 바꾸어야 하며, 현재 소프트웨어를 꼭 사용해야 한다면 다른 독립적인 지원을 받을 수 있는 방법을 찾아야 할 것입니다.

2.2.3 소프트웨어 대여하기

1999년 샌프란시스코 근방 텔레그래프 힐의 작은 아파트에서 네 명의 남자가 일하고 있었습니다.[xxxvii] 이 네 명의 남자 파커 해리스와 데이브 묄렌호프, 프랭크 도밍게즈, 그리고 마크 베니오프는 수백만의 회사가 소프트웨어를 구매하고 사용하는 방식을 바꿔 놓았습니다. 물론 그들은 그들이 시장을 바꿀 것이라고는 생각도 못 했죠. 기술 분야에 기념비를 세운다면, 세일즈포스는 여기에 절대 빠지지 않을 것입니다.

지금이야 당연하다고 여기지만 불과 몇 년 전까지만 해도 소프트웨어 대여라는 아이디어는 멍청하기 짝이 없거나 불가능하거나 혹은 말장난 정도로 치부 받기 일쑤였습니다. 2008년 오라클의 창립자이자 CEO인 래리 엘리슨은 클라우드 컴퓨팅을 '멍청한 생각'이라고 혹평하기까지 했죠.[xxxviii] 지금은 뭐, 아주 부끄러워하고 있을 겁니다.

2010년에 이르러 클라우드 컴퓨팅이 급부상했고 엘리슨을 포함한 많은 이들의 고정관념을 깨부쉈습니다. 그리고 베니오프와 그의 회사는 아주 새로운 아이디어를 만들어 냈습니다. 바로 소프트웨어 애즈 어 서비스(SaaS)입니다. SaaS는 시스템과 애플리케이션을 구매하지 않고 빌려서 쓰는 개념이라고 볼 수 있습니다. 이후로는 수없이 많은 스타트업 회사가 SaaS를 비즈니스 모델로 선택했으며 급기야는 마이크로소프트와 같은 거대 기업들도 SaaS로 전환하기에 이르렀습니다. 소프트웨어 개발자나 회사 입장에서는 5년에서 7년 주기로 소프트웨어를 파는 것보다는 매달 비용을 청구하는 것이 더 좋습니다. 반대로 대부분의 소프트웨어 사용 기업들은 수년간 지속해 왔던 소프트웨어 구매 방식에서 월 비용을 지불하는 구독 방식으로 전환하는 것을 그다지 달가워하진 않았죠. 이 주제에 대한 내용은 니콜라스 카의 『빅 스위치 The Big Switch』(동아시아, 2008)라는 훌륭한 책에서 다루고 있으니 관심 있으면 한 번 읽어보세요.

| 일반적인 장점 |

SaaS의 장점은 다음과 같습니다.

- **초기 비용이 절감됩니다.** 한 번에 비용이 청구되는 것이 아닌 매달 비용이 나가기 때문에 초기 투자 비용이 낮습니다. 서버나 다른 하드웨어를 구입할 필요가 없으며 소프트웨어 회사가 모든 것을 준비해서 제공합니다.

- **유지보수 비용이 없습니다.** 소프트웨어를 사용하는 회사는 시스템이나 애플리케이션을 운영하고 관리할 필요가 없습니다. 시스템을 회사 내부 자산으로 운영하는 온프레미스 모델의 경우에는 시스템 관리와 유지 및 보수, 업그레이드를 위한 IT 직원이 필요합니다. SaaS의 세상에서는 각 회사가 IT 직원을 둘 필요가 없습니다. SaaS 제공 회사가 모든 것을 알아서 관리해 주기 때문이죠. 최근 소프트웨어 관련 인력이 부족하고 구하기 힘들다는 것을 생각해 보면 좋은 선택이 될 수 있죠.

- **신뢰성이 보장됩니다.** 어떤 유형의 구독을 선택하느냐에 따라서 다르지만, 최종 사용자 동의(또는 소프트웨어 사용권 동의)에서 일반적으로 99.99%의 가용 시간을 보장합니다. 시스템 또는 네트워크 문제 등으로 보장해야 할 가용 시간을 지키지 못할 경우 SaaS 회사는 환불 또는 추가 크레딧을 보상으로 제공합니다.

- **뛰어난 접근성과 다양한 기기 선택지를 제공합니다.** 소프트웨어 회사는 최신 SaaS 애플리케이션과 시스템이 아무 곳에나 접근하고 실행할 수 있도록 만듭니다. 굳이 사무실에 출근할 필요가 없는 것이죠.

- **확장성을 제공합니다.** 회사가 비즈니스의 요구사항과 관련 예산을 SaaS에 쉽게 반영할 수 있습니다. 성장하는 회사는 사용자와 컴퓨팅 파워, 그 외 자원을 원하는 만큼 추가할 수 있죠.

반대로 줄어드는 수요에 맞춰서 SaaS 자원 역시 축소할 수 있습니다. 어떤 경우든 SaaS는 낭비나 사용하지 않는 소프트웨어에 대한 비용을 지출하는 것을 최소화할 수 있습니다.

| 잠재적인 단점 |

SaaS를 포함한 클라우드 컴퓨팅의 단점은 대체로 다음과 같습니다.

- **모든 것을 제어할 수 없습니다.** 옛날 방식의 회사나 IT 부서는 자사 인프라의 핵심 기능을 다른 회사가 제어하는 것에 거부감을 가집니다.

- **예전 시스템과 기술의 복잡성으로 전환이 어렵습니다.** 회사가 예전에 사용하던 시스템과 애플리케이션 중 일부는 클라우드 컴퓨팅으로 전환하기가 까다로운 경우가 있습니다. 클라우드 컴퓨팅으로의 전환은 누군가가 생각하는 '버튼 하나만 누르면 모든 것이 짠 하고 바뀌는 마술' 같은 것이 아닙니다.

- **같은 클라우드 컴퓨팅을 사용하는 다른 회사 때문에 문제가 생길 수도 있습니다.** 10월에 여러분이 통신사에서 제한한 데이터 사용량을 초과해서 사용했다고 가정해 봅시다. 이 경우 여러분의 통신사는 여러분 스마트폰의 네트워크 접속 속도를 낮추고 제한할 것입니다. 이런 것을 스로틀링throttling이라고 합니다. 비슷하게 여러분의 회사가 서비스를 제공받는 퍼블릭 클라우드에 다른 회사도 서비스를 시작했다고 생각해 봅시다. 여러분의 회사는 그러지 않았지만, 같은 퍼블릭 클라우드를 사용하는 다른 회사의 활동으로 인해 여러분의 시스템과 애플리케이션이 영향을 받을 수도 있습니다. 이에 대한 자세한 내용은 '멀티테넌시multitenancy'와 '레이트 리미팅rate-limiting'을 검색해 보시는 것이 좋습니다.

- **전반적인 기술 비용이 잠재적으로 더 비쌀 수 있습니다.** 시스템을 독자적으로 운영하는 경우와 달리 클라우드 컴퓨팅을 사용하는 조직은 사용자당 비용을 부과하는 정책 때문에 최종 비용이 더 높을 수 있습니다. 예를 들어 변호사가 시간당 600달러를 청구하는 5인 법률 회사는 한 명당 월 15달러씩 비용을 지불하는 것에 큰 부담이 없을 것입니다. 하지만 조직에 직원이 25,000명이나 된다면 그 비용이 엄청나게 증가하겠죠. 사실 SaaS 회사도 이 점을 잘 알고 있습니다. 그래서 특정 사용자 수를 초과할 경우 사용자 수를 무제한으로 늘릴 수 있는 엔터프라이즈 할인 정책을 제공하는 경우가 많습니다.

- **입맛대로 수정하기가 어렵습니다.** 전셋집에 살면서 집을 고치기는 어렵죠. 기껏해야 가구를 새로 들여놓거나 벽지를 바꾸는 수준입니다. 소프트웨어를 대여하는 경우도 마찬가지입니다. SaaS 시스템과 애플리케이션은 사용자가 소프트웨어를 수정하는 데 많은 제한을 둡니다. 소프트웨어를 직접 만들거나 구매하는 경우와 비교하면 그 제한이 훨씬 크죠.

주의 깊은 분이라면 제가 보안 문제를 의도적으로 언급하지 않는다는 점을 눈치 채셨을 것입니다. 당연하겠지만, 클라우드 컴퓨팅에도 보안 문제는 생깁니다. 그렇다고 온프레미스 애플리케이션이나 시스템이 클라우드 기반 시스템보다 더 안전하다고 생각하는 것은 아주 위험합니다.[5]

2.2.4 다른 방법

특별히 분류하기 힘든 다양한 오픈 소스 소프트웨어와 하이브리드 방식에 대해서 이야기해 볼까 합니다.

| 오픈 소스 시스템 |

세일즈포스나 넷스위트 같은 시스템에 큰 매력을 못 느끼겠다면 오두^{Odoo}와 같은 오픈 소스 솔루션도 고민해 볼 만합니다. 오픈 소스 대체 소프트웨어는 거의 모든 비즈니스 시스템 또는 애플리케이션마다 존재합니다. 오픈 소스이기 때문에 자유롭게 다운로드해서 특정 라이선스의 범주 하에 사용할 수 있습니다. 여기서 한 가지 꼭 짚어야 할 부분이 있습니다. 오픈 소스는 절대 '공짜'가 아닙니다. 공짜 맥주가 아니죠. 여러분이 유명한 오픈 소스 티켓팅 시스템인 osTicket을 설치한다고 관련 오픈 소스 커뮤니티가 여러분의 시스템을 설정해 주지 않습니다. DIY 방식을 택한다고 해도 시스템을 수정하고 다른 기능을 구현하고 유지보수 및 업그레이드 등에 또 다른 비용이 발생할 것입니다.

| 하이브리드 |

많은 조직에서 여러 가지 방법을 섞어서 사용합니다. 비즈니스 요구사항에 맞춰서 두 개 이상의 시스템들을 구현하고 유지보수하죠. 어떤 회사가 자체 ERP 시스템을 사용하다가 2년 전에 CRM으로 세일즈포스를 사용하기 시작했다고 칩시다. 리포팅이나 추적 시스템과 같은 회사의 핵심 시스템들이 오래되어서 이들을 클라우드로 전환하기에는 알맞지 않을 수 있죠.

....

5 https://tinyurl.com/philcloud

회사의 인수 또는 합병이 이루어진 후라면 하이브리드 방식을 사용하는 것이 일반적입니다. 회사가 합쳐지고 나면 인수되는 쪽의 시스템을 인수하는 쪽의 시스템으로 어떻게 옮길지 고민해야겠죠.

2.3 개발 방법

소프트웨어를 살지, 빌릴지, 아니면 직접 만들 것인지 결정하는 것은 아주 어렵고 중요한 것입니다. 그리고 그걸 정한다고 모든 과정이 끝나는 것도 아니죠. 추상적으로 봤을 때 새로운 애플리케이션이나 시스템을 개발하고 배포하는 방법은 크게 다음과 같이 나눌 수 있습니다.

- **폭포수:** 순차적이고 일정을 엄격하게 준수하며 향후 일어날 일을 예측하는 방식으로 시스템을 개발합니다. 소프트웨어는 프로젝트가 끝나면 완성되죠.
- **애자일:** 스크럼, 익스트림 프로그래밍, 그 외에 다양한 방법들을 사용해서 시스템을 점진적으로 완성해 나갑니다.

[표 2-3]에 두 가지 방법의 특징들을 비교해 보았습니다.

표 2-3 주요 소프트웨어 개발 방식 비교

특징	폭포수 방식	애자일 방식
접근방법	순차적, 확정적	점진적, 연속적
팀의 속성	아주 큰 전문가 집단	비교적 작은, 여러 가지 일을 해낼 수 있는 팀원
사고방식	"우린 모든 것을 조절할 수 있습니다!"	"우린 통제할 수 있는 게 딱히 없으니, 시도도 하지 맙시다."
기획	장기	단기
구성 요소	확정된 비즈니스 요구사항	유연하고 지속적으로 변하는 사용자 스토리
추정	확정적. "메리네 집 잔디를 깎는 데 3시간 15분 걸립니다."	상대적. "메리네 집 잔디를 다 깎는 데 얼마나 걸릴지는 모르지만, 월터의 집보다는 더 큽니다. 시간이 더 걸리겠네요."

피드백	팀이 프로젝트를 완료하면 한 번 발생함	각 스프린트가 끝날 때마다 주기적으로 발생함
피드백 반영	다음 새로운 프로젝트 시작 시 반영	다음 스프린트 시작 시 반영
테스트	개발 단계가 끝나고 마지막 한 단계에서	매 스프린트가 끝날 때마다
산출물의 규모 및 전달	매우 큰 산출물을 프로젝트 종료 시 전달	작은 산출물을 주기적으로 전달

애자일폴, 워자일, 그 외에 두 가지 방법을 적당히 섞어 놓은 듯한 용어들은 무시하겠습니다. 폭포수냐, 애자일이냐, 둘 중 하나입니다.

1부에서 많은 내용을 다루었지만 아직 살펴보지 못한 부분이 훨씬 더 많습니다. IT 부서가 비즈니스 애플리케이션 및 시스템에 대한 끝없이 새로운 요구사항을 모두 반영하고 시스템을 개선할 수는 없는 노릇입니다. 그래서 새로운 방식의 개발 도구가 아주 엄청난 인기를 끌게 되었으며 소프트웨어 개발을 전공하지 않은 사람도 사실상 개발자가 될 수 있게 되었습니다. 2부에서 이에 대해 자세히 알아보겠습니다.

2.4 정리하기

- 기업은 다섯 가지 방법을 사용해서 새로운 시스템과 애플리케이션을 개발하고 배포해 왔습니다.
- 각각의 방법은 서로 다른 장점을 가지며 비용도 저마다 다릅니다.
- 어떤 기업은 여러 가지 방법을 섞어서 사용합니다. 어떤 애플리케이션은 대여하고, 나머지는 직접 운영하기도 합니다.
- 크게 봤을 때 조직은 엄격하고 순차적인 방식으로, 또는 조각 조각을 점진적으로 계속 만드는 방식으로 소프트웨어를 만들고 배포할 수 있습니다.

새로 쓰는
애플리케이션
개발 방법

왜 노코드/로우코드가
모든 것을 바꾸는가

"그 놈들의 범행 수법은 그 놈들의 대단함이지."

– 영화 〈히트〉(1995년)에서 배우 알 파치노(경위 빈센트 한나 역)

전통적으로 새로운 애플리케이션과 소프트웨어는 소프트웨어 개발 전문가들에 의해 만들어져 왔습니다. 개발자들이 소프트웨어 개발 회사나, 집, 회사 IT 부서, 그 외 어디에서 일했는지는 중요하지 않습니다. 능숙한 개발자들이 소매를 걷어 붙이고 며칠, 몇 주, 몇 달, 몇 년간 키보드를 두들겨 왔다는 것이 중요하죠.

하지만 미래의 비즈니스 애플리케이션과 시스템 개발은 어떤 모습일까요?

거대한 변화가 이미 시작되었습니다. 비전문적인 직원들로 구성된 아주 열정적인 그룹들이 많은 개발을 도맡고 있습니다. 이들은 키보드 대신 마우스를 쥐고 일하죠.**xxxix**

2부에서는 아주 단순한 질문에 대해서 답해 보고자 합니다. 어떻게 이런 일이 가능한 것인지 말이죠. 짧게 답하자면 두 가지를 이야기할 수 있습니다. 첫 번째 답은 비전문가들이 강력한 도구를 사용해서 유용한 비즈니스 애플리케이션과 시스템을 만들 수 있게 되었다는 점입니다. 이 장에서 설명할 노코드/로우코드가 바로 그 강력한 도구입니다. 두 번째 답은 5장에서 시민 개발자와 함께 설명하겠습니다.

먼저 어떤 일이 있었는지 돌아보죠.

3.1 노코드/로우코드의 구성 요소와 그 전신

노코드/로우코드 역시 어느 날 갑자기 하늘에서 뚝 떨어진 도구가 아닙니다. 노코드/로우코드는 4세대 프로그래밍 언어에서 진화한 형태라고 볼 수 있습니다. 지금 이 글을 읽는 여러분의 나이나 관심사, 배경 등에 따라 다르겠지만 대체로 이 앞 문장에 대해서 다음과 같은 고도의 기술적인 의문점을 가질 수 있습니다.

예? 이 말이 정말일까요?

3.1.1 이전 세대의 프로그래밍 언어들

전 프로그래밍이나 컴퓨터의 상세한 역사에 대해서 제대로 쓸 수 있을 만한 사람은 아닙니다. 그래도 기술 분야에 오래 몸담고 있다 보니, 몇 가지를 이야기할 수준은 됩니다.

다른 모든 최신 소프트웨어와 마찬가지로 현재의 노코드/로우코드 도구 역시 이전 프로그래밍 언어에서 파생되어 왔습니다. 이해를 돕기 위해서 프로그래밍 언어가 어떤 변화를 거쳐 왔는지 간략하게 알아볼 필요가 있겠네요. 다음 [표 3-1]에 각 세대별 주요 프로그래밍 언어에 대해서 정리해 보았습니다.

표 3-1 세대별 프로그래밍 언어

세대	추상화 수준	설명	대표적인 언어
1세대	저수준	기계에 특화되고 다른 기계나 시스템으로 이식이 불가능하며 특정 컴퓨터에서만 언어를 이해하고 실행할 수 있습니다.	없음
2세대	저수준	유틸리티 프로그램 또는 어셈블러가 언어를 컴퓨터가 이해하고 실행 가능한 코드로 변환합니다.	어셈블리
3세대	고수준	이식이 가능한 언어로써 개발자가 특정 컴퓨터를 고려할 필요 없이 또는 적게 고민하고 개발할 수 있게 해줍니다. 이전 세대 언어와 달리 사용자는 코드를 약간 수정해서 다시 사용할 수 있었으며 코드가 특정 기계에 종속되지도 않습니다.	C, 포트란, 코볼, 파스칼, C++, 자바, 베이직

| 4세대 | 고수준 | 4세대 언어는 통합 개발 환경(IDE)과 밀접한 연관성을 가집니다. IDE는 코드 편집기와 컴파일러, 디버거, GUI 등으로 구성됩니다. 능숙한 개발자는 코드만 보고도 그것이 어떤 것을 의미하는지 이해할 수 있는 수준입니다. 4세대 언어는 최신 노코드/로우코드의 근간이 됩니다. | 펄, PHP, 파이썬, 루비, SQL |
| 5세대 | 고수준 | 코드 줄들이 아닌 프로그램에 주어진 제약 조건 등을 이용하여 문제를 풉니다. 인공지능이나 알고리즘이 이에 해당하겠네요. | OPS5, 머큐리, 그 외 라이브러리를 통해 기능을 확장한 4세대 언어들 |

3.1.2 진화에서 혁명으로

[표 3-1]을 보면 노코드/로우코드가 어디에서 파생되어 왔는지 알 수 있습니다. 하지만 노코드/로우코드는 진화가 아닌 혁명이라는 관점에서 바라봐야 합니다. 오랫동안 소프트웨어 개발자이자 작가로 활동한 데이브 팔리가 2022년 2월 노코드/로우코드에 대해서 다음과 같이 정확하게 이야기했습니다.

노코드/로우코드에 뭔가 정말 새로운 아이디어가 있는 것이 아닙니다. 다른 면으로 봤을 때 노코드/로우코드는 프로그래밍의 혁명을 뜻하기도 합니다. 기계어 대신 다른 쉬운 방법으로 프로그램을 만들려는 노력이 없었다면, 최초로 컴파일이 가능한 언어가 탄생했을까요?[지]

팔리의 입장에서 봤을 때는 기계어로 프로그램을 만들던 시절 코볼 프로그래머들은 로우코드로 프로그램을 만든다고 조롱받았을 것입니다. 저도 그의 생각에 동의합니다. 싫어할 사람들은 어찌 되었든 싫어합니다.

알던 모르던 많은 사람은 아직도 다양한 목적으로 위해 옛날 프로그래밍 언어로 만들어진 애플리케이션과 시스템을 사용하고 있습니다. 오래된 프로그래밍 언어로 만들어진 시스템은 전부 버려졌다는 세간의 인식은 잘못된 것이죠. 이런 생각은 특히 팬데믹 상황에서 더 두드러졌습니다. 오언 휴즈가 테크리퍼블릭에 쓴 글만 봐도 이 사실을 잘 알 수 있습니다.

2020년 4월 수십만 명의 주민이 뉴저지주의 실업 시스템에 신청서를 제출하였습니다. 이로 인해 코볼 기반 메인프레임에 평소보다 약 16배 많은 부하가 발생하였습니다.[xli]

더 눈여겨봐야 할 또 다른 예는 개발자가 아닌 사람이 자신만의 프로그램을 만들 수 있도록 해주는 애플리케이션들입니다.

3.1.3 비주얼 프로그래밍

이름은 다르지만 애플리케이션 구성 요소를 마우스로 배치해서 애플리케이션을 개발하는 이른바 드래그 앤 드롭 개발 방법도 수십 년간 사용되어 왔습니다. 이렇게 사용자들이 코딩에 대한 지식 없이도 애플리케이션을 만들 수 있도록 도와주는 도구들이 비주얼 프로그래밍에 해당합니다. 대표적인 예로 블록리 Blockly를 들 수 있겠네요.[xlii]

왜 이런 방식의 프로그래밍이 탄생하는지는 조금만 생각하면 금방 이해할 수 있습니다. 대부분의 사람은 키보드보다는 마우스를 더 편하다고 생각하죠. 비주얼 프로그래밍을 사용하면 문자로 애플리케이션 구성 요소를 작성하지 않고 간단하게 시각적으로 보이는 요소들을 배치하고 수정함으로써 원하는 기능을 구현할 수 있습니다. 비주얼 프로그래밍은 특히 교육이나 자동화, 비디오 게임, 음악, 애니메이션과 같은 분야에서 프로그래밍이 널리 퍼지는 데 큰 역할을 했습니다. 스티브 잡스가 남긴 '컴퓨터는 마음의 자전거와 같다'는 명언[6]이 떠오르는군요.

그래도 이 책이 워크플레이스 기술에 대해서 다루고 있으니, 비주얼 프로그래밍 중에서도 30년 이상 기업에서 사랑받은 비주얼 프로그래밍 애플리케이션들에 대해서 살펴보겠습니다.

---

6 옮긴이_인간이 자전거를 발명한 덕분에 더 효율적인 이동이 가능하게 된 것처럼, 컴퓨터는 인간이 가진 생각의 한계를 넘어서게 해 준다는 의미입니다.

| 마이크로소프트 액세스 |

상용 수준의 데이터베이스는 1960년대부터 시작되었습니다. 오늘날의 엔터프라이즈 시스템들은 이런 상용 데이터베이스가 없었다면 만들어지지도 못했을 것입니다. 데이터베이스는 대용량의 데이터를 다루기에 적합하지만, 대부분의 기업이 이런 상용 데이터베이스를 사용해야 할 만큼 많은 데이터를 가지지 않았음에도 데이터베이스를 사용해야만 했습니다.

이런 이유로 1970년대 후반에서 1980년대 초반까지 개인용 데이터베이스가 큰 인기를 끌었습니다. 파라독스나 dBase, FoxPro가 대표적인 개인용 데이터베이스라고 볼 수 있습니다. 개인용 데이터베이스가 대세가 될 것이라고 판단한 마이크로소프트 역시 이 흐름에 끼고 싶어 했습니다. 결국 1992년 11월 라스베이거스에서 열린 컴덱스에서 마이크로소프트 액세스를 발표했습니다.[xliii] 액세스의 정말 강력한 점은 바로 그래픽 사용자 인터페이스, 즉 GUI를 탑재했다는 점이었죠. 사용자가 마우스로 상당히 복잡한 데이터베이스와 폼, 질의문, 보고서를 만들 수 있게 된 것입니다. SQL을 안다고 손해 보는 것은 아니지만 액세스를 사용할 때 SQL을 알 필요가 전혀 없는 것이죠. 그 후 30년이 넘는 세월 동안 액세스는 다재다능하고 유용하다는 사실을 입증해 왔으며 아직도 널리 사랑받고 있습니다. 액세스의 사용자는 정말 다양하며 북미 지역뿐 아니라 전 세계에서 크고 작은 기업들이 액세스를 사용하고 있으며 앞으로도 계속 사용할 것으로 보입니다. 그래서 '결코 죽지 않는 소프트웨어'라는 이름으로도 불린다는군요.[xliv]

| 마이크로소프트 프론트페이지 |

1996년 1월, 마이크로소프트는 베르메르 테크놀로지 사와 함께 회사의 대표적인 제품인 WYSIWYG ^what-you-see-is-what-you-get HTML 에디터 프론트페이지, 그리고 웹사이트 관리 도구를 인수하였습니다. 그리고 1997년부터 2003년까지 오피스 제품군에 이 프론트페이지를 포함시켜서 판매했죠. [그림 3-1]이 프론트페이지 실행화면인데 믿기지 않겠지만 그 당시만 하더라도 최첨단 소프트웨어 중 하나였습니다.

하지만 마이크로소프트 액세스와는 달리 프론트페이지는 곧 인기가 시들해졌습니다.

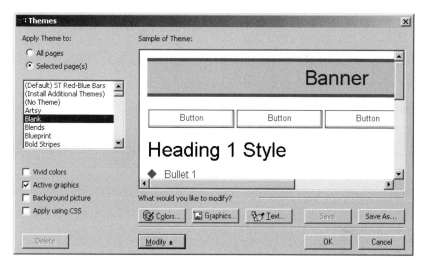

그림 3-1 마이크로소프트 프론트페이지 사용자 인터페이스(출처: 마이크로소프트)

인수된 후 몇 년 지나지 않아 프론트페이지는 그 당시 사용하던 대부분의 웹 서버와 호환되지 않기 시작했습니다. 결국 2003년 마이크로소프트는 프론트페이지를 폐기하고 고객들에게 엑스프레션 웹과 셰어포인트 디자이너 제품을 사용할 것을 권고하였습니다. 더 자세한 이야기가 궁금하다면 링크를 참고하세요.[7]

| 드림위버 |

매크로미디어에서 1997년 12월에 발표한 제품으로 오늘날에도 사용되는 WYSIWYG 웹사이트 제작 도구 겸 코드 편집기입니다. 어도비 시스템즈가 2005년 12월 매크로미디어를 인수하였으며 일부는 이 인수 합병이 드림위버가 쇠퇴하기 시작한 이유라고 추측하기도 합니다. 쿼라Quora나 레딧에서는 드림위버가 왜 쇠퇴하였는지에 대한 토론을 심심찮게 볼 수 있습니다. 물론 저는 거기에

---

7 https://tinyurl.com/ps-FP2023

별로 끼고 싶지 않습니다. 제품이 쇠퇴하는 이유는 예전과 달리 지금은 그만큼 많이 사용되지 않기 때문이라고 생각하기 때문이죠. 전체 웹사이트 중 고작 0.3%에서만 드림위버를 사용한다는 사실만 봐도 알 수 있습니다.[xlv]

개인적으로 전 대학 교수로서 정보 시스템 설계 과정을 10번 이상 강의한 적이 있습니다. 2016년부터 2018년까지 50개가 넘는 프로젝트를 진행했는데 이 중 절반 이상이 웹사이트를 만드는 것이었습니다. 그중 드림위버를 사용한 프로젝트는 단 하나도 없었습니다. 대신 가장 많이 사용한 노코드/로우코드 도구는 스퀘어스페이스와 워드프레스였죠.

| 스퀘어스페이스 |

앤서니 카살레나는 2003년 4월 메릴랜드 대학 내 그의 기숙사 방에서 블로그 호스팅 서비스인 스퀘어스페이스를 시작했습니다. 나중에 스퀘어스페이스는 코드를 노코드 설계 시스템인 플루이드 엔진을 사용해서 드래그 앤 드롭 방식의 사용자 인터페이스로 완전히 바꿔버렸습니다.[xlvi] 이 책을 쓰는 지금 이런 콘텐츠 관리 시스템의 인기는 드림위버보다 최소 7배 이상 많습니다.[xlvii]

| 워드프레스 |

워드프레스는 2003년 5월 27일 세상에 처음 공개되었으며 이 시기에 마이크로소프트는 프론트페이지를 거의 방치하고 있었습니다. 초기 워드프레스는 간단하며 자유롭게 사용할 수 있는 블로깅 소프트웨어를 표방했지만 이후 훌륭한 콘텐츠 관리 시스템으로 변하면서 수백만 명의 사람들과 기업들이 워드프레스를 독창적인 방법으로 사용하게 되었습니다. 현재 전체 웹사이트 중 약 43%는 워드프레스 기반으로 동작하는 것으로 집계되었습니다.[xlviii]

| 버블 |

2011년에 서비스를 시작한 버블을 사용하면 마우스만 가지고도 강력한 애플리케이션을 다양하게 만들 수 있습니다. 버블을 사용하면 애플리케이션을 정말 쉽게 만들고 배포할 수 있습니다. 웹사이트를 직접 둘러봐야 하지만 [xlix], 어쨌든 제공하는 기능들은 정말 놀라울 따름입니다. 7장에서 버블에 대해서 좀 더 자세히 살펴볼 것이니 조금 더 기다려 주세요. 2021년 10월에는 1억 달러 규모의 시리즈 A 투자를 받기도 했습니다.[l]

3.1.4 대중을 위한 코딩

앞서 소개한 여섯 가지 소프트웨어는 전체적인 흐름을 파악하기 위해 소개한 것들입니다. 클리브 톰슨이 2020년 5월 와이어드 지에 실린 글을 통해 날카롭게 지적한 바 있죠.

> 노코드의 등장은 어떻게 보면 소프트웨어의 전형적인 패턴이기도 합니다. 수년간 이런 식으로 발전해 왔으니까요. 초기 웹사이트는 사람이 한땀 한땀 코드를 작성해서 만들었지만 지금은 블로깅 콘텐츠 관리 시스템을 사용해서 자동으로 만듭니다. 그리고 블로그가 폭증했죠. 예전에는 온라인에 비디오를 올리는 게 정말 곤욕스러운 일이지만, 이제는 유튜브가 있습니다. 그리고 브이로그가 폭증했죠.[li]

기술의 대중화는 이제는 더 이상 낯선 일이 아닙니다. 톰슨이 2019년에 쓴 책 『Coders』(Penguin Press, 2019)에도 이 사실이 잘 나와 있죠. 지난 수십 년간 기술에 관심 있는 사람들은 이미 자신만의 웹사이트나 애플리케이션을 만들어 왔습니다. 효율성 측면에서는 어떨까요? 능숙한 사용자들이 자신이 사용하는 프로그램을 수정하고 수작업을 자동화해서 컴퓨터나 프로그램을 다루는 시간을 엄청나게 줄이기도 합니다. 대표적인 예를 몇 가지 들어볼까요?

- 서로 다른 여러 마이크로소프트 오피스 프로그램을 위한 매크로는 정말 하늘에서 내려준 선물 같습니다. 커스텀 메뉴를 만들거나 기존 메뉴를 수정하는 것 역시 아주 유용한 기능입니다. 매크로를 사용해서 간단한 작업을 기록하고 사용하는 것만으로도 엄청난 시간을 절약할 수 있습니다. 만약 매크로 기능을 사용할 수 없다면, 그건 아마도 보안 문제 때문일 것입니다. 마이크로소프트는 기본으로 매크로 기능을 비활성화해 둡니다.[lii]
- 맥 사용자들은 2005년부터 비주얼 스크립트 작성 도구인 오토메이터를 사용해서 자신만의 애플리케이션을 만들 수 있게 되었습니다. 예를 들어 열린 애플리케이션을 하나하나 직접 종

료할 수도 있겠지만, 마우스 클릭 한 번으로 열린 모든 창을 한꺼번에 닫을 수도 있죠.[liii] 나중에 애플의 숏컷 애플리케이션이 오토메이터를 대체하기는 했지만,[liv] 그렇다고 사람들이 만든 자동화 도구들이 갑자기 사라진 것은 아닙니다. 그냥 다른 곳으로 옮겨갔을 뿐이죠.

- 텍스트익스팬더나 그와 비슷한 애플리케이션을 사용해서 문자열을 바꿀 수 있는 나만의 바로가기를 만들 수도 있습니다.

이런 것들이 오늘날에 와서야 갑자기 유행하기 시작한 것도 아닙니다. 그냥 계속 존재해 왔고, 다만 이름이 바뀌었을 뿐이죠.

3.2 노코드/로우코드의 위대한 리브랜딩

구글 트렌드로 살펴보면 '노코드 개발 플랫폼'이라는 용어가 2004년 처음 등장하는 것으로 확인됩니다.[lv] 사실 노코드라는 단어가 언제 나타났느냐보다는 노코드라는 개념이 대중에게 알려지지 않은 상태로 수 세기 동안 존재했다는 것이 더 중요합니다.

2014년 포레스터 리서치에서는 노코드와 유사한 로우코드라는 단어가 널리 사용되도록 만들게 된 보고서를 발표했습니다. 컨설팅 회사가 이렇게 새로운 기술이나 비즈니스 용어를 만들어 내는 것이 처음은 아니죠. 포레스터 리서치는 「고객을 위한 애플리케이션 개발에 새로운 개발 플랫폼이 등장하다 New Development Platforms Emerge for Customer-Facing Applications」라는 보고서에서 로우코드라는 단어를 사용했습니다. 이 보고서에서 '로우코드 플랫폼을 사용하면 최소의 코딩과 최소한의 설정 및 교육, 배포에 대한 투자 비용으로 빠르게 비즈니스 애플리케이션을 개발할 수 있다'고 밝혔습니다.[lvi]

이 보고서를 함께 쓴 클레이 리처드슨의 말에 주목할 필요가 있습니다. 2011년 포레스터 리서치는 모든 사람이 자신만의 애플리케이션을 만들 수 있는 새로운 도구가 어떻게 나타나게 되었는지에 대한 보고서를 발행했는데, 여기서 리처드슨은 로우코드의 기원에 대해 다음과 같이 설명했습니다.

어느덧 포레스터는 조직을 더 민첩하고 가볍게 만들기 위한 워크플로 및 프로세스 변경 플랫폼을 강조하기 시작했습니다. 우리는 2013년도에 이 두 가지 부분에 대한 연구 내용을 합쳐서 고객을 위한 애플리케이션 개발의 속도를 끌어올리는 데 집중하였는데, 거기서 처음 '로우코드'라는 용어가 만들어졌죠. 수십 개의 회사와 인터뷰한 끝에 로우코드가 고객의 요구사항을 가장 빠르게 반영한 애플리케이션을 만들기 위한 가장 강력한 방법이라는 것을 알아낼 수 있었습니다.[lvii]

포레스터는 처음에 로우코드 도구들을 다음 세 가지 종류로 분류했습니다.

- **비즈니스 프로세스 관리(BPM):** BPM을 통해 조직이 일을 좀 더 효율적으로 하도록 만듭니다. 협력사나 직원에게 비용을 지불하는 것이 대표적인 사용 예시입니다.
- **콘텐츠 관리:** 블로그 글이나 기사, 비디오, 오디오 등의 콘텐츠를 관리합니다.
- **범용:** 위 두 개의 범주에 속하지 않는 모든 로우코드 도구가 여기에 해당합니다.

얼마 지나지 않아 비주얼 프로그래밍이라는 이름은 잊혀지기 시작했고 대신 노코드와 로우코드라는 단어를 사용하기 시작했습니다. 이후 사용자 친화적이고 저렴하며 나만의 애플리케이션을 만들 수 있는 모든 도구들을 노코드/로우코드로 분류하게 되었죠.

노코드/로우코드로 하나부터 열까지 다 할 수 없다면, 아무 의미가 없습니다. 개발자던 아니던 사람들이 자신이나 친구, 동료, 고객을 위해 강력한 애플리케이션을 빠르게 만들 수 있어야 하니까요.

노코드/로우코드가 인기를 얻게 된 것은 아마도 이 점이 가장 클 것입니다. 예전 비주얼 프로그래밍 애플리케이션의 최종 생산물은 대개 마이크로소프트 액세스 데이터베이스이거나 매크로가 왕창 포함된 엑셀 워크북이었습니다. 그리고 만들어진 파일들은 어떤 한 직원의 PC에만 저장되어 있기 일쑤였죠. 대부분의 비주얼 프로그래밍 애플리케이션은 한 명의 사용자를 위해 만들어져서 하나의 컴퓨터에서만 돌아갔습니다. 다른 곳에 배포해 봐야 IT 분야에서 인트라넷 영역에 국한되거나 마이크로소프트 쉐어포인트를 사용하는 수준에 그쳤습니다. 클릭 한 번으로 애플리케이션을 모두가 접근할 수 있는 곳에 게시하는 것이 아니었죠.

하지만 노코드/로우코드 도구들은 정말 새로운 세상을 열어주었습니다.

- 동시 사용자를 태생적으로 지원하는가? 예
- 조직 밖의 사람들도 빠르게 애플리케이션에 적응할 수 있는가? 예
- 빠르고 쉽게 배포할 수 있는가? 예

그냥 괴물이라고 말할 수밖에 없습니다. 하지만 노코드/로우코드의 다른 장점을 알아보기 전에 먼저 해야 할 일이 있습니다.

3.3 '아' 다르고 '어' 다르다: 노코드와 로우코드 도구의 구별

크게 봤을 때 노코드/로우코드는 개발자가 아닌 사람들도 개발 관련 지식 없이 쉽게 애플리케이션을 개발할 수 있도록 해 주는 도구를 통칭합니다. 하지만 노코드와 로우코드가 어떤 차이가 있는지 간략하게 설명하겠습니다.

3.3.1 노코드

노코드 도구는 사용자가 코드를 추가할 수 없습니다. 끝.

노코드 도구는 마우스만 사용할 수 있습니다. 노코드가 이런 제약을 가지고 있기 때문에 사용자가 노코드가 만들어 내는 비즈니스 애플리케이션이 이상하게 동작하지 않을 것임을 보장할 수 있습니다. 반면 다른 코드나 라이브러리 등을 추가하고 사용할 수 없기 때문에 애플리케이션이 아주 단순합니다.

3.3.2 로우코드

이제 키보드를 꺼낼 차례입니다. 로우코드라는 이름에서 짐작할 수 있듯이 로우코드 도구에서는 사용자가 원하는 경우 코드를 추가할 수 있습니다. 하지만 코드

를 추가할 때 대개 다음의 제약 조건을 가집니다.

- 코드 유형
- 코드의 양
- 코드를 추가하는 위치
- 코드로 할 수 있는 기능

노코드보다는 로우코드가 허용하는 것이 많아 보입니다. 노코더보다는 로우코더가 애플리케이션을 좀 더 입맛에 맞게 고칠 수 있는 것이죠. 마이스페이스의 폰트나 글꼴을 바꾸는 아주 간단한 일부터 완전히 새로운 기능을 추가하고 다른 애플리케이션과 통합하는 것까지도 가능합니다.

하지만 수정이 가능하기 때문에 로우코더가 만든 애플리케이션에 문제가 있을 수도 있습니다. 특히 만드는 사람이 무엇을 하는지 잘 모를 때 그럴 가능성이 커지죠. 그런 예시는 너무나도 많지만 특히 더 주의해야 할 것이 있습니다. 코드에서 잘못 찍거나 너무 많이 찍은 쉼표, 빠진 괄호, 위치가 잘못된 세미콜론, 슬래시 문자 등이 애플리케이션이나 웹사이트를 완전히 작동 불능 상태로 만들 수 있습니다. 일반적인 소프트웨어 개발자와 다를 바가 없는 것이죠. 물론 완성도는 다르겠지만.

노코드나 로우코드라는 말은 사실은 잘못 지은 이름입니다. 왜냐고요? 노코드/로우코드 도구가 동작하려면 소프트웨어 회사에서 일하는 개발자들이 수천에서 수만 줄의 코드를 짜야 하기 때문이죠. 간단합니다. 소프트웨어가 동작하려면, 누군가는 코드를 짜야 합니다. 누가 코드를 짜느냐가 문제죠. 세 가지 유형의 개발자들이 주로 사용하는 코딩 도구를 [그림 3-2]처럼 표현할 수 있습니다.

코드 유형별 주요 사용 도구

노코드

로우코드

풀코드

그림 3-2 코딩 유형별 주요 사용 도구

여러분들이 마우스를 쓸 수 있는 것은 개발자들이 키보드로 코드를 짰기 때문이라는 것을 기억하세요.

3.3.3 신발 크기와 표준

아마존의 자회사인 자포스에서 여러분의 발에 맞는 크기의 새 신발을 산다고 가정해 봅시다. 배송받은 신발이 정말 여러분의 발에 딱 맞을까요? 아마도 맞을 것입니다. 이런 이유로 국제 표준화 기구(ISO)가 존재하는 것입니다. 국제 표준화 기구는 의료 기기에서부터 자동차, 심지어 신발 크기에 이르기까지 모든 산업군과 영역을 가리지 않고 표준을 지정하고 공표합니다.[lviii] '세상이 동의하면 위대한 일이 일어납니다'가 슬로건인 이 기구를 어떻게 사랑하지 않을 수 있을까요?

불행히도 최신 기술이나 도구들은 이런 표준이 잘 마련되지 않는 편입니다. 노코드/로우코드도 마찬가지죠. 더 큰 문제는 표준이 없기 때문에 고객들을 더 혼란에 빠뜨릴 수 있다는 것입니다. 어떤 소프트웨어 회사가 주요 상품을 로우코드 도구라고 홍보하지만, 비슷한 제품을 판매하는 또 다른 회사는 로우코드 도구라고 굳이 홍보하지 않는 경우도 발생할 수 있습니다.

3.4 오늘날 노코드/로우코드 도구의 특징

이 장을 시작하고 나서 1990년대의 비주얼 프로그래밍 도구 몇 개를 살펴본 것 기억나시나요? 이 중 몇몇은 그 당시 기업들이 처한 문제를 확실해 해결해 주었으며 아직까지도 사용되는 애플리케이션도 더러 있습니다. 그렇다고 옛날 비주얼 프로그래밍 시절의 도구들이 요즘의 노코드/로우코드 도구들과 비견할 만하지는 않습니다. 요즘의 노코드/로우코드 도구들이 훨씬 더 강력하고 유용하며 수도 훨씬 많습니다.

노코드/로우코드 도구의 과거와 현재

도구의 수

2023

1995

도구의 능력과 확장성, 다양성

그림 3-3 노코드/로우코드 도구의 과거와 현재

> **고지사항**
>
> 계속 설명하기 전에 먼저 여러분께 알려드릴 내용이 있습니다. 모든 비즈니스 기술들이 동등하게 만들어진 것은 아니며, 그렇다고 주장하는 것은 말도 안 되는 일입니다. 이 장에서는 특히나 개발자가 아닌 사람들이 노코드/로우코드 도구를 사용해서 만든 비즈니스 애플리케이션에 대해서 이야기하고 있습니다. 그래서 역사적으로 엄청난 비용이 투자되고 수많은 IT 전문가 팀이 투입된 값비싼 엔터프라이즈 등급의 비즈니스 시스템이나 애플리케이션에 대해서는 이야기하지 않겠습니다. 단 한 명의 노코더 혹은 로우코더가 프로그래밍에 대한 배경 지식 없이 만든 애플리케이션과 수십 명의 소프트웨어 개발자와 컨설턴트 등이 달라붙어서 만든 애플리케이션을 비교하는 건 말이 안 되죠. 8살짜리 테니스 신동이 아무리 유망하고 실력이 좋다고 해도, 지금 당장 로저 페더러와 경쟁하기는 어려울 것입니다.

① 기능, 활용성, 그리고 다양함

[그림 3-3]으로 돌아가 보면 1990년대 후반의 노코드/로우코드는 오늘날의 도구와는 전혀 비슷하지 않다는 것을 알 수 있습니다. 최신 노코드/로우코드를 사용하면 개발을 전혀 해 보지 않은 사람도 엄청나게 유용한 비즈니스 애플리케이션을 만들 수 있으니까요. 만든 애플리케이션으로 원자핵을 분해할 수 있는 것은 아니지만, 최소한 실수를 하지는 않습니다. 조직의 크기와 관계없이 겪을 수 있는 다양한 문제를 풀 수 있는 좋은 방법입니다. 웹 디자이너나 스프레드시트에서 간

단한 정보를 분석하려는 비즈니스 분석가들만 이런 도구를 사용하는 것도 아닙니다. 모든 비전문가가 노코드/로우코드 도구를 사용해서 훌륭한 비즈니스 애플리케이션을 만들고 배포할 수 있습니다. 어떻게요? 드래그 앤 드롭으로요. 물론 [그림 3-4]와 같이 트레이드오프가 생기긴 합니다. 마우스를 많이 쓸수록 코딩할 부분도 적어집니다.

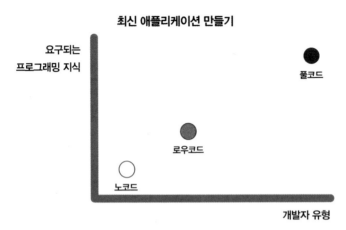

그림 3-4 최신 애플리케이션 만들기

노코드/로우코드 도구가 제아무리 강력하고 활용성이 뛰어나더라도 결코 변할 수 없는 사실이 한 가지 있습니다. 하나의 도구로 모두를 만족시킬 수 없다는 것이죠. 저 위대한 마이크로소프트라 해도 모든 회사의 모든 직원이 만족하는 비즈니스 애플리케이션을 만들 수는 없습니다. 하지만 바로 이 점 때문에 두 번째 장점이 생기게 되죠.

② 엄청난 확장성

여러분이 작은 사업을 운영한다고 생각해 봅시다. 아마 다른 사업가들과 마찬가지로 인투잇의 퀵북을 사용할 것입니다. 저는 개인적으로 웨이브를 더 선호하지만, 여기서는 퀵북을 쓴다고 가정하겠습니다.

다른 주요 회계 프로그램과 마찬가지로 퀵북 사용자 역시 업체 대금 청구서를 입력하고 손익 계산서를 발행하는 등의 다양한 작업을 쉽고 빠르게 할 수 있습니다. 이 정도로 충분할 수 있지만, 여러분이 이 외에 다른 좀 더 고도의 기술을 필요로 하는 작업을 하고 싶다면 어떻게 해야 할까요? 우선 여러분과 회사 직원들이 데이터를 중복으로 입력하는 것을 피하고 싶습니다. 그리고 이런 작업도 하고 싶죠.

- 마이크로소프트 엑셀을 사용해서 퀵북 데이터를 읽고 쓰고 싶습니다. 새로운 고객이나 공급 업체, 판매실적 등을 관리하고 싶습니다.
- 신용 카드로 직원들의 출장 비용을 정산하고 금융 거래를 입력하고 비용을 지불하는 작업을 쉽게 처리하고 싶습니다. 직원들은 계속 익스펜시파이를 사용하도록 합니다.

퀵북은 이런 작업을 기본적으로 지원하지는 않습니다. 그렇다고 다른 회계 애플리케이션을 알아보거나 아니면 소프트웨어 개발자를 고용해서 회사 전용 애플리케이션을 만들 필요는 없습니다. 인투잇은 퀵북 사용자를 위해 수많은 추가 기능을 제공해서 퀵북의 기능을 더욱더 '확장'할 수 있도록 해줍니다.[lix] 컴퓨터에 능숙한 사람이라면 누구든 원격으로 마이크로소프트 엑셀[lx]이나 익스펜시파이[lxi], 그 외 원하는 타사 애플리케이션을 최소한의 시간과 비용으로 연결할 수 있습니다.

'확장'이라는 단어를 일부러 사용한 것은, 모든 비즈니스 애플리케이션 또는 시스템에서 사용자가 원하는 기능을 실행하고자 할 때 확장이 그만큼 중요한 요소이기 때문입니다. 세상에 존재하는 모든 비즈니스 요구사항을 전부 충족하는 애플리케이션이나 시스템은 없습니다. 대형 운송 회사에서부터 치과, 꽃집, 대형 은행, 이베이와 같은 온라인 경매 사이트에 이르기까지 요구사항은 전부 다 제각각이죠. 이런 문제를 해결하기 위해서 소프트웨어 개발 회사들은 수년간 확장성을 강조하고 구현하여 소프트웨어의 기본 기능을 더 강화하고 있습니다.

이런 확장 기능은 프로그램에 따라서 서로 다른 이름으로 불립니다. 애플리케이션이나 통합, 플러그인, 애드인, 확장 등 다양한 이름을 가집니다. 명칭은 달라도 기본적인 목적과 장점은 똑같습니다. 외부 개발자나 회사들이 비즈니스 시스템 및 애플리케이션의 핵심 기능을 더 확장하는 것이죠. 다른 예와 비교해 보면 잘 알 수 있듯 인투잇은 개발자와 커뮤니티, 소프트웨어 생태계의 중요성을 잘 이해하는 몇 안 되는 회사 중 하나입니다.

워드프레스의 엄청난 인기는 그 확장성 때문이라고 해도 과언이 아닙니다.

이제 워드프레스는 더 이상 콘텐츠 관리 시스템이라고 부를 수도 없는 수준이죠. 세계에서 가장 인기 있는 이 CMS는 만약 다양한 비즈니스 요구사항을 만족시킬 수 없었다면 결코 지금 수준에 도달하지 못했을 것입니다.

워드프레스의 창립자이자 개발자인 맷 멀런웨그는 처음부터 오픈 소스의 정신을 워드프레스에 수용했습니다. 2003년 워드프레스가 시작한 이후로 많은 사용자와 개발자가 워드프레스를 입맛에 고칠 수 있었고 실제로도 많이 그랬습니다. 지금 워드프레스에서는 55,000개의 플러그인[lxii]과 31,000개의 테마[lxiii]를 다운로드하거나 구입할 수 있습니다.

워드프레스의 테마들 중 노코드/로우코드의 형태를 띄는 테마들이 점점 더 늘어나고 있습니다. 저 또한 이 중 하나인 Divi를 2014년부터 사용하고 있습니다. 엘레강트테마에서 만든 Divi 워드프레스 테마는 현재 약 80만 명 이상이 사용하고 있으며 거기에는 저도 포함되어 있죠.[lxiv] 전 호기심도 많고 기술적인 능력도 충분하다고 생각했기 때문에 제 사이트에 jQuery와 CSS, 자바스크립트, PHP 등의 많은 코드를 추가했습니다. 노코더가 아닌 로우코더라고 부를 수 있겠네요. 물론 기술을 전혀 모르는 사람은 노코더로 남아있어도 충분합니다. 코드 한 줄 추가하지 않고도 보기에 예쁘고 빠르며 사용자 입력에 훌륭하게 반응하는 웹사이트를 만들 수 있으니까요.

Divi 워드프레스 테마

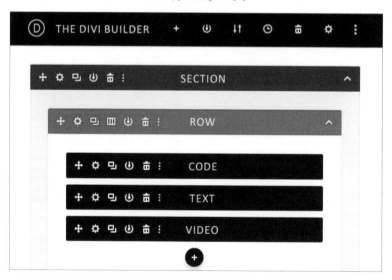

그림 3-5 Divi 워드프레스 테마(출처: 엘레강트테마)

③ 상호운용성

확장성은 상호운용성과 밀접한 관계를 가집니다. 상호운용성은 이를테면 애플리케이션 A가 B와 매끄럽게 연결될 수 있는 것이죠. 어떤 분들에게는 상호운용성이 새로운 개념이겠지만, 그렇지 않습니다. 제가 들려드릴 이야기를 들어보면 상호운용성이라는 개념이 아주 오랫동안 존재해 왔다는 것을 알 수 있습니다.

과거의 상호운용성

1990년 중반 무렵 기업들은 2장에서 소개한 ERP 시스템들이 그 강력한 통합성 때문에 아주 유용하다는 사실을 깨달았습니다. 아주 큰 제약 회사가 오라클 E-비즈니스 스위트를 운용한다고 가정해 보죠. 서로 다른 부서의 직원들이 서로 다른 애플리케이션이나 모듈, 보고서, 양식, 정보 등에 접근하거나 사용하지만 그 기저는 동일한 ERP 시스템입니다. 회계 부서 직원은 다른 회사에 비용을 지급하기 위해 전표를 발행하지만, 급여 지불 부서는 급여를 지불하기 위해 전표를 발행하겠죠. 누가 언제 무엇을 하든지 간에, 이런 금융 거래는 같은 금융 원장을 거칩니다. 이런 작업을 하는 그 누구도 전표가 반송되길 원하지 않겠죠.

ERP 외의 영역에서는 마이크로소프트 오피스 군이 그 통합성으로 수 세기간 명성을 떨쳤습니다. 엑셀 스프레드시트에서 워드나 아웃룩 이메일로 데이터를 보내는 것은 정말 식은 죽 먹기입니다. 다른 문서들을 통해 수십 개의 마이크로소프트 액세스 데이터베이스르 만들 수도 있습니다. 그리고 아침 일찍 보고서를 만들도록 일정을 지정합니다. 그럼 고객들은 컴퓨터를 켜서 아웃룩을 실행하고 받은 메일함에 엑셀 워크북이 첨부된 이메일을 받게 되는 것이죠.

그 당시에는 아주 인상적인 기능이었지만, 오늘날의 상호운용성은 당연한 것이 되었습니다. 그렇다면 이런 생각을 해 볼 수 있겠죠. 왜 오라클의 모든 제품군이 서로 원활하게 연결되지 못하는 걸까요? 오라클만이 아닌 마이크로소프트나 SAP, 구글, 이 외에 모든 소프트웨어 회사에서 만든 제품군들 역시 이런 의문점을 가질 수 있습니다.

노코드/로우코드 세계에서의 확장성과 상호운용성은 어떨까요? 그 폭이나 깊이로 따져 보았을 때 오늘날 노코드/로우코드 도구들은 이전 세대의 것들에 비해 훨씬 더 뛰어난 상호운용성을 제공합니다. 다양한 소프트웨어 회사의 많은 서비스나 애플리케이션, 도구들과 깊숙이 연결될 수 있죠. 최신 도구들은 너나 할 것 없이 다른 애플리케이션과 잘 어우러지는 모습을 보입니다. 코딩을 전혀 할 줄 모르는 사람들도 요즘엔 이런 것들을 쉽게 할 수 있죠.

- 노션에 구글 시트나 유튜브 비디오 넣기
- 에어테이블에 누군가가 데이터를 추가하면 귀찮게 이메일로 보내지 않고 알아서 슬랙 채널에 알려주기[lxv]
- 트위터에 특정 키워드가 포함된 트윗이 올라오면 이를 자동으로 마이크로소프트 파워 BI에 저장하기[lxvi]

이런 사례를 더 이야기하려면 끝도 없으니 요점만 이야기하겠습니다. 여러분들이 어떤 일을 하고 싶다면, 세상의 다른 누군가가 이미 그 일을 시도했을 가능성이 아주 큽니다. 그래서 조금만 파보면 코드를 조금도 작성하지 않거나 아니면 아주 약간만 수정해서 원하는 작업을 할 수 있는 확장 기능을 찾을 수 있죠. 만약 쓸 만한 기능을 찾지 못했다 하더라도 재피어나 워카토, 메이크, IFTTT 같은 강력한 노코드/로우코드 자동화 도구를 사용해서 기업이 원하는 기능을 쉽게 만들 수도 있습니다.[lxvii]

④ 공유성, 확장성, 협력성

초창기 노코드/로우코드 도구로 만든 애플리케이션은 당연하게도 만든 사람에게만 좋은 애플리케이션이었습니다. 직원들이 특정 컴퓨터에서만 잘 돌아가도록 만든 독자적인 비즈니스 애플리케이션과 비슷했죠. 동시에 많은 사람이 사용할 수 있는 기능은 지원하지 않았습니다. 포털이나 공유 드라이브, 협업을 위한 인트라넷 정도가 사용할 수 있는 전부였죠.

이 당시만 해도 웹에 애플리케이션을 배포하는 것은 상상도 못 할 일이었습니다. 웹에 애플리케이션을 배포하는 것은 꽤나 시간이 흐른 뒤에야 받아들여졌죠. 같은 조직 내의 팀이나 부서 간 협업도 어려웠으며 다른 조직 간 협업은 엄두도 못 냈습니다. 데이터 동기화 문제가 늘 있었죠. 엔터프라이즈 애플리케이션들도 직원이 회사 네트워크에 다시 연결하면 데이터를 새로 복사해 와야 할 정도였으니까요.

지금은 완전히 다릅니다. 클라우드 컴퓨팅과 엄청난 네트워크 대역폭, 휴대용 기기 덕분에 직원들은 특정 기기나 사무실에서 일해야 할 필요가 없어졌습니다. 오늘날의 노코드/로우코드 도구들이 기기나 장소에 구애받지 않는 것은 어찌 보면 당연한 결과겠죠. 직원들은 어디에서나 아무 기기로도 일을 할 수 있습니다. 접속만 할 수 있다면 직원들은 어디에 있든 똑같은 일을 할 수 있죠. 가장 중요한 점은 어떤 직원이 데이터나 애플리케이션을 업데이트하기 위해서 이미 일하고 있는 다른 직원들에게 작업을 중단하라고 요청하거나 쫓아낼 필요가 없다는 것입니다. 많은 사용자가 동시에 접속할 수 있다는 것은 이제는 기본이며 예외적인 아주 특별한 기능이 아닙니다. 이런 도구를 사용하는 사람들은 자신만의 애플리케이션을 조직 내, 혹은 그 외의 사람들과 쉽고 빠르게 공유할 수 있습니다. 물론 기업 내의 애플리케이션을 바깥사람들과 공유하는 것은 조직의 규칙이나 철학에 부합되어야 하겠죠. 기업이 받아들일 수 있는 노코드/로우코드 철학에 대해서는 8장에서 심도 있게 다루겠습니다.

⑤ 성능, 확장성, 데이터 스토리지

노코드/로우코드 도구로 여러 사용자가 쉽게 사용할 수 있는 새로운 기능을 쉽게 추가할 수 있습니다. 이것만으로도 충분히 훌륭하지만, 또 다른 의문점이 생기기도 합니다.

- 다른 사용자가 추가하는 데이터들이 많아질 경우 애플리케이션에 문제가 생길 수 있을까요?
- 서로 연결된 비즈니스 애플리케이션 간에 간극이 생길까요, 아니면 시간이 지나도 잘 연결된 상태로 동작할까요?

20년 전이라면 당연히 가졌을 의문입니다. 마이크로소프트의 쉐어포인트를 오래 사용하신 분이라면 어떤 이야기인지 잘 아실 테고요.

오늘날의 노코드/로우코드 도구는 그 규모에 따라 확장이 쉽습니다. 물론 말로만 확장이 쉽다고 하는 것은 의미가 없죠. 정말 확장이 쉬운지 확인이 필요합니다.

⑥ 유연성

노코드/로우코드 도구는 여러 용도로 사용할 수 있습니다. 4장에서 주요 용도에 대해서 알아보긴 하겠지만, 확장성 때문에 분류가 쉽지 않습니다.

⑦ 인기

수백만 명의 사람들이 다음 장에서 소개할 다양한 도구나 애플리케이션들을 사용해서 많은 문제를 해결하고 있습니다. 엄청난 인기를 얻고 있는 것이죠. 인기가 많다는 것은 레딧이나 디스코드, 페이스북, 링크드인과 같은 커뮤니티를 통해 정보를 쉽게 얻을 수 있고 관련 교육 과정을 이수하거나 적용할 수 있는 템플릿을 구할 수도 있다는 뜻이기도 합니다. 기업의 IT 부서들이 노코드/로우코드 도구로 만든 비즈니스 애플리케이션을 지원하지 않는 경우가 많기 때문에 외부에서 구할 수 있는 이런 정보들이 정말 요긴하죠.

⑧ 합당한 가격

예외가 있긴 하지만 주요 노코드/로우코드 개발 회사들은 대중들에게 합리적인 가격으로 프로그램을 판매하고 있습니다. 2장에서 소개한 SaaS 비즈니스 모델의 파급력은 정말 엄청났습니다. SaaS를 사용하는 개인이나 팀, 회사들은 실제 사용량이 어느 정도인지 정확하게 알기도 전에 몇 년짜리 프로그램 사용 계약을 할 필요가 없어졌죠. 결혼이 아니라 데이트하는 느낌이랄까요? 2년짜리 통신사 약정이 아닌 매달 결제하는 넷플릭스 구독을 생각하면 더 이해가 쉽겠네요. 필요하면 구독 플랜을 업그레이드하거나 다운그레이드할 수도 있습니다. 물론 구독 플랜에 새 사용자를 추가하는 것도 쉽죠. 사용자가 혹시나 가지고 있을 가격에 대한 두려움을 없애기 위해서 노코드/로우코드 회사들은 무료 플랜도 많이 제공합니다. 그럼 사용자들은 제품을 충분히 사용해 보고 나중에는 합당한 월 구독료를 지불하는 좋은 고객이 될 수도 있습니다.

⑨ 롤백과 버전 관리

엔터프라이즈급 시스템이나 애플리케이션들은 오랜 세월 롤백과 버전 관리 기능을 제공했습니다. 롤백과 버전 관리는 정말 중요한 기능입니다. 노코드/로우코드로 만든 애플리케이션도 대부분 같은 기능을 제공하지만, 코드 제작사들의 구독 플랜에 따라서 플랜을 업그레이드해야만 롤백이나 버전 관리 기능을 사용할 수 있는 경우도 있습니다.

개발자가 아닌 사람들도 뭔가 실수했을 때 되돌리기 버튼을 클릭해서 이전 상태로 돌아갈 수 있지만, 롤백 기능은 단순히 실행을 취소하는 것 이상의 의미를 가집니다. 애플리케이션 사용자들이 오류가 없는 예전 상태로 쉽게 돌아갈 수 있으면 오류로 인해 발생할 수 있는 막대한 손실과 작업 시간을 줄일 수 있기 때문이죠.

개인적으로 에어테이블을 사용하는 사람들이 이런 기능을 얼마나 자주 사용하는지가 궁금해서 레딧의 에어테이블 서브 레딧에 설문조사를 진행한 바 있습니다.[lxviii] 응답자의 60%가량이 백업 기능을 주기적으로 사용한다고 답했습니다. 비단 에어테이블뿐 아니라 스마트시트, 스프레드시트닷컴, 노션 역시 이런 좋은 기능들을 제공하고 있습니다.

⑩ 빠르게 배포하기

한 명의 사용자를 위한 비즈니스 애플리케이션은 쉽게 배포할 수 있습니다. 하지만 다른 사람도 사용할 수 있도록 애플리케이션을 배포하는 것은 늘 문제가 생겨왔죠. 회사가 어느 정도 관료주의적이냐에 따라서 IT 부서와의 미팅 횟수와 의견 조율, 변경 요청 수준이 결정되기 일쑤였습니다.

하지만 오늘날 노코드/로우코드 도구로 만든 비즈니스 애플리케이션은 회사에서 사용할 수만 있다면 바로 배포할 수 있습니다. 개발자가 아닌 사람도 회사 동료나 파트너, 고객이 사용할 수 있는 애플리케이션을 만들고 즉각 배포할 수 있죠.

3.5 노코드/로우코드 회의론자를 위한 메시지

그래도 여러분들 중 상당수는 아직 노코드/로우코드에 대한 회의감이 들 것이라고 생각합니다. 그래도 무턱대고 싫어하기보다는, 노코드/로우코드가 얼마나 뛰어난 가치를 제공할 수 있는지를 곰곰히 생각해 보시길 바랍니다.

제 일생 동안 많은 사람이 이런 편리한 도구를 무시하는 어리석은 결정을 하는 것을 봐왔습니다. 여러분들은 그런 어리석은 실수를 하지 않길 바랍니다. 노코드/로우코드를 통해 마감이 얼마 남지 않은 작지만 중요한 비즈니스 기능을 훌륭하게 만들어 낼 수 있습니다. 여기 제가 겪은 일을 하나 이야기 해 보겠습니다.

서비스 배포 위기에서 빛을 낸 히어로, 노코드/로우코드

전 생업으로 기업이 엔터프라이즈 시스템을 구축하는 것을 돕는 일을 해왔습니다. 2004년 로슨 ERP 제품군을 적용하기 위해 4개월간 사우스 저지 가스와 일한 적이 있었죠.

종료 일이 다가올 때까지 프로젝트는 순항 중이었습니다. 로슨 제품을 시작하기로 예정한 날 며칠 전, 사우스 저지 가스의 급여 관리자가 잔업 수당 계산 프로그램인 PR132의 문제를 발견하기까진 말이죠. 시스템을 테스트하고 교육하는 동안 그 누구도 이 문제를 발견하지 못했던 것입니다. 자세한 내용을 여기에서 다 설명할 수는 없지만, 간단히 말하면 PR132의 문제는 잔업 수당을 뉴저지 노동법에 따라 계산하는 것이었습니다. 하지만 사우스 저지 가스는 특정 조건의 경우 노동법에서 요구하는 것보다 더 많은 급여를 제공할 것이라고 이미 노조와 협상한 상태였기 때문에, 로슨 ERP의 잔업 수당 계산 프로그램을 그대로 적용할 수는 없었죠. ERP는 직원들에게 급여를 정확하게 계산하고 지불해야 합니다. 그렇지 않으면 경영진이 그토록 피하고 싶어 하는 노조의 불평불만이 쏟아질 것이 당연하니까요. 프로젝트 관리 사무실에서 회의가 소집되었고 여러 제안이 오간 끝에 두 가지 선택지가 제시되었습니다.

첫 번째는 가동 날짜를 뒤로 늦추는 것이었습니다. 하지만 이 제안은 경영진이 거절했죠. 두 번째 선택지는 PR132 프로그램을 고치는 것이었습니다. 그렇게 하려면 IT 부서에서는 가능한 모든 시스템 패치와 업그레이드를 예측해서 테스트를 실행하고 아무런 문제가 발생하지 않을 것이라고 확인해야만 하죠. 좋은 방법이긴 하지만 최선의 선택은 아닙니다.

그래서 전 세 번째 방법을 제안했습니다. 시민 개발자 중 한 명으로서 저는 간단한 마이크로 소프트 액세스 애플리케이션을 만들었죠. 이 애플리케이션은 원장 데이터를 읽어서 수정하고 제대로 된 형식의 파일을 내놓았죠. 그럼 IT 관리자는 이 파일을 불러와서 로슨 시스템에 적용하여 제대로 된 잔업 수당을 계산할 수 있게 됩니다.

경영진은 즉각 이 제안을 수락했고 조그마한 액세스 애플리케이션을 만들었습니다. 여기에 간단한 형식을 하나 추가하고 테스트하고 이 애플리케이션을 어떻게 사용하고 유지보수할 수 있는지 문서를 작성했습니다. 애플리케이션은 잘 동작했고 로슨 ERP 시스템은 약속한 날

짜에 가동을 시작했습니다. 이 일과 관련된 또 다른 재미있는 일들은 11장에서 더 풀어보도록 하죠.

3.6 정리하기

- 마이크로소프트 액세스, 프론트페이지, 워드프레스는 최초의 노코드/로우코드 도구 중 하나였습니다.
- 예전과 비교했을 때 오늘날의 노코드/로우코드 도구들은 훨씬 더 확장성이 뛰어나고 상호운용성이 높습니다.
- 합리적인 가격, 공유성, 쉬운 개발로 인해 노코드/로우코드들이 많은 인기를 얻고 있습니다. 개발자가 아닌 사람들도 IT 부서의 도움 없이 도구를 사용할 수 있지만 당연히 회사가 허용해야만 사용할 수 있겠죠.

노코드/로우코드 시장과 동향

"모든 모델은 잘못된 모델입니다. 일부만 좀 쓸 만할 뿐이죠."

– 조지 에드워드 펠럼 박스

지금까지 현시대의 노코드/로우코드에 대해서 대략적으로 살펴보았습니다. 이들의 전반적인 장점에 대해서도 알아보았고요.

이 장에서는 먼저 노코드/로우코드 시장이 얼마나 크고 빠르게 변하고 있는지 알아보고, 그다음 가장 유명한 노코드/로우코드 도구들에 대해서 살펴보겠습니다.

4.1 급성장하는 노코드/로우코드 분야 사업

1장에서 이야기한 기술자 부족 현상은 사실 최근 일이 아닙니다. 수년간 기술자 부족에 시달려 온 수많은 기업들은 결국 Shadow IT를 재평가하고 노코드/로우코드 도구들을 받아들이기 시작했습니다. 그 결과 노코드/로우코드 시장이 빠르게 증가했죠. 가트너의 연구 부소장 파브리지오 비스코티는 다음과 같이 평가했습니다.

> 로우코드 애플리케이션 개발이 새로운 개념은 아니지만 디지털 혁신으로 일어난 변화와 초자동화, 컴포저블 비즈니스의 부상으로 로우코드 도구가 기업에 유입되고 결국 수요가 증가하게 되었습니다.[lxix]

수요의 증가는 곧 돈이 된다는 뜻이기도 하죠. 2021년 기준 노코드/로우코드 시장 규모는 150억 달러를 넘어섰습니다.

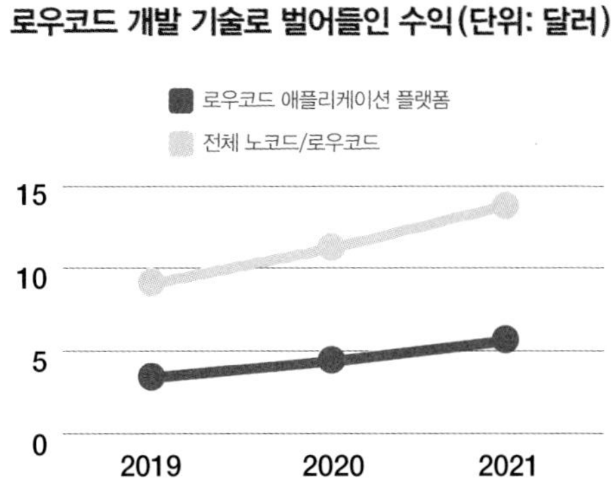

로우코드 개발 기술로 벌어들인 수익(단위: 달러)

그림 4-1 로우코드 개발 기술로 벌어들인 수익(단위: 달러) (출처: 가트너)

하지만 일반적으로 기업들이 사용하지 않는 신기술에 수십억 달러를 지출하지는 않습니다. 막대한 투자는 10년은 지나야 그것이 선견지명이었는지 오판이었는지 알 수 있고, 투자하는 시점에는 어떤 결과를 가져올지는 아무도 알 수 없습니다. 마크 저커버그가 메타버스에 투자하는 것과 같은 예외도 있긴 합니다.[lxx] 메타버스 발표에서 마크 저커버그의 아바타가 '눈부시게 못생겼다'는 트윗은 좋아요를 삼만 개나 받는 굴욕을 겪기도 했죠.[lxxi]

하지만 현실의 노코드/로우코드 도구들은 실제로 계속 사용되고 있으며 점점 확장되어 가고 있습니다. 가트너는 2025년 새로 개발된 애플리케이션의 약 70%가 로우코드 또는 노코드 기술을 사용할 것이라고 예측했습니다. 2020년에는 예상치가 25%에 불과했죠.[lxxii]

4.1.1 인수 합병

미래에 노코드/로우코드 도구들이 얼마나 사용될지를 예측하는 것도 좋지만, 노코드/로우코드가 얼마나 중요한지를 알아보는 또 다른 방법도 있습니다. 바로 거대 기술 기업들이 뭘 하고 있는지 살펴보는 것이죠.

2018과 2019년 앱시트는 노코드/로우코드 도구 시장을 선도하는 제품들로 화제를 불러 모았습니다. 포레스터 리서치가 막대한 비용을 투자하기도 했죠. 그리고 2020년 1월 14일 구글은 앱시트를 인수했습니다. 그 인수 금액은 알려지지 않았죠. 테크크런치의 론 밀러는 이에 대해 이렇게 평가했습니다.

> 앱시트를 인수함으로써 구글은 이제 많은 기업에 코드를 짜지 않고도 모바일 애플리케이션을 만들 수 있는 길을 열어주게 되었습니다. 스프레드시트나 데이터베이스, 또는 양식 등에서 데이터를 가져와서 필드나 데이터 이름만으로도 애플리케이션의 뼈대를 만들 수 있게 되는 것이죠.[lxxiii]

채 한 달이 지나지 않아서 SAP는 노코드 도구 개발 회사인 앱가이버를 인수했습니다. 구글과 SAP가 각 회사를 인수한 비용은 잘 모르지만 최소 5천만 달러는 넘지 않았을까 생각합니다.

4.1.2 혁신가의 고민

어떤 기업이 다른 회사를 인수하는 것은 단순히 그 회사의 기술에 대한 호기심 때문만은 아닙니다. 기업의 인수 합병은 항상 전략적인 목적이 있기 마련이고, 위에서 예로 든 구글과 SAP의 인수합병은 바로 기업의 혁신을 위한 것입니다.

구글과 SAP를 포함한 거대 기술 기업들은 그 규모와 관계없이 혁신에 대한 두려움을 가지고 있습니다. 하버드의 클레이튼 크리스텐슨 교수가 쓴 『혁신 기업의 딜레마』(세종서적, 2020)라는 책에서 크리스텐슨 교수는 혁신을 크게 두 가지로 나누었습니다. 바로 지속적 혁신과 파괴적 혁신이죠. 데스크톱 컴퓨터에 이어서 노트북이 등장하고 이로 인해 개인용 컴퓨터 시장이 확대된 것은 지속적 혁신입니다. 초기 넷플릭스의 DVD 우편 대여 서비스가 블록버스터와 할리우드 비디오를 망하게 만든 것은 파괴적 혁신에 해당합니다. 타워 레코드와 보더 그룹과 같은 비슷한 다른 회사들도 다 몰락의 길을 걸었죠.

과거에 일어났던 혁신들을 지금 돌아보면 각각이 어떤 종류의 혁신인지 분류할 수 있겠죠. 실제로 MBA 수업에서 많이 다루는 주제이기도 합니다. 하지만 그 당시의 혁신가들은 그럴 수 없었습니다. 그들은 어떤 혁신이 될지 모르는 상황에서 아주 큰 도박을 감행할 수밖에 없었죠. 시작 단계의 전자상거래를 비웃던 경영진들이 닷컴 버블이 붕괴되고 나서야 전자상거래가 좋은 선택이었다는 것을 깨달은 것처럼 말이죠. 웹 쇼핑의 편리함을 부정하던 사람들은 그리 오래가지 못했습니다.

노코드/로우코드 시장에서는 어떨까요? 주요 소프트웨어 회사의 경영진들은 노코드/로우코드가 가져올 수 있는 혁신이 얼마나 중요한지 잘 알고 있습니다. 그래서 세상이 변하지 않고 그대로 흘러갈 것이라고 생각하지 않고, 변화에 대비해 미래를 준비하고 있습니다. 변화에 앞서 나가는 것이 나중에 뒤처지고 조롱거리가 되는 것보다 훨씬 낫죠.

4.2 노코드/로우코드 하위 분류

노코드/로우코드 도구가 점점 늘어나고 있는 만큼 모든 도구를 이 책에서 소개할 수는 없습니다. 무리해서 다 싣는다 해도 이 책이 나올 때쯤이면 분명 새로운 도구들이나 사라진 도구들도 생기기 마련이고요. 그보다는 일반적인 노코드/로우코드 도구의 유형을 알아보는 것이 더 타당할 것입니다. 비전문가들이 사용하는 도구들이 어떤 것들이 있으며 해당 도구들로 맞춤형 비즈니스 애플리케이션이나 경량 시스템을 만들 수 있는지를 알아보겠습니다.

> **노코드/로우코드 분류에 대한 면책 조항**
>
> 분류하기에 앞서 제가 노코드/로우코드 도구들을 분류하는 방법에 대해 먼저 이야기할 것이 있습니다.
>
> 우선 각 도구를 제작한 회사의 웹사이트를 방문하여 회사가 자사의 제품을 어떻게 홍보하는지를 먼저 알아보았습니다. 그리고 각각의 노코드/로우코드 도구들을 대분류로 나누었습니다. 이런 류의 도구나 제품들은 다양한 기능을 제공하기 때문에 정확한 분류 기준을 세우는

것이 쉽지 않습니다.

에어슬레이트 *airSlate* 는 여러 분류에 퍼져있는 도구들 사이에 중복되는 기능들을 보여주는 대표적인 제품이라 할 수 있습니다. 제가 이 회사에서 일한 적이 있어서 잘 알거든요. 개발 회사의 웹사이트에서는 에어슬레이트를 '종합 노코드 비즈니스 자동화 플랫폼' 이라고 소개하고 있습니다. 이 말이 사실이라고 치면, 도대체 어떤 의미인 걸까요?

간단히 말해 에어 슬레이트는 아주 다양한 기능을 제공합니다. 문서 발송, 양식, 서명 관리, 챗봇 등 다양한 유형의 자동화를 제공하죠. 이런 기능들을 어떤 한 분류로 정의한다는 것은 사실 불가능합니다.

제가 일한 적 있는 또 다른 회사인 폼스택 역시 어떤 한 분류로 정의하기 어려운 제품입니다. 이름에서 알 수 있듯 폼스택은 사용자가 웹 기반 양식을 빠르게 만들어서 정보를 수집할 수 있는 도구입니다. 그게 전부도 아닙니다. 폼스택은 에어레이트와 비슷한 많은 기능들을 제공하죠. 그러므로 이 절에서 이야기하는 분류는 모든 도구를 포함할 수 있는 최종적인 분류가 아닌, 어떻게 분류하는 것이 좋은가에 대한 시작점으로 이해하셔야 합니다.

여기에서 소개하는 노코드/로우코드 도구들을 만드는 회사의 임원들은 자사 제품을 분류한 방식에 대해서 당연히 이의를 제기할 것입니다. 이에 대해 답하고자 위대한 통계학자인 조지 에드워드 펠럼 박스의 명언을 처음에 인용하였죠. 통계학적 모델 중에 완벽한 것은 없습니다. 다만 쓸 만한 모델을 잘 활용하려고 노력하는 것이죠.

앞으로 나열할 소프트웨어 개발 회사들은 현재 존재하는 모든 회사를 포함하지는 않습니다. 노코드/로우코드 스타트업 회사들만 시각적으로 표시한 이 페이지[8]는 시각에 문제가 있는 사람이라면 보기가 힘들 정도죠. 게다가 최신 현황도 아닙니다. 이 책을 읽고 있는 시점에는 페이지의 회사들 중 일부는 더 이상 존재하지 않을 수도 있습니다. 앞으로 새로 생길 회사들을 계속 추가하고 관리하는 것도 못 할 노릇이죠. 그래서 9장에서 서로 다른 노코드/로우코드 도구들을 어떻게 평가할 수 있는지에 대한 기준을 알려드릴 것입니다.

주의 사항에 대해서 설명 드렸으니, 이제 진짜 분류를 해 볼까요?

4.2.1 다재다능한 스위스 아미 나이프

마이크로소프트 워드나 구글 도큐먼트는 아주 강력한, 전통적인 노코드/로우코드

---

8 https://tinyurl.com/LCNCstartups

도구라고 볼 수 있습니다. 누구나 쉽고 빠르게 기업용 위키나 다양한 미디어가 포함된 문서를 만들 수 있죠. 하지만 이런 도구에 눈길을 끌 수 있을 만한 색다른 기능을 추가하려면 어떻게 해야 할까요?

그 답은 아마도 노션이나 알마낙Almanac, 코다일 것입니다. 코다의 경우 2021년 7월 1억 달러의 투자를 유치했으며 시가 총액은 약 14억 달러로 평가받고 있습니다.[lxxiv] 1년이 조금 지난 마이크로소프트의 루프는 이런 제품들의 기능을 적극적으로 수용하려는 모습이 보입니다.[lxxv]

이런 제품들의 기능을 전부 다 설명하기에는 지면이 부족합니다. 대신 3장에서 설명한 '확장성'이라는 말로 이런 기능들을 대신 표현하고자 합니다. 노션이나 코다와 같은 제품들을 기능별로 정확하고 완전하게 분류하는 것은 불가능에 가깝습니다. 이런 도구들이 일반적인 메모장과 다를 바 없다고 이야기하는 것은 테슬라에 전기차 배터리만 있다고 이야기하는 거와 별반 다르지 않죠.

4.2.2 작업 및 프로젝트 관리

작업 및 프로젝트 관리 분류에 포함할 수 있는 도구들도 상황은 마찬가지입니다. 스마트시트, 클릭업, 플루티오, 퀵베이스, 스마트스위트, 아틀라시안 컨플루언스, 라이크, 팀워크, 먼데이닷컴 등이 여기에 속합니다. 많은 직원이 이 애플리케이션들을 사용해서 프로젝트를 관리하며 전통적인 프로젝트 관리 도구에 비해 입맛에 맞게 수정하기 쉽습니다. 프로젝트 관리가 아닌 마케팅, 영업, 인사 등의 영역에서도 원하는 애플리케이션을 만들 수 있습니다.

4.2.3 다용도 애플리케이션 제작

글라이드를 사용하면 누구나 스프레드시트를 소프트웨어로 만들 수 있습니다.[lxxvi] 드래프트비트는 네이티브 모바일 애플리케이션을 시각적으로 만들고 수정하고 시작할 수 있는 유연한 방법을 제공합니다.[lxxvii] 스태커, 빌드베이스, 조호, 리툴,

아달로, 블레이즈, 버블, 애피파이, 카스피오, 멘딕스 등도 비슷한 기능을 제공하죠. 기업에서 구글 워크스페이스나 마이크로소프트 오피스 365를 구독 중이라면, 사용해 보지 않은 기능들이 무엇이 있는지 한번 찾아보는 것도 좋습니다. 예를 들어 7장에서 소개할 마이크로소프트 파워 앱을 사용하면 비전문가들도 맞춤형 비즈니스 애플리케이션을 만들 수 있습니다.

4.2.4 자동화와 챗봇

반복되는 수작업을 줄이고 싶으신가요? 재피어, 워카토, 유아이패스, IFTTT, 에어슬레이트, 메이크(예전 이름은 인터그로맷 이었습니다) 등을 사용해 보세요. 내부 협업을 위한 자동화로는 마이크로소프트 파워 오토메이트와 팀즈, 또는 슬랙의 워크플로 빌더를 사용할 수 있지만 아직 완전하지는 않습니다. 강력하긴 하지만 다른 노코드/로우코드 도구에 비해 사용하는 사람이 적은 편이죠.

자동화를 통해 수동으로 처리하는 일반적인 비즈니스 프로세스들을 더 효과적으로 처리할 수 있습니다. 그 외에는 무엇을 할 수 있을까요? 프로세스 처리 간 필요한 대화 또는 상호작용을 간소화하거나, 최소한 일부라도 줄일 수 있습니다. 개인적으로 몇 년 전에 랜드봇을 사용해 보았는데 꽤 직관적이라서 이를 이용해서 괜찮은 챗봇을 하나 만들고 제 웹사이트에 적용해 보았습니다. 2년 전 랜드봇 회사가 시리즈 A로 800만 달러를 투자받은 것을 보아하니[lxxviii] 저 말고도 많은 사람이 이렇게 랜드봇으로 챗봇을 만들고 사용한 것으로 보입니다. 랜드봇 외에도 주지, 인터컴, 드리프트와 같은 쟁쟁한 경쟁 제품이 있습니다.

4.2.5 폼 빌더

폼 빌더에 속하는 제품들은 비즈니스 프로세스와 워크플로를 자동화하는 기능들을 확장 또는 기본 기능 형태로 제공합니다. 사소한 몇 가지 단점들을 제외하면 폼 빌더에 속하는 여러 소프트웨어는 구글 폼을 별 볼 일 없는 소프트웨어로 보이게 만들 수준입니다. 예전에 잠깐 이야기한 폼스택은 문서나 전자서명 등을 위한 노코드 양식을 만들 수 있습니다. 그 외에도 타입폼이나 코그니토 폼, 조트폼 등의 훌륭한 제품들이 있습니다.

4.2.6 상거래, 결제, 그리고 거래

스완은 스스로를 '은행 기능을 가장 쉽게 여러분의 제품에 적용할 수 있습니다'라고 평가합니다.[lxxix] 정말일까요? 알 수 없는 노릇이죠. 확실한 건 솔라리스나 휴벅, 오렌다의 마케팅 부서는 이런 스완의 주장에 정면으로 반박할 것이 뻔하다는 점입니다. 최근에는 이런 금융 관련 스타트업들이 금융 기능을 제품에 내장할 수 있도록 하는 기능을 제공하는 추세입니다. 맥킨지는 이를 '은행이 아닌 기업이 제공하는 은행 서비스'라고 정의했습니다.[lxxx] 전자상거래와 금융이 혼합된 형태인 것이죠.

은행 서비스는 언제 어디서나 필요하지만, 그 서비스를 꼭 은행이 제공해야 할 필요는 없습니다.[lxxxi] 내장형 금융 서비스가 큰 주류가 된다면, 노코드/로우코드 역시 중요한 역할을 맡게 될 것입니다.

4.2.7 데이터

데이터와 관련된 다양한 기능과 그 특유의 유연함 때문에 데이터 관련 제품들은 분류하기가 특히 어렵습니다. 기술에 어느 정도 숙달된 사람이라면 이런 도구들을 사용해서 가볍고 유용한 시스템이나 애플리케이션을 만들 수 있으며, 이렇게 만든 애플리케이션은 이 절에서 설명한 다른 종류의 애플리케이션과 중복되는 경우도 있습니다.

| 강화된 스프레드시트 |

아마도 에어테이블이나 구글 테이블, 스마트시트, 스프레드시트닷컴, 그리스트와 같은 제품이 여기에 해당할 것입니다. 데이터베이스를 어느 정도 이해할 수 있는 사람이라면 이런 도구를 사용해서 대용량 데이터를 이용한 웹 기반 애플리케이션을 빠르게 만들 수 있죠. 애플리케이션 사용자를 위해서 양식이나 간트 차트, 칸반 보드, 그리드, 달력과 같은 다양한 레이아웃과 기능들을 제공합니다. 또한 다양한 자동화 기능들도 제공하죠. 이런 기능들이 정말 좋아 보인다면 여러분의 직감을 믿고 한 번 사용해 보는 게 좋습니다.

| 분석 |

시중에는 개발자가 아닌 사람들도 누구나 쉽게 데이터를 저장하고 분석하고 관리하며 변경하고 시각화할 수 있는 많은 소프트웨어가 있습니다. 대표적으로 마이크로소프트 파워 BI, 이제는 세일즈포스에서 제공하는 태블로, 구글 데이터 스튜디오, 도모의 '데이터 앱'[lxxxii] 등이 있습니다.

4.2.8 웹사이트 및 콘텐츠 관리 시스템

이 분류에 속한 제품군들이 노코드/로우코드 도구 중에서 아마도 가장 성숙된 소프트웨어들일 것입니다. 워드프레스나 스퀘어스페이스, 윅스, 웹플로가 노코드/로우코드 웹사이트 제작 도구로 유명하죠. 사용자나 고객들이 마우스만으로도 웹사이트에 원하는 기능들을 추가할 수 있도록 도와줍니다.

4.3 노코드/로우코드 맥락 짚어보기

장을 끝맺기 전에 노코드/로우코드의 전후 맥락에 대해서 간단히 짚어보겠습니다.

지금까지 수없이 많은 거대 IT 기업들이나 성장 중인 소프트웨어 개발 회사, 스타트업들을 소개했습니다. 이 모든 회사가 자신의 노코드/로우코드 제품들과 서비스들을 끊임없이 개선하고 발전시켜 나갑니다. 그렇기에 지금까지의 내용들만으로 이 모든 회사나 제품들을 정의할 수는 없습니다. 그렇기 때문에 이 책의 내용은 좀 더 고차원적인 수준에서 바라볼 필요가 있습니다. 바로 노코드/로우코드가 비즈니스 애플리케이션의 미래라는 관점이죠. 거의 모든 소프트웨어 개발 회사들이 노코드/로우코드의 중요성을 깨달았거나 곧 깨닫게 될 것입니다. 시간문제일 뿐이죠. 곧 모든 근로자가 마음에 들든 들지 않든 자신만의 애플리케이션을 만들고 사용할 날이 올 것입니다.

하지만 걱정할 필요는 없습니다. 노코드/로우코드가 빠르게 인기를 모으고 있긴 하지만 그렇다고 2장에서 설명한 그런 모든 시스템을 대체하지는 못합니다. 대체하지 못한다는 근거도 이미 충분하고요. [그림 4-1]을 다시 떠올려 볼까요. 가트너는 엔터프라이즈급 소프트웨어에 대한 비용 지출을 약 6,000억 달러로 추정했습니다. 이는 노코드/로우코드 애플리케이션에 대한 추정치의 약 40배죠. 또한 전 세계 IT 관련 비용은 2021년 약 4조 2,500억 달러로 추정했습니다.[lxxxiii] 노코드/로우코드는 이 중 고작 0.33%밖에 되지 않죠.

보안이나 데이터 센터 운영, 엔터프라이즈급 소프트웨어, 그 외 기존 시스템 및 애플리케이션에 지출되던 비용을 노코드/로우코드가 대체할 것이라고 생각하면 안됩니다. 11장에서 왜 전통적인 비즈니스 애플리케이션들이 시한부가 아니며 시장에서 계속 찾는지에 대한 설명을 자세히 하도록 하겠습니다.

4.4 정리하기

- 노코드/로우코드의 시대가 도래했습니다. 쉽게 사용할 수 있는 적절한 가격의 도구들 덕분에 오늘날 비전문가들은 그 어느 때보다도 쉽게 자신만의 비즈니스 애플리케이션을 만들고 사용할 수 있습니다.
- 지금은 1998년도가 아닙니다. 데이터와 문서를 관리하고 조직과 프로젝트를 관리하고 비용을 청구하고 지불하기 위해 코드를 배워야 할 필요가 없습니다.
- 노코드/로우코드 도구 시장은 아주 빠른 속도로 성장하고 성숙하고 있습니다. 모든 스타트업이 살아남을 수는 없는 약육강식의 시장이 되어가고 있죠.

시민 개발자

"넌 사업을 좀 할 줄 알고 난 화학을 좀 할 줄 알지."

– 〈브레이킹 배드〉, 브라이언 크래스턴(월터 화이트 역)

노코드/로우코드의 인기로 인해 비즈니스 애플리케이션 개발이 점점 더 대중화되어가고 있습니다. 다양한 기업과 조직이 어떤 방식으로 노코드/로우코드를 사용해서 중요한 비즈니스 문제를 해결하는지 알아볼 수 있죠.

노코드/로우코드가 영화 〈터미네이터〉에서 인류의 미래를 파괴한 스카이넷과 같은 존재는 아닙니다. 노코드/로우코드가 새로운 비즈니스 애플리케이션이나 시스템들을 마법처럼 짠 하고 만들어 주지 않죠. 누군가는 새로운 애플리케이션을 만들어야 합니다. 그렇지만 전통 있는 IT 부서의 직원들조차 다른 직원들의 요구사항을 충족시켜 주기 어려운 상황에서 그 누가 새로운 비즈니스 애플리케이션을 만들려고 할까요?

이 장에서는 이런 질문들에 대해 답할 수 있는 '시민 개발자'를 소개합니다. 시민 개발자는 이전의 개발자들과는 다른 특성을 가진 애플리케이션 개발자입니다.

5.1 역사와 정의

여태껏 노코드/로우코드 도구를 사용해서 애플리케이션을 개발하는 사람들을 비개발자나 노코더, 로우코더로 지칭해 왔습니다. '시민 개발자'라는 용어를 일부러

안 쓰려고 했기 때문이죠.

제가 시민 개발자라는 말을 만들어 낸 것은 아닙니다. 10년도 전에 아주 유명한 연구 기관에서 이 말을 처음 만들었죠. 로우코드 도구의 기원과 비슷한 시기에 만들어진 것으로 보입니다. 가트너의 이안 핀리는 2014년 「2014 교육에 대한 광고 주기 Hype Cycle For 2014」라는 보고서에서[9] 시민 개발자에 대해 다음과 같이 정의한 바 있습니다.

> 시민 개발자는 IT와의 협력을 통해 새로운 비즈니스 애플리케이션을 만들 수 있는 사람을 일컫는 말입니다. 과거 사용자가 개발하는 애플리케이션은 단 한 명의 사용자를 위한 것이거나 마이크로소프트 엑셀 및 액세스와 같은 워크그룹 제품에서만 사용할 수 있었습니다. 하지만 이제 사용자는 IT의 도움이나 관련 지식이 없어도 이론적으로 무한한 사람이 사용할 수 있는 애플리케이션을 만들 수 있습니다. IT는 이렇게 사용자가 직접 개발하는 것을 장려하고 지원해서 뒤에서 몰래 개발하지 않고 당당히 시민 개발자가 될 수 있는 분위기를 조성할 수 있습니다.

좀 오래된 보고서인 이안 핀리가 내린 정의는 오늘날의 상황에도 잘 들어맞는군요. 저는 이안 핀리의 말을 약간만 수정해서 이렇게 정의하고 싶습니다.

> 시민 개발자는 최신 노코드/로우코드 도구를 사용해서 강력한 비즈니스 애플리케이션을 만들 수 있는 사람을 지칭하는 말입니다. 중요한 프로그래밍 지식이나 경험이 없어도 시민 개발자들은 전통적인 소프트웨어 개발자들과 같은 방식으로 기여할 수 있습니다.

시민 개발자들은 소프트웨어 엔지니어들 및 개발자들과 비교했을 때 몇 가지 중요한 차이점을 가집니다.

---

9 https://tinyurl.com/ps-ian-lcnc

표 5-1 전통적인 소프트웨어 개발자와 시민 개발자의 주요 차이점

특징	전통적인 소프트웨어 개발자	시민 개발자
배경	소프트웨어 엔지니어링 또는 컴퓨터 과학	다양함
소속 부서	정보 기술, 정보 시스템, 데브옵스	마케팅, 영업, 인사, 금융 등 기업의 주요 업무 영역
특정 비즈니스 영역에 대한 이해도	낮음	높음(대개 전문가 집단으로 구성된 부서들임)

가트너의 최신 IT용어집에서도 시민 개발자의 중요성을 다음과 같이 설명하고 있습니다. '시민 개발자는 어떤 직함이나 역할을 뜻하는 것이 아니라 그 자체로 페르소나persona입니다. 시민 개발자는 IT 부서가 아닌 회사의 주요 업무 영역 부서에서 일합니다.'[lxxxiv]

시민 개발자라는 직책은 아직은 그리 흔하지 않습니다. 당장 https://indeed.com에서 검색해 봐도 이 사실을 알 수 있죠. 플로리다주의 케네디 우주 센터[10]나 미시간주의 코메리카 은행[11]에서 시민 개발자 채용 공고를 낸 적이 있지만 아주 드문 경우입니다.

시민 개발자는 이보다는 기존 직책이나 직업에서 점차 갖추어야 할 한 가지 능력으로 생각하는 것이 좋습니다. 어떤 구인 공고에서 시민 개발자를 '비즈니스 기술자'라고 표현하는 점도 이와 비슷한 의미로 볼 수 있죠.

나중에 실제 시민 개발자 한 분을 만나보도록 하고 우선은 가상의 시민 개발자에 대한 이야기를 간단히 해 보겠습니다.

엘라인은 포틀랜드 오래곤의 유통 회사 마케팅 분석 부서에서 일하고 있는 27살의 시니어 직원입니다. 대학에서 경영과 커뮤니케이션을 전공했죠. 엘라인은 데이터를 수집하고 수작업을 자동화하고 직장 동료들과 협업하기 위해 여러 노코드/로우코드

---

10 https://tinyurl.com/lead-citdev
11 https://tinyurl.com/comerica-cd

도구를 사용합니다. 그녀의 직장 상사들이 그녀에게 기술적인 질문을 자주 하며 그녀는 직장에서 동료들을 도울 수 있다는 사실에 기뻐합니다.

그런데 말입니다. 시민 개발자라는 단어는 2009년에 처음 정의되었는데, 왜 이제야 폭발적으로 증가하는 것일까요?

5.2 시민 개발자의 부상

앞부분에서 설명했다시피 기술자 채용 시장은 최근 몇 년간 눈으로 보기에도 엄청난 수요를 보이고 있습니다. 팬데믹 상황에서 이어진 원격 및 하이브리드 근무가 기술자 부족을 더 악화시켰죠. CIO나 IT 관리 부서, 다른 부서의 수장들, 작은 사업을 운영하는 사람들, 그 외 모든 사람이 비즈니스 애플리케이션에 대한 만족할 수 없는 요구를 느끼고 있습니다.

급기야 일부 사람들이 백기를 들고 항복하기 시작했죠. 수년간 지속되어 온 Shadow IT와의 전쟁에서 패배한 것입니다. 그리고 그 과정에서 다른 분야의 사람들이 만들거나 구매하고 대여하고 사용해 온 다양한 기술들을 점점 받아들이고 있습니다. 가트너가 발표한 재미있고 신기한 예측과 통계치를 한번 살펴보도록 하죠.

- 2022년 때 예상으로 2023년에는 기업에서 활동하는 시민 개발자들의 수가 전문 개발자들의 약 네 배에 달할 것으로 예측했습니다.[lxxxv]
- 시민 개발자들은 아주 바쁘게 활동할 것입니다. 시민 개발자들은 2024년경 주요 기술 제품들을 만들어 낼 것입니다.[lxxxvi] 덧붙여서 2020년에 마이크로소프트는 2025년경 시민 개발자들이 노코드/로우코드 도구로 만들어 낼 애플리케이션이 약 4.5억 개에 달할 것으로 전망했습니다.[lxxxvii]
- 비즈니스 영역에서 주도하는 IT 예산은 꾸준히 증가해서 현재 기준으로 전체 IT 관련 예산의 약 35%를 차지하고 있으며 앞으로도 계속 증가할 전망입니다.
- 2021년의 예상으로 2023년에 시민 개발자들은 전체 비즈니스 애플리케이션의 약 80%를 만들 것으로 예측했습니다.[lxxxviii] 다음 [그림 5-1]에서 시민 개발자들이 만들 애플리케이션의 비중을 나타내고 있습니다.

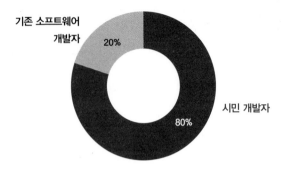

그림 5-1 21년에 예상했던 2023년 개발 유형 분류

2021년 6월 포레스터 리서치는 비즈니스 개발자들을 위한 로우코드 플랫폼의 2021년 4분기 보고서를 발간했습니다. 이 보고서에는 선임 개발자들을 대상으로 실시한 광범위한 설문조사가 포함되어 있었죠. 25% 이상의 응답자가 일하고 있는 기업 또는 조직에서 시민 개발자들이 로우코드 플랫폼을 활용해서 애플리케이션을 개발하고 있다고 답했습니다.**lxxxix**

기업 내부에서 노코드/로우코드 도구 사용이 점차 확산되고 있습니다. 가트너는 2020년 10월 IT 심포지엄에서 그해 말 대기업의 70% 이상이 내부적으로 시민 개발자와 공급 업체에 대한 관리 방안을 마련할 것이라고 내다봤습니다. 20년 전 추정치는 고작 20%에 불과했는데 말이죠.**xc** 내기를 한다면 저는 2025년까지 이 수치가 80%까지 증가할 것이라는 데 걸겠습니다.

5.2.1 혼란 속의 기회

[그림 5-1]은 어떤 면으로 보면 현 상황을 과소평가한 것이기도 합니다. 중소규모의 기업도 절대 빼먹어서는 안 되죠. 2020년 북미에서만 약 3,200만 개의 소기업이 있을 정도니까요. **xci** 이런 소기업의 ¼ 가량은 제대로 된 IT 지원도 못 하고 있는 실정입니다. **xcii** 소기업에서 일하는 직원들 중 고작 17%만이 현재 사용하는 기술에 대해 만족한다고 답하는 것이 어찌 보면 당연합니다. **xciii** 제대로 된 지

원을 받지 못하는데 불만이 생기지 않는 게 더 이상하겠죠.

IT 부분의 지원이 없기 때문에 시민 개발자들이 자유롭게 애플리케이션을 만들 수 있다는 점이 그나마 유일한 장점입니다. 스스로가 시민 개발자임을 알든 모르든, 인사나 마케팅, 영업, 회계 등 다양한 업무 영역에서 많은 시민 개발자가 활동하고 있습니다. 시민 개발자가 비즈니스 애플리케이션을 만드는 것을 방해할 사람은 없습니다. CIO든 IT 부서 직원이든, 그들이 그들의 일을 하기 위해 필요한 애플리케이션을 만든다는데 방해할 수는 없겠죠. 시민 개발자들은 IT 부서 승인 없이 노코드/로우코드 도구들을 사용합니다. 아주 합리적인 가격으로 이런 도구들을 사용할 수 있기 때문에 도구를 사용하는 사람들이 점점 더 늘어나며 시민 개발자들이 더 많은 것을 할 수 있게 됩니다.

독자적으로 일하는 계약직 또는 프리랜서는 어떨까요? 미국 인구 조사국에 따르면 2020년 이런 유형의 비즈니스 종사자들은 2019년 대비 24%가량 증가했다고 합니다.[xciv] 혼자 일한다면 마음껏 새로운 기술들을 찾고 연구해서 더 나은 애플리케이션이나 시스템을 만들 수 있죠. 1인 기업은 자신의 요구에 딱 맞는 기술을 사용할 수 있습니다. 기존 시스템을 굳이 폐기하거나 다른 사람의 요구를 반영하거나 할 필요도 없죠.

5.2.2 노코드/로우코드 도구의 발전과 IT 부서의 수용

강력한 노코드/로우코드 도구의 발전 덕분에 시민 개발자들을 점진적으로 수용하고 그 결과 시민 개발자의 수가 급격하게 늘어나는 것은 당연한 일처럼 보입니다. 2021년 8월 cio.com에 기고한 클린트 불턴의 글을 인용해 보겠습니다.

> … 로우코드와 그 외 자동화 도구의 부상으로 시민 개발자들이 더 쉽게 애플리케이션을 만들 수 있게 되었으며 이는 결국 IT 부서의 통제 밖에서 소프트웨어 개발을 더 대중화하는 단초가 되었습니다. 둘째로, 이런 비즈니스 전문 기술자들을 지원하는 것이 비즈니스의 디지털 혁신 가속화로 인해 무거워진 IT 부분의 업무 부담을 덜어줄 수 있는 좋은 방법이 되고 있습니다.[xcv]

최근 IT 부서의 경향을 보면, 단순히 시민 개발자들을 용인하는 것이 아니라 오히려 환영하는 추세로 보입니다. [그림 5-2]와 같은 선순환이 일어나는 것이죠.

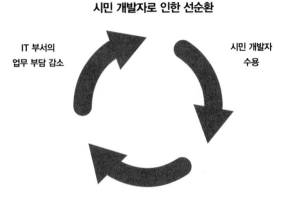

시민 개발자로 인한 선순환

IT 부서의 업무 부담 감소

시민 개발자 수용

노코드/로우코드 도구로 개발한 비즈니스 애플리케이션

그림 5-2 시민 개발자로 인한 선순환

성장은 더 많은 성장을 가져옵니다. 메타(전 페이스북), 아마존, 우버, 넷플릭스 경영진에게 어떤 결과를 가져왔는지 물어보면, 네트워크 효과[12]가 정말 동작한다는 것을 알 수 있을 것입니다.

5.2.3 팬데믹으로 가속화된 추세

팬데믹과 그로 인해 생긴 원격 재택근무 및 하이브리드 근무, 그리고 대규모 퇴사 사태와 같은 여러 부수적인 효과를 생각해 봅시다. 전반적으로 이런 현상이 노코드/로우코드 도구 개발을 가속화했고 그로 인해 시민 개발자의 등장 역시 부추긴 셈이 되었습니다.

2022년 10월 KMPG는 2,000개의 글로벌 회사 경영진 수백 명을 대상으로 두 단계에 걸친 설문조사를 진행했습니다.[xcvi]

·····················

12 네트워크 효과란 같은 제품을 사용하는 사람이 늘어날수록 해당 제품을 소비함으로써 얻는 효용이 더욱 더 커지는 것을 일컫는 말입니다.

- **1단계:** 2020년 3월–4월, 300명 대상
- **2단계:** 2020년 5월–6월, 600명 대상

'자동화와 관련하여 가장 중요한 투자는 무엇이었나요?'라는 질문에 대한 응답을 [그림 5-3]으로 나타내었습니다.

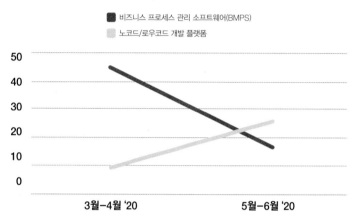

그림 5-3 증가한 노코드/로우코드 투자 대비 눈에 띄게 감소한 BMPS 관련 투자(출처: KMPG 인터내셔널)

팬데믹 초기에는 BMPS 관련 투자가 훨씬 많았습니다. 그러다가 경영진들이 BMPS 쪽 투자를 노코드/로우코드 쪽으로 배분하기 시작했죠. 이 데이터는 능력 있는 시민 개발자들이 직원의 대규모 이탈 사태로 인해 생긴 공백을 어느 정도 채울 수 있다는 점을 기업이 깨닫기 시작했다는 것을 보여주기도 합니다.[xcvii]

5.3 시민 개발자들의 일반적인 특성

시민 개발자들이 어떤 환경에서 급부상하기 시작했는지는 알겠는데, 시민 개발자는 어떤 사람인지 아직 제대로 파악해 보지 못했습니다.

5.3.1 배경 및 기술 역량

인투잇 퀵베이스는 2015년 발간한 시민 개발자 보고서에서 시민 개발자나 시민 개발자를 지원하는 IT 전문가 148명을 대상으로 한 설문조사 결과를 발표했습니다. [xcviii]

- 97%에 해당하는 거의 모든 응답자들이 기본적인 워드 프로세스 또는 스프레드시트를 다루는 기술을 가지고 있습니다.
- 응답자 36%는 HTML, CSS, 자바를 활용한 프론트엔드 웹 개발 기술을 가지고 있다고 답했습니다.
- 8%에 해당하는 응답자들이 자바나 닷넷, 파이썬, 루비, PHP, C++ 등 최신 프로그래밍 언어를 가지고 상당한 수준의 코드 개발이 가능하다고 답했습니다.

또한 2021년 3월 IDC는 로우코더의 약 40%가 전문 개발자일 것이라고 추정했습니다. 다음 일화에서 엿볼 수 있듯 야심 찬 로우코더가 객체 지향 프로그래밍에 능숙할 필요가 전혀 없어진 것이죠.

개발에 대한 더 깊은 흥미: 나는 어떻게 시민 개발자가 되었는가

– 존 엘더, 더 비즈니스 블록스 운영 책임자

전 어렸을 때부터 사업에 흥미를 느꼈습니다. 학교에 다니면서 일찍이 투자를 시작했고 대학교 시절에는 학생들에게 필요한 교재 비용이 과하다고 생각해서 교재를 수입하는 사업도 했습니다. 2012년에 졸업 후 구매 담당 업무를 맡으면서 사업에 필요한 분석이나 협상, 인맥 형성, 문제 해결과 같은 기술들을 익혔습니다. 그리고 언젠가는 창업할 것이라고 쭉 생각해 왔으며, 얼마 지나지 않아 그런 기회가 찾아왔죠.

2021년, 전 엄청나게 많은 수작업으로 인해 고통받는 회사를 돕고자 더 비즈니스 블록스를 만들었습니다. 자동화가 필요한 회사는 넘쳐났습니다. 하지만 사업을 하기 위해서 신입 사원을 고용하거나 새로운 고객 또는 업체를 유치하는 것이 비효율적이라는 것을 곧 깨달았습니다. 그래서 다른 방법을 찾아 보려고 했죠. 전 프로그래머가 아니었기 때문에, 어떻게 로우코드 도구로 자동화가 가능한지 알아보기 시작했습니다.

에어테이블, 노션, 마이크로소프트 파워 오토메이트가 저를 로우코드 세상으로 이끌었습니다. 충분한 기술을 습득하자 곧 제 자신감이 폭발했죠. 그때부터 전 저 스스로를 시민 개발자라고 생각했습니다. 노코드/로우코드 도구 개발 교육을 위한 에어비앤비 관리 애플리케이션

을 비롯한 작지만 많은 애플리케이션과 수동 비즈니스 작업을 자동화하는 애플리케이션들을 만들었습니다.

개발에 완전히 빠져버렸죠.

호기심 많은 지식 근로자들은 언젠가는 그들의 직업에서 한계를 느끼기 마련입니다. 같은 작업을 매번 반복적으로 하는 것은 비효율적이라고 생각할 것이며 시간 낭비라고 느끼게 되죠. 맞습니다. 경영진이나 IT 부서로부터 적절한 도구나 지원을 받지 못하면, 그런 생각이 더욱더 커지게 됩니다. 그래서 그들은 스스로 생산성과 삶의 질을 향상시킬 방법을 찾아 나섭니다. 이윽고 노코드/로우코드 도구를 찾게 되고, 이를 통해 만들어 낸 결과물을 직장 동료들도 발견하고 사용하게 되죠. 그리고 그 동료들도 노코드/로우코드 세상으로 빠져들게 됩니다. 그런 일이 저에게도 일어난 것이죠.

시민 개발자가 되고 싶으신가요? 제가 몇 가지 조언을 드리죠.

- 많이 테스트하고, 많이 시도해 보고, 많이 실패해 보세요. 최악의 경우라고 해 봐야 애플리케이션을 삭제하고, 다시 하면 됩니다.
- 호기심을 가지고, 비용을 조금만 사용하며, 새로운 도구를 사용해 보는 것을 꺼리지 마세요.
- 사람들과 교류하고 그 사람들이 겪고 있는 어려움에 대해서 이야기해 보세요.

더 복잡한 애플리케이션을 개발하고자 하는 시민 개발자라면 당연히 기업에서 사용하는 기술에 대한 최소한의 이해가 필요합니다. 그리고 이런 기반 지식이 풍부해지고 이해도가 높아질수록 기업 내부의 IT 직원과 협업도 쉬워지고 신뢰도 얻게 됩니다. 강력한 노코드/로우코드라도 지원하지 못하는 아주 복잡한 비즈니스 애플리케이션을 만드느라 시간을 허비하지도 않게 되죠. F1 레이싱에 세단으로 참여해 봐야 우승 못 하는 건 뻔하잖아요. 안 그런가요?

5.3.2 업무 영역

개인적으로 여러 시민 개발자가 어떤 업무 영역에서 일하는지 궁금했지만 이를 알 수 있는 설문이나 보고서는 찾지 못했습니다. 그래서 레딧에서 직접 설문조사를 해 보았죠. 2022년 8월 레딧의 r/nocode 서브레딧에서 설문을 진행했습니다. 일주일간 85명이 참여했죠.[xcix] 믿을 만한 자료는 못되겠지만, 어쨌든 다음 [그림 5-4]에 설문 결과를 정리해 보았습니다.

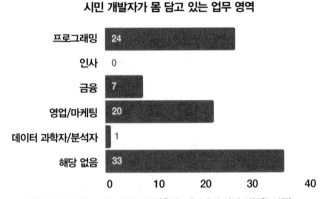

그림 5-4 시민 개발자가 몸 담고 있는 업무 영역(출처: 레딧에서 직접 진행한 설문)

데이터를 보자마자 눈에 띄는 부분이 두 가지 있습니다. 첫째로 응답자의 28%가 개발자라는 것입니다. 좀 더 신뢰할 수 있는, 이전에 설명한 IDC 설문조사와 함께 생각해 보면 답은 분명합니다. 프로그래머들도 노코드/로우코드 도구를 사용한다는 것이죠. 소프트웨어 엔지니어들이 키보드를 두들겨서 바닥부터 애플리케이션을 만들 수 있다고 프로그래머들이 반드시 그래야 한다는 법은 없죠. 마우스만 가지고도 일을 잘할 수 있다면 그러면 됩니다.

둘째로 72%의 응답자는 프로그래머가 아니라 그들만의 업무 영역에서 일하는 전문가들이라는 것입니다. 75% 이상의 시민 개발자들은 하이브리드 형태입니다. 그들의 업무 영역에 대한 지식을 활용해서 기술을 접목하고 그들만의 애플리케이션을 만드는 것이죠.

5.3.3 조직의 규모

시민 개발자들이 대기업에서만 일한다고 생각하시나요? 틀렸습니다. 2021년 12

월 미네소타주의 메트로폴리탄 주립 대학 연구자들은 '시민 개발자들은 그 규모에 상관없이 모든 조직에서 일한다'고 밝혔습니다.[c]

5.3.4 연령

2014년 3월 소프트웨어 회사 트랙비아는 18세에서 55세 사이의 북미 근로자 천 명을 대상으로 설문조사를 실시했습니다.[ci] 재미있는 점은 설문에서 스스로 시민 개발자라고 생각하는 사람에게 비즈니스 애플리케이션을 만들어 본 적이 있는지를 물어보았다는 것입니다. 어떤 사람은 스스로를 시민 개발자라고 생각하지만 애플리케이션 빌더라고는 생각하지 않을 수 있습니다. 이런 구분은 사실 명확하지 않죠. 최근 시민 개발자에 대한 인식이나 연구 결과, 그리고 이 책은 모든 시민 개발자를 애플리케이션 메이커라고 간주합니다. 어쨌든 다음 [그림 5-5]에 설문 결과를 정리해 보았습니다.

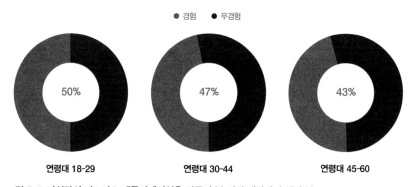

그림 5-5 자신만의 비즈니스 애플리케이션을 만들어 본 시민 개발자의 연령 분포

낮은 연령대의 근로자들은 높은 연령대의 근로자들에 비해 상대적으로 더 많이 그들만의 애플리케이션을 만들었다고 응답했습니다. 이 책을 쓰면서 발견한 점은 보다 어린 세대에서 시민 개발자들이 더 많이 나타난다는 것입니다. 개인적으로 이에 대해서 다섯 가지 가설을 세워 봤습니다.

첫째, Z 세대와 밀레니얼 세대들은 기술에 익숙합니다. 새로운 기술이나 도구를 열렬히 받아들이고 직장 동료나 매니저, 심지어 고용주도 자신들과 똑같이 기술을 사랑하길 바랍니다. 4년간 대학교수로 일해 보니 이 점을 확실히 느끼겠더군요. 가디언 지에 진 마크스가 기고한 글을 인용해 보죠.

> Z세대는 출생 때부터 평생을 걸쳐 클라우드나 소셜 미디어, 모바일 기술 등을 경험하며 자라왔기 때문에 다른 기술이나 변화에 더 열려 있고 잘 받아들입니다. 생산성을 높일 수 있고 독립적으로 일할 수 있으며 워라밸을 챙길 수 있다면 주저 없이 최신 기술을 선택할 것입니다.[ciii]

둘째, 젊은 세대는 새로운 기술을 배우는 것이 선택이 아닌 필수라는 점을 잘 압니다. 학자금 대출을 갚고 다른 회사에 이직할 수 있는 가능성을 계속 열어두려면 어쩔 수 없죠.[ciii] 2021년 9월 갤럽에서 실시한 설문 결과에 따르면 젊은 성인의 경우 직장을 선택하는 중요한 기준으로 자신의 기술을 닦을 수 있어야 한다는 점을 세 번째로 꼽았습니다. 그 위에는 건강 보험과 장애 보험 제공밖에 없었죠.[civ] 유급 휴가보다도 높은 순위라는 점이 인상 깊었습니다.

셋째, 많은 근로자는 40대 후반이나 50대 초반이 되면 계속 업무에 기여하는 사람으로 남지 않고 관리자나 이사 등 임원으로 승진합니다. 이런 사람들은 아무래도 부하 직원들에 비해 기술에 가깝지도 않고 덜 배우려는 경향이 있죠.

넷째, 기술에 가장 익숙한 X 세대 사람들은 그다지 성숙하지 못했던 노코드/로우코드 도구들을 사용해야만 했습니다. 에어테이블이 아니라 마이크로소프트 엑셀을 사용한 것이죠. 반면 젊은 시민 개발자들은 강력한 비즈니스 애플리케이션을 만들 수 있는 기술과 도구들을 계속 사용해 왔습니다. X 세대들은 그런 경험이 별로 없죠.

다섯째, 워크플레이스 기술을 바라보는 관점이 연령에 따라 다르다는 점입니다. 2022년 800명의 직원과 IT 매니저를 대상으로 한 설문조사 결과에서 확연한 세대 차이를 느낄 수 있습니다.

밀레니얼 세대의 40%와 Z 세대의 63%가 자사에서 사용하는 워크플레이스 도구에 버그가 많고 신뢰하기 어려우며 다루기 어렵거나 다른 회사 도구들과 함께 쓰기 힘들다고 답했습니다. 베이비부머 세대의 고작 23%만 같은 관점을 가지고 있습니다.[cv]

시니어 직원들은 주니어들에 비해서 워크플레이스 기술에 대체로 만족하는 것으로 보입니다. 불만을 가지는 주니어 직원들이 시민 개발자가 될 가능성이 높은 것이겠죠. 젊을수록 개선할 기회를 더 많이 포착합니다.

정리해 보죠. 다음 두 명의 직원 중 누가 더 시민 개발자가 될 가능성이 높을까요?

- **제리**: 전략 부서 부사장, 44세
- **크레이머**: 마케팅 분석 부서 시니어 직원, 29세

제가 틀릴지도 모릅니다. 어쨌든 다른 정보가 더 없다면 전 크레이머가 시민 개발자가 될 것이라는 점에 걸겠습니다. 중요한 점은 대체로 젊은 근로자들이 기술에 더 많은 호기심을 가진다는 것입니다. 나이 많은 직원에 비해 기술을 포용할 가능성이 더 높은 것이죠.

연령에 대한 편견이 생길까 봐 다시 한번 말씀드리지만 시민 개발자가 되기 위한 요건에 나이 제한이 있는 것은 아닙니다. 위선적으로 들리겠지만 전 수십 년간 스스로를 시민 개발자로 생각해 왔으며 그렇다고 제가 젊은 편은 아닙니다.

모든 것이 동등한 환경이라고 가정하면, 기술적인 배경이 없는 젊은 사람이 새로운 노코드/로우코드 도구를 더 쉽게 배우고 시민 개발자가 될 가능성이 높습니다. 9장에서 이런 새로운 노코드/로우코드를 배우는 방법에 대해서 살펴보겠지만, 아무튼 새로운 도구를 배우는 것은 그다지 어려운 일이 아닙니다.

물론 나이보다 더 중요한 것이 있습니다. 바로 마인드셋이죠.

5.3.5 마인드셋

시민 개발자들이 가지는 호기심 정도를 객관적으로 측정할 수 있는 방법이 있을까요? 전 잘 모르겠습니다. 저는 전문가 중 한 명으로서 기술과 비즈니스의 접점

에서 다양한 일을 해왔기 때문에 자신이 하는 일에 대한 마인드셋이 얼마나 중요한지 잘 압니다. 저 말고도 이 책에서 만날 다른 시민 개발자들 역시 이 점을 잘 알리라 생각합니다.

킴 보젤라는 프로티비티의 글로벌 기술 컨설팅 담당 이사입니다. 2022년 8월 포브스 지에 기고한 글에서 그녀는 효율적인 시민 개발자를 다음과 같이 정의한 바 있죠.

- 하나의 일만 할 수는 없기 때문에 업무의 다양성이 필요합니다.
- 비효율성을 경멸합니다.
- 일하는 더 나은 방식을 찾습니다.
- 기술 능력에 대해서 자기 주도적입니다.
- 노코드/로우코드 도구에 능숙합니다.[cvi]

인사 담당자나 채용 담당자가 시민 개발자를 채용할 일이 있다면 이런 특성을 유념해 두는 것이 좋습니다. 아마도 면접 때 "예전에 비즈니스 프로세스를 개선하기 위해 어떤 기술을 사용한 경험이 있나요?"라고 질문하면, 전반적인 특성을 파악하기가 더 쉽겠죠. 지원자들의 대답에 따라서 정말 그런 경험이 있는지, 아니면 허세를 부리는지 쉽게 알아낼 수 있습니다.

재미있게도 지금 여러분이 궁금해할 질문이 떠올랐습니다. 왜 기업에서 애초에 시민 개발자를 채용해야 하는 것일까요? 시민 개발자가 가져다주는 이점이 도대체 무엇인가요?

다음 장에서 이 질문에 대해 답해 보겠습니다.

5.4 정리하기

- 노코드/로우코드 도구는 스스로 비즈니스 애플리케이션을 만들어 내는 도구가 아닙니다. 시민 개발자들이 만들죠.

- 시민 개발자들은 대체로 그 연령이 낮은 편이지만, 시민 개발자가 되기 위한 요건에 연령 제한이 있는 것은 아닙니다. 누구나 될 수 있죠.
- 기술적인 지식이 꼭 필요한 것은 아닙니다. 하지만 있다면 애플리케이션 개발의 기본 요소를 이해하고 다른 기술자나 전문가와 상호작용 하는 데 큰 도움이 됩니다.

CHAPTER 6

시민 개발의 이점

"새로운 아이디어를 만드는 것보다 오래된 것을 벗어나는 것이 더 어렵다."

– 경제학자 존 메이너드 케인넌

맥밀란 영어 사전에서는 '큰 변화^{step change}'를 '아주 큰 발전을 이끌어 내는 눈에 띄는 변화'라고 정의합니다.

최근 비즈니스 세계에서 소위 큰 변화라고 불릴 만한 일들은 심심치 않게 발견할 수 있습니다. 1998년 넷플릭스는 메일로 DVD를 주문하는 방식을 선보여서 그 당시 업계를 선도하고 있던 블록버스터를 앞질렀습니다. 몇 년 후 스트리밍 시장 에서도 넷플릭스가 각광받기 시작했죠. 구글의 검색 엔진은 등장 당시에도 올더 웹^{alltheweb}이나 야후!와 같은 1990년대 말 주요 검색 엔진들에 비해 훨씬 빠르고 정확했습니다. 우버가 등장함으로써 사람들은 더 이상 길가에 서 있거나 지나다 니는 택시를 향해 소리 지르거나 손을 흔들 필요가 없어졌습니다.

그 어떤 검색 엔진이나 스트리밍 서비스도 완벽한 것은 없습니다. 모든 회사와 기 술에는 단점이 있기 마련이죠. 하지만 이런 제품들이 우리의 삶을 얼마나 풍요롭 고 편하게 만들어 주었는지 생각해 보면 경탄을 금할 수 없습니다. 그리고 업무를 더욱더 편하게 만들어 주는 이런 거대한 진보는 비즈니스 애플리케이션 분야에서 도 일어나고 있습니다.

이 장에서는 노코드/로우코드와 시민 개발자들이 가져오는 큰 변화가 어떤 영향 을 미치게 될지 알아보겠습니다. 바로 기업이 시민 개발자들을 채택함으로써 얻 을 수 있는 이익이죠.

6.1 IT 분야의 이득

Shadow IT와의 몇 년간의 전쟁 끝에 많은 CIO가 백기를 들고 투항하기 시작했습니다. 바꿔 말하면 시민 개발자를 채용하는 것이 어떤 이득을 가져올 수 있는지 이해하기 시작한 것이죠.

6.1.1 소프트웨어 개발자들이 더 복잡한 애플리케이션 개발에 집중할 수 있는 환경

어떤 팀이나 부서가 그다지 규모가 크지 않은 새로운 비즈니스 애플리케이션이나 시스템이 필요해서 해당 조직이 직접 이를 만들려고 합니다. 그럼 자연스럽게 이런 질문이 떠오르죠. 그걸 누가 만듭니까? 외부 업체를 제외한다면, 당연히 [그림 6-1]과 같이 전문 개발자와 시민 개발자 둘 중 하나일 것입니다.

그럼 다른 질문을 해 보죠. 시민 개발자가 노코드/로우코드 도구를 써서 빠르게 만들 수 있는 프로젝트에 굳이 바쁜 개발자들을 참여시켜야만 할까요? 꼭 전문 개발자들로만 프로젝트를 진행해야 하는 특별한 경우도 있겠지만, 최근에는 시민 개발자들을 참여시키지 않아야 한다는 주장이 설득력을 잃어가고 있습니다. 단점보다 장점이 훨씬 많기 때문이죠.

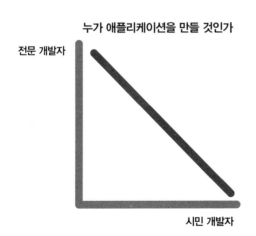

그림 6-1 누가 애플리케이션을 만들 것인가

시민 개발자가 아주 놀라운 존재이긴 하지만 그렇다고 시민 개발자가 복잡한 엔터프라이즈급 시스템을 만들기는 어렵습니다. 누군가가 시민 개발자도 만들 수 있다고 말하면 그 사람은 멀리하는 것이 좋습니다(거짓말쟁이나 다름없으니까요). 비즈니스 애플리케이션의 복잡도가 증가할수록 시민 개발자가 만들 수 있는 가능성도 작아집니다. [그림 6-2]에서 이런 연관성을 직관적으로 보여주고 있습니다.

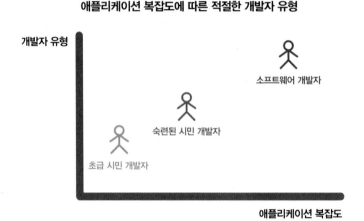

그림 6-2 애플리케이션 복잡도에 따른 적절한 개발자 유형

시민 개발은 IT 부서와 전문 개발자의 귀중한 시간을 절약할 수 있는 방법입니다. 인텔리X의 최고 마케팅 담당이자 분석가인 제이슨 잉글리시는 시민 개발에 대해서 '인력 부족에 시달리는 IT 팀들의 프로젝트 진입 장벽을 낮출 수 있는 훌륭한 방법'이라고 평가했습니다.[cvii]

6.1.2 비즈니스 애플리케이션에 대한 지원 또는 개선 요청의 감소

스티브는 회계사이자 시민 개발자로서 자신만의 애플리케이션을 만든 경험이 있습니다. 그는 회사 내부 시스템의 버그를 발견할 경우 버그 수정을 위해 지원을 요청했습니다. 하지만 자신이 직접 만든 애플리케이션에 문제가 생기면 IT 부서

에 지원을 요청하지 않겠죠. 이미 바쁠 대로 바쁜 지원 부서 대신 아마도 소프트웨어 개발 회사(이 경우 애플리케이션 개발에 사용한 노코드/로우코드 도구를 만든 회사)에 지원을 요청할 가능성이 높습니다.

비단 스티브만 이런 상황을 겪는 것이 아닙니다. 가트너의 제이슨 윙은 2021년 많은 IT 부서가 기업에서 승인한 노코드/로우코드 도구를 배울 여건이 되지 못하는 반면 시민 개발자들은 이런 도구를 활용해서 수십 내지는 수백 개의 애플리케이션을 만들고 있다고 설명한 바 있습니다.[cviii] 그렇기에 시민 개발자들에게도 애플리케이션 기획과 의사소통 및 지원에 관련된 내용이 필수입니다. 10장에서 이에 대한 자세한 내용을 알아보죠.

6.1.3 IT와 비즈니스 영역 간의 갈등 축소

같은 부서의 사람들을 모아서 서로 의사소통하고 협업하라고 해도 힘든데, 하물며 다른 부서의 사람들과 힘을 합쳐서 같은 일을 하는 건 시간 낭비에 불과할 때가 많습니다. IT 부서는 원래 목적대로라면 마케팅이나 인사, 영업 등 다른 부서와 잘 어우러져 일해야겠지만, 현실에서는 다른 부서와 늘상 충돌하고 다투기 마련입니다. IT와 비즈니스의 분열이라고들 하죠. 지난 수십 년간 기업들을 괴롭혀온 문제이기도 합니다. 새로운 기술을 개발하거나 또는 고객들에게 IT 관련 컨설팅 등을 수행하는 회사들도 이 문제에 시달리는 것은 매한가지입니다. 심지어 마크 페란티는 2001년 cio.com에서 가트너에 대해 이렇게 이야기했습니다.

> 1990년 후반, 코네티컷주 스탬퍼드에 본사를 둔 가트너는 IT 부서와 기타 비즈니스 부서 간 만성적인 의사소통 문제로 골치를 앓았습니다. CIO를 비롯한 경영진들은 이로 인해 발생한 피해가 매년 수백만 달러에 이를 것으로 추정했습니다.[cix]

참 아이러니하죠.

20년이나 지난 이 이야기를 굳이 꺼낸 것은 가트너를 트집 잡으려고 한 것이 아닙니다. 되려 지금까지 가트너의 뛰어난 조사 및 연구 결과들을 많이 인용했죠.

훌륭한 가트너조차도 이런 문제에 시달릴 만큼, IT 부서와 비즈니스 부서 간 갈등은 정말 해결하기 어려운 문제임을 말하고 싶었습니다. 가트너도 그러한데 여러분의 회사라고 절대 이런 문제가 생기지 않는다고 단언할 수 있을까요? 개인적으로도 오랜 세월 동안 이 문제로 고통받는 회사들을 많이 보아왔습니다. 정말 단한 번도 겪어보지 않았다는 분들을 위해서 IT 부서와 다른 부서 간 갈등이 어떻게 일어나는지 간단한 이야기를 하나 해드리죠.

사라는 기술에 능숙한 비즈니스 분석가이며, 그녀가 속한 팀은 비즈니스 애플리케이션을 일부 수정하기 위해 IT 부서의 지원이 필요한 상황입니다. 사라는 IT 부서에 요청할 애플리케이션 수정 사항을 양식에 작성해서 전달했죠. 며칠이 지나서야 IT 부서 직원이 수정 사항을 검토했습니다. 이 상황에 대해 별다른 정보는 없지만, 전 아마도 이런 일들이 일어났을 것이라고 짐작되는군요.

- 처음 이루어진 애플리케이션 수정은 사라의 요구사항을 만족하지 않습니다.
- 상당한 의사소통이 진행됩니다.
- 사라는 IT 부서의 더 중요하고 급한 다른 업무를 충분히 이해하지 못할 수 있습니다.
- 사라의 추가적인 요청 사항은 다른 애플리케이션 기능에 문제를 일으킬 수도 있습니다.
- 애플리케이션에 대한 최종 수정은 사라와 다른 팀원들이 기대하는 것보다 훨씬 늦게 이루어질 수 있습니다.
- 사라와 다른 팀원들은 좌절감을 맛봅니다.

이야기를 조금 바꾸어 보죠. 사라가 이런 요구사항을 직접 반영할 수 있다면 어떨까요? 다른 요청 사항을 처리하느라 정신없는 IT 부서 입장에서는 사라의 요구사항을 검토하고 우선순위를 결정할 필요조차 없어집니다. 감사할 일이죠.

노코드/로우코드 덕분에 사라와 같은 시민 개발자들이 애플리케이션을 스스로 고칠 수 있게 되었습니다. 최소한 예시를 든 상황에서 IT 부서와 다른 부서와의 갈등이 발생할 소지가 없어지는 것이죠. 더 중요한 점은 사라와 사라의 팀원들이 사라 덕분에 새로운 비즈니스 애플리케이션 기능을 다른 부서원들보다 더 빨리 사용해 볼 수 있다는 것입니다.

6.1.4 IT 의존성 감소

엄청난 파이썬이나 자바 기술을 가진 슈퍼 개발자라면 모든 것을 자동화할 수 있습니다. 하지만 저는 확실히 슈퍼 개발자가 아니고 이 글을 읽는 여러분들도 슈퍼 개발자가 아닐 수 있습니다.

시민 개발자가 슈퍼 개발자일 필요는 없습니다. 시민 개발자의 프로그래밍 관련 역량이 부족하다고 해도, 다른 사용자의 요구사항을 충족시킬 만한 애플리케이션을 만드는 데 전혀 방해가 되지 않습니다. 장담컨데 일반 사용자들은 애플리케이션이 전문 개발자가 만든 것인지 시민 개발자가 만든 것인지 구별하기조차 힘들 것입니다.

4장에서 분류한 노코드/로우코드 도구들 중에 자동화 관련 도구들을 한번 되새겨 볼까요? 재피어, 메이크, IFTTT와 같은 도구는 배우기도 쉽고 수정하고 사용하기도 쉽습니다. 노코드/로우코드 도구들은 대개 알아야 할 필수 내용이 적은 편이라서 처음 사용하기까지 소요되는 시간도 짧습니다. 더 좋은 점은 IT 부서에서 애플리케이션을 개발하고 배포하지 않아도 된다는 것이죠.

6.2 조직의 이점

IT 분야에서의 이점은 고작 시작에 불과합니다. 시민 개발자는 IT 부서의 전담 영역에서만 활약할 수 있는 것이 아니죠. 그 외 다양한 영역, 다양한 방법으로 시민 개발자가 활약할 수 있습니다.

6.2.1 기존의 워크플레이스 기술 개선

업무를 위해 이메일을 확인하는 것은 치과를 가는 것 같습니다. 아무도 하고 싶어 하지 않지만, 누구나 해야 하는 일이죠. 이메일을 무시했을 때 벌어질 수 있는 일은 그야말로 끔찍합니다. 그나마 전동 칫솔과 치실을 사용하면 치과를 가는 고통은 최대한 피할 수나 있지만, 업무 이메일은 어떻게 피할 방법이 있을까요?

물론 방법이 있습니다. 단순히 수신 메일함을 비우는 방법 외에도 재피어의 이메일 파서와 같은 노코드/로우코드 자동화 도구를 사용해서 특정 유형의 메일에 자동으로 답장을 보낼 수도 있습니다.[cx]

비즈니스 애플리케이션을 개선한 또 다른 이야기를 해 볼까요?

노코드/로우코드를 이용한 까다로운 비즈니스 프로세스 간소화

『Slack For Dummies』(For Dummies, 2020)의 저자로서 전 스스로를 슬랙의 열렬한 팬이라고 자부합니다. 개인적으로 내부 협업 도구로써 최고는 단연 슬랙이라고 생각합니다. 여전히 슬랙은 혁신적이고 사용하기 쉽습니다.[cxi] 이에 비하면 마이크로소프트 팀즈는 그나마 쓸 만한 모조품 수준으로 생각합니다. 책에도 그렇게 썼고요.

워크플로 빌더는 아주 강력한데도 슬랙 내에서 그다지 인정받지 못한 도구입니다. 워크플로 빌더는 의사소통이나 비즈니스 프로세스, 데이터 수집 등을 자동화할 수 있습니다. 시민 개발자들은 워크플로 빌더로 깜짝 놀랄 만한 일을 할 수 있고, 전문 개발자들은 정말 거의 모든 것을 다 할 수 있을 것입니다.[cxii]

여기 캘리포니아 스타트업에서 변호사로 일하고 있는 노라가 있습니다. 그녀의 직장 동료들은 법적 문제에 대해 처음에는 이메일로, 그다음에는 슬랙의 DM으로 질문을 보냈습니다. DM이 점차 쌓여 노라의 문제가 되기까지는 얼마 걸리지 않았죠.

결국 노라는 저에게 매번 법적 문제에 대해 수기로 작성해서 대응하는 것을 자동화할 수 있는 방법이 없는지 문의했습니다. 노라는 시스템적으로 여러 직원들의 법률 자문 관련 정보를 수집하고 싶어 했습니다. 다른 요청이 이미 폭증해서 바쁜 IT 부서와는 일하고 싶지 않았고, 그렇다고 새로운 애플리케이션이나 웹사이트를 만들고 싶지도 않았죠.

본격적으로 일을 시작하기 전 그녀는 제게 "슬랙으로 뭔가 할 수는 없을까요?"라고 부끄러워하며 질문했고, 저는 "오, 당신은 슬랙 마스터인 저에 대해 아는 바가 전혀 없으시군요!"라고 웃으며 답했습니다.

노라와 저는 줌 화상회의를 통해 만났습니다. 슬랙을 켜서 워크플로 빌더를 시작했죠. 그리고 직원들에게 법률 자문의 유형이나 우선순위, 설명, 그 외 관련 정보를 수집할 수 있는 작은 애플리케이션들을 종류별로 만들었습니다.

양식은 단순했지만, 충분히 아름다웠습니다. 양식의 특정 부분은 직원이 선택할 수 있도록 드롭다운 메뉴도 제공했습니다. 그리고 추가로 이메일을 주고받게 되는 일을 가급적 피할 수 있도록 필수 정보를 반드시 기재하도록 만들었죠.

이렇게 직원들이 작성한 양식은 구글 시트로 보내도록 했습니다. 덕분에 노라는 모든 직원의 요청 사항을 한눈에 알아볼 수 있게 되었죠. 예전처럼 수십 개의 슬랙 DM을 뒤져가며 정보를 찾는 수고로움이 사라진 것입니다. 노라는 이제 원하는 대로 법률 자문 관련 정보를 묶고 검색하고 정렬할 수 있습니다.

테스트를 끝내고 슬랙에 #ask_legal 채널을 만든 다음 새로 만든 슬랙 워크플로를 채널에 연결했습니다. 그리고 노라가 슬랙 워크스페이스의 #announcements 채널을 통해 모든 직원에게 #ask_legal 채널의 워크플로로 법률 자문을 요청할 것을 공지하며 우리의 일은 끝났습니다. 직원들이 쓰기 쉽도록 어떻게 양식을 작성하고 보내는지 짧은 비디오를 만들어서 채널에 첨부하기까지 했죠. 우리가 만든 애플리케이션이 슬랙 역사상 가장 복잡한 애플리케이션은 아니지만, 최소한 노라가 원하는 일은 훌륭하게 처리합니다.

가장 좋은 점이 뭔지 아세요? 코드가 전혀 필요하지 않았다는 것입니다. 단 한 줄도요.

그 후 몇 달 동안이나 노라는 저에게 고맙다는 말을 연신 했습니다.

아, 참고로 말하자면 마이크로소프트 팀즈에서도 마이크로소프트 파워 오토메이트를 사용해서 똑같은 일을 할 수 있습니다.[cxiii]

6.2.2 분산된 워크플레이스 애플리케이션의 통합

부서나 팀들은 서로 공유되지 않는 별도의 시스템이나 애플리케이션을 따로 사용하는 경우가 많습니다. 2021년 보고서에 따르면 약 41%의 직원들은 회사에서 사용하는 도구나 기술의 수 때문에 압도되는 감정을 느낀다고 응답했습니다.[cxiv] 개인적으로는 한 프로젝트에서 다음과 같은 도구를 한꺼번에 사용하는 경우도 보았습니다.

- 일정 관리를 위한 구글 시트
- 전문 프로젝트 관리 도구
- 별도의 이슈 추적 애플리케이션

- 문서 작성을 위한 마이크로소프트 워드
- 이메일을 통한 팀 내부 소통
- 드롭박스, 박스, 원드라이브와 같은 클라우드 기반 저장소 서비스

하지만 강력한 노코드/로우코드 도구의 등장으로 이런 모든 기능들을 단 하나의 애플리케이션에서 제공하고 처리할 수 있게 되었습니다. 다목적으로 사용하는 도구로는 대표적으로 클릭업이나 먼데이닷컴을 꼽을 수 있겠네요. 심지어 확장을 통해 타사 애플리케이션과 아주 매끄럽게 연결해서 사용할 수도 있습니다. 먼데이닷컴을 통해 오후 2시 줌 회의에 참여하고 싶으시다고요? 얼마든지 가능합니다![cxv]

하지만 애플리케이션을 통합하기 전에 이미 사용하던 애플리케이션들을 줄여 보는 것이 좋습니다. 예를 들어 마이크로소프트 엑셀이나 구글 시트의 경우 조금만 노력하면 이들 스프레드시트에 기록한 일정표를 칸반 보드 형태로 표시하도록 만들 수 있습니다. 별로 어렵지도 않고요. 웹 브라우저 확장 프로그램이나 타사 애플리케이션, 플러그인, 애드인 등을 통해 구현할 수도 있습니다.

이와 비교했을 때 노션에서 시간표를 만드는 것은 정말 쉽고 다른 애플리케이션을 사용할 필요도 없으며 코드를 짤 이유도 없습니다.[cxvi] 클릭업에서 칸반 보드를 만들고 싶으신가요? 이것도 정말 쉽습니다.[cxvii] 노션이나 클릭업에서 시간표를 만들어 보면, 엑셀에서 직접 시간표를 만드는 것과는 차원이 다르게 쉽다는 것을 깨닫게 될 것입니다.[cxviii] 그리고 모바일 애플리케이션에서 시간표를 보기도 훨씬 좋고요.

6.2.3 더 뛰어난 데이터 품질

저질의 데이터 때문에 조직들이 연평균 약 1,300만 달러의 손실을 입는 것으로 알려져 있습니다.[cxix] 저질의 데이터는 결국 조직이나 회사의 이상한 의사 결정으로 연결되죠. 그래서 기업들이 데이터를 분석하는 문화를 만들려는 단초를 제공합니다.[cxx]

노코드/로우코드 도구는 아주 강력한 데이터 검증 기능을 제공하기 때문에 저질 데이터로 야기되는 문제를 해결할 수 있습니다. 적절한 데이터 검증만으로도 아주 큰 효과를 불러올 수 있는 법이죠.

6.2.4 기존 비즈니스 프로세스의 놀라운 개선

자동화 이야기가 나온 김에 한 마디 덧붙이자면 노코드/로우코드 도구로 일상적인 비즈니스 관련 업무를 처리하는 시간을 획기적으로 단축시킬 수 있습니다. 이 책을 쓰면서 여러 내용들을 조사하다가 에어테이블의 'BuiltOnAir' 비디오 팟캐스트를 발견했습니다. 이 중 한 가지 에피소드가 이 책을 쓰는 내내 머릿속을 떠나질 않더군요.

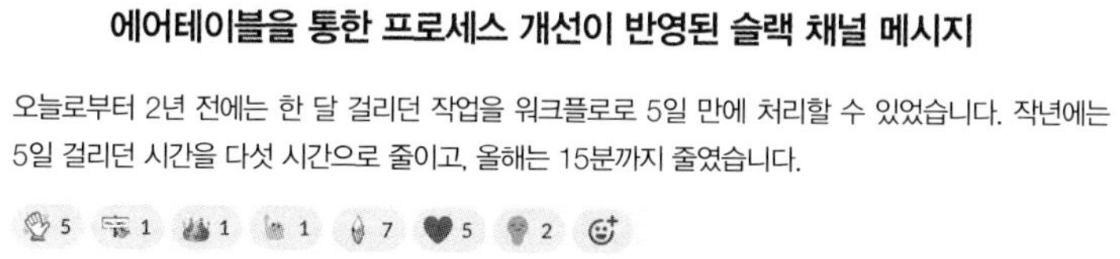

에어테이블을 통한 프로세스 개선이 반영된 슬랙 채널 메시지

오늘로부터 2년 전에는 한 달 걸리던 작업을 워크플로로 5일 만에 처리할 수 있었습니다. 작년에는 5일 걸리던 시간을 다섯 시간으로 줄이고, 올해는 15분까지 줄였습니다.

👏 5 🔁 1 👍 1 🙌 1 🔥 7 ❤️ 5 💡 2 😃➕

그림 6-3 에어테이블을 통한 프로세스 개선이 반영된 슬랙 채널 메시지

물론 개선하는 것 자체는 좋지만, 지금 필요한 것은 노코드/로우코드로 할 수 있는 좀 더 구체적인 예시겠죠. 다음에 소개드릴 재피어로 결제 문제를 해결한 이야기는 비록 가명을 사용하긴 했지만 실제로 일어난 일입니다.

2021년 재피어는 약 12만 5천 명의 유료 사용자를 확보했고 지금은 아마 이보다 더 많은 사용자가 있을 것으로 예상됩니다.[cxxi]

누락된 결제 실패 메시지

작은 회사 하나는 현명하게도 회사 내부의 의사소통과 협업 허브를 위해 슬랙을 사용하기로 결정했습니다. 관리자인 프란체스카는 페이팔 계정으로 사무실 비품이나 기타 집기들을 구매해 왔습니다. 잔액이 부족하면 결제가 실패하고 이는 프란체스카의 이메일로 통보됩니다. 당연한 절차죠.

프란체스카는 가족들을 만나려고 11월에 오마하로 갔습니다. 그동안 그녀는 업무용 이메일을 확인하지 못했죠. 회사로 돌아오고 나서야 주문한 필수 물품들이 배송되지 않았다는 사실을 알았습니다. 결제가 되지 않은 것이죠. 직장 상사인 사울이 많이 화가 나 있었습니다.

이후 이 문제를 해결하기 위해서 프란체스카는 재피어의 통합 기능을 사용했습니다.[cxxii] 마우스 클릭 몇 번 만으로 페이팔의 모든 통지 내역을 사울의 개인 슬랙 채널로 보낼 수 있었습니다. 덕분에 프란체스카가 휴가를 가거나 부재중일 때도 사울이 결제 내역을 확인할 수 있게 되었죠.

좋은 점은 이렇게 비즈니스 업무를 자동화할 때 인간의 존엄성을 헤치지 않아도 된다는 것입니다. 슬라돔의 슬랙 관리자인 크리스틴 맥킨이 지난 8월 제 개인 팟캐스트에 출연했습니다. 그는 슬랙의 워크플로 빌드를 활용해서 업무들을 자동화한다고 해서 직원들이 마치 사무용 로봇이 된 듯한 느낌을 받지 않는 것이 좋다고 말했습니다.[cxxiii] 이렇게 만들어진 워크플로와의 상호작용이 생각보다 재미있거든요.

6.2.5 새로운 아이디어를 빠르게 실험하고 빠르게 실패하기

여러분들은 자포스나 유튜브, 스타벅스, 슬랙, 넷플릭스와 같은 수십억 달러 규모의 사업이 성공하는 것을 지켜봐 왔습니다. 하지만 절대로 명심해야 할 점은 대부분의 사업이 초기에는 수익이 보장되지 않았다는 사실입니다. 던컨 와트의 저서 『Everything Is Obvious』(Crown Currency, 2011)에 잘 드러나 있죠.

지난 이십 년간 실리콘 벨리에서는 '실패할 것이면 빠르게 실패해라'라는 생각이 지배적이었습니다. 근데 어차피 실패할 것이라면, 뭣하러 새로운 아이디어나 제품, 또는 회사에 돈을 쏟아붓는 거죠? 대개 새로운 기술 제품을 만들어 내기 위한 비용과 시간, 노력이 상당히 들어가기 마련입니다.

오늘날의 노코드/로우코드 도구는 회사 창업자가 단순히 자신의 연락처가 포함된 웹사이트를 만드는 정도의 수준이 아닙니다. 거의 완전한 형태의 디지털 제품 또는 서비스를 출시할 수 있는 정도죠.[cxxiv] 다음 장에서 살펴볼, 호기심 많고 야망 있는 한 사람이 버블로 아주 성공적인 애플리케이션을 출시한 이야기에서 이런 점이 잘 드러납니다. 어쨌든 지금은 이 점만 기억하면 됩니다. 실패할 것이라면, 적은 비용으로 빠르게 실패하는 것이 좋습니다. 노코드/로우코드가 바로 최선의 선택이죠.

> **일론 머스크라면?**
>
> 테슬라와 스페이스X가 등장하기 전인 1995년 일론 머스크는 형제인 킴벌과 함께 Zip2라는 회사를 만들었습니다. 일론 머스크는 이 회사에서 코딩을 맡았죠. 이 당시에는 드래그 앤 드롭으로 애플리케이션을 만들 수 있는 도구가 없었기 때문에 아마도 일론은 직접 온라인으로 도시를 안내하는 소프트웨어를 만들어야 했을 것입니다. 하지만 만약 이 당시에도 노코드/로우코드 도구가 있었다면 어땠을까요? 제 개인적인 견해로는 일론 머스크의 독재자적인 성격 때문에 회사에서 절대 노코드/로우코드 도구를 사용하지 못하도록 했을 것입니다. 너무 편파적인 생각일까요? 2015년 애슐리 반스의 저서 『Elon Musk』(Ecco, 2017)를 읽고 한 번 생각해 보세요.

6.3 개인 및 팀의 이점

IT 부서의 부담을 덜고 비즈니스 부서의 업무를 자동화하는 것 외에도 시민 개발자들은 많은 일을 할 수 있습니다.

6.3.1 핵심 비즈니스 문제 해결

대개 모든 시스템이나 애플리케이션들은 어떤 문제를 해결하기 위해 만들어졌습니다. 누가 언제 무엇으로 어떻게 만들었든지, 그 목적은 문제 해결이죠.

노코드/로우코드 도구도 마찬가지입니다. 노코드/로우코드 도구는 지금껏 해결하지 못했던 많은 문제와 새로운 문제들을 해결할 수 있죠. 여기 이와 관련된 재미있는 일화가 있습니다.

복귀 후 다시 시작된 폭탄 해결

팬데믹 상황이 끝나면서 많은 직원이 사무실로 출근하기 시작했으며 이로 인해 교통 체증과 같은 많은 문제가 다시 불거졌습니다. 옴니코프도 상황은 마찬가지였죠. 직원들이 이런 상황을 그냥 참고 있을 뿐입니다. 하지만 사무실에서 일하지 못해서 조금 불편한 것보다는 출퇴근을 피하고 어디에서든 일할 수 있는 것이 더 나을 수도 있습니다. 케이크를 먹으면서 동시에 케이크를 가지고 있을 수는 없는 노릇이잖아요. 안 그런가요?

마티는 다른 사람들과는 조금 다른 생각을 가지고 있었습니다. 마티는 회사의 인사 분석가로 일하고 있으며 동시에 스스로를 시민 개발자라고 생각하는 사람입니다. 그는 인사 부서와 시설 관리인 사이에 오가는 이메일을 보던 도중, 예약을 하는 방법과 예약을 처리하는 방법을 좀 더 효율적으로 처리할 수 없을지가 궁금해졌습니다. 그래서 유명한 노코드/로우코드 도구 중 하나인 서비스나우를 사용해 보기로 결정합니다. 서비스나우가 제공하는 세이프 워크플레이스 스위트가 문제를 해결할 수 있을 것으로 보였기 때문이죠.

마티는 IT 부서의 지원 없이 약 2주에 걸쳐서 옴니코프 직원들이 빠르게 회의실이나 장비 및 음식 등을 예약할 수 있는 기초적인 애플리케이션을 만들었습니다. 그뿐만이 아니죠. 직원들은 그 어떤 기기에서든 이벤트나 회의 또는 교육 등에 필요한 자원을 요청할 수 있게 되고, 신청한 요청을 확인하고 관리하고 직접 변경할 수 있습니다. 이제 더 이상 요청을 변경하거나 관리하기 위해서 인사팀 또는 시설 관리팀에 이메일을 보내고 전화할 필요가 없는 것이죠.

마티는 서비스나우 덕분에 효과적으로 대화형 예약 애플리케이션을 만들어 냈습니다. 그는 직장 동료 몇 명에게 애플리케이션 테스트를 부탁했죠. 몇 가지 버그가 발견되었고 마티는 재빠르게 버그를 수정했습니다. 시작하고 한 달이 지나서 마티는 코드를 조금 추가한 다음 애플리케이션을 배포했습니다. 애플리케이션 덕분에 이메일 폭탄이 사라졌고 마티는 승진했습니다.

6.3.2 의사소통 오류와 혼란 감소

원격 근무와 하이브리드 근무는 비슷한 점이 있습니다. 대부분이 좋아하지만 단점도 있다는 것이죠. 제가 쓴 책인 『Project Management in the Hybrid Workplace』(Racket Publishing, 2022)에서 다음과 같이 밝힌 바 있습니다.

원격 및 하이브리드 근무 형태의 급증으로 인하여 직원들 간에 주고받는 이메일 등의 비동기 메시지가 증가했습니다. 2021년 3월 마이크로소프트는 마이크로소프트 팀즈 사용자들이 주당 45% 더 많은 채팅을 하고 근무 시간 이후 보내는 개인 메시지가 42% 더 늘어났으며 주당 채팅 수는 계속 증가하고 있다고 발표했습니다.[cxxv]

사소한 문제가 있긴 하지만, 여전히 원격으로 일하고 있는 사람이 많습니다. 그리고 시민 개발자들이 노코드/로우코드 도구를 사용해서 직원들을 괴롭히는 끝없는 대화와 메시지, 혼란, 의사소통의 오류를 잠재울 수 있는 애플리케이션을 만들 수 있죠. 하루 종일 메시지를 받는 것을 당연하게 여겨서는 결코 안 됩니다.

6.3.3 가치 있는 교육 도구로써의 활용

시민 개발자로서 활동하기 위해 별도의 프로그래밍 배경지식이 필요한 것은 아닙니다. 그렇기 때문에 노코드/로우코드 도구를 비즈니스 애플리케이션을 만들고자 하는 분들에게 좋은 시작점이 될 수 있습니다. 저 역시 1998년 이러한 목적으로 마이크로소프트 액세스를 사용하기 시작했으니까요.

나의 작은 데이터베이스 NC/LC

전 1998년 뉴저지에 본사를 둔 대형 제약 회사인 머크에서 인사 담당 직원으로 일하기 시작했습니다. 이전 직장을 다니면서 얻은 결론은, 저는 전통적인 인사 역할을 수행하기에는 맞지 않는 사람이라는 것이었습니다. 오죽하면 제 직장 동료가 저에게 "사람들을 따뜻하고 부드럽게 대하는 것은 좋지 않아요."라고 조언할 정도였으니까요. 맞는 말이죠.

머크에서의 일은 좀 달랐습니다. 인력 채용이나 직원 보상과 같은 전통적인 인사 업무 몇 가지를 조합한 형태였죠. 업무의 약 60%가량은 아주 기술적인 것이라고 말할 수 있었습니다. 인사 시스템과 데이터 분석이 필요했죠. 제 취향에 딱 맞는 일이었습니다.

하지만 새 직장에서 사용하던 내부 시스템과 데이터 관리 도구는 좋게 말하면 최적화가 덜 되어 있는 상태였습니다. 제 일을 효율적으로 처리하려면 더 많은 기술 역량이 필요했죠. 마이크로소프트 엑셀은 잘 다루었지만 그보다 더 강력한 도구가 필요했습니다.

그래서 마이크로소프트 액세스를 시작했습니다. 1,100쪽 분량의 마이크로소프트 액세스 바이블을 사서 읽고 따라 했죠. 프라이머리 키, 데이터 타입, 스키마, 테이블 조인, 카르테시안 곱, 관계 다이어그램, SQL, 그 외 현대의 관계형 데이터베이스에서 다루는 기본적인 지식을 즐겁게 배웠습니다. 그리고 번뜩이는 생각이 제 머릿속에 몇 번이나 떠올랐죠. '아, 이게 이래

서 생긴 일이구나'라고 되뇌면서 현재 하고 있는 업무에 대해서 되짚어 보았습니다. 그러자 업무에서의 비효율적인 부분과 해결책이 떠올랐습니다.

새로 배운 지식과 기술을 실제로 사용하기 시작했습니다. 별도의 단순한 데이터베이스를 하나 만들어서 머크의 여러 인사 시스템과 기타 데이터에서 중복되거나 누락된 레코드들을 찾았습니다. 액세스 데이터베이스를 별도로 만들었기 때문에 회사의 다른 사내 시스템들과 상호작용을 할 수 없다는 점이 오히려 큰 도움이 되었습니다. 제가 만든 액세스 데이터베이스에서 몇 가지 실수를 했거든요. 만약 데이터베이스가 다른 시스템과 연결되어 있었다면 큰 문제가 발생했을 것입니다.

2000년에 머크를 떠났지만 정말 많은 것을 배웠습니다. 머크에서 배운 지식은 새롭게 시스템 구현 컨설턴트로 일할 때 큰 도움이 되었거든요. 골치 아픈 데이터 관련 문제를 해결하기 위해 작은 애플리케이션들을 여러 번 만들었습니다. 제가 만든 많은 데이터베이스는 비전문가들도 쉽게 실행하고 원하는 보고서를 만들 수 있는 것들이었습니다.

이제는 마이크로소프트 액세스를 벗어나 더 강력하고 복잡한 도구들을 사용합니다. 애플리케이션들은 많이 변했지만, 25년 전 배웠던 것은 변하지 않았습니다. 제 인생에서 아주 큰 도움이 되었죠.

6.3.4 업무의 명확한 구분과 집중

4장에서 소개드린 노코드/로우코드 도구들을 전부 다 알아볼 필요는 없습니다. 훑어보는 것만으로도 몇 시간, 며칠이 걸릴 일이기도 하고요. 다행히 제가 몇몇 도구들을 수년에 걸쳐 사용해 보았고 이 책을 쓰면서 다른 도구들을 더 많이 접해 보기도 했습니다. 당연하겠지만 이러한 도구들은 기능들이 서로 겹치는 경우가 많습니다. 특히 특정 노코드/로우코드 도구 유형에서 이러한 경향이 두드러지게 나타납니다. 어떤 유형일까요? 힌트를 드리자면 아마 많은 노코드/로우코드 소프트웨어 회사들이 '워크스페이스'라는 단어를 엄청나게 사용하고 있죠.

워크스페이스 제품군에는 에어테이블이나 코다, 노션, 클릭업, 구글 테이블, 그 외에도 수많은 제품이 해당합니다. 더 넓은 의미로 보았을 때는 슬랙이나 구글 챗도 여기에 포함되겠죠. 이 중 클릭업의 구조를 살펴보도록 하죠. 다음 [그림 6-4]에 클릭업의 구조를 표시해 보았습니다.

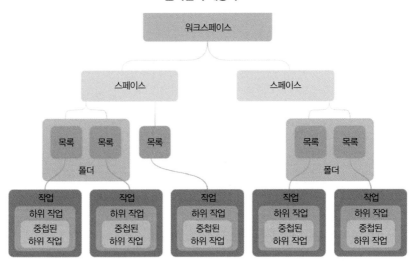

그림 6-4 클릭업의 계층 구조(출처: 클릭업)

워크스페이스 제품군들은 사용자가 자신만의 프로젝트나 고객, 팀, 부서 등을 위한 독립된 작업 공간을 만들 수 있도록 해줍니다. 마우스 클릭 몇 번 만으로 작업 공간을 만들고 다른 직원들에게 서로 다른 권한을 부여할 수 있죠. 또한 팀이나 고객, 프로젝트 관련 변경 내역을 다른 워크스페이스에 통지할 수 있는 알림 기능을 구현할 수도 있습니다.

전용 작업 공간dedicated workspace은 아주 심오한 철학을 담고 있습니다. 관련된 모든 문서나 노트, 파일, 대화 내용 등을 전용 컨테이너에 보관할 수 있죠. 어떤 고객이나 프로젝트 관련 작업을 할 때 다른 일 때문에 주의가 산만해지는 경우가 훨씬 덜합니다. 물론 단일 워크스페이스에 모든 것을 함께 보관한다면 다르겠지만요.

칼 뉴포트의 베스트셀러 내용을 인용하자면 노코드/로우코드 도구는 이렇게 작업 영역을 서로 구분함으로써 사용자들이 업무에 훨씬 더 집중할 수 있도록 해줍니다. 팀이나 고객, 프로젝트를 무시하고 일하고 싶다면 그냥 워크스페이스에서 로그아웃하고 '방해 금지' 표시를 띄우면 그만입니다. 퇴근 시간을 엄수하면서 로그아웃까지 하고 싶지 않다면, 다른 두 가지 방법을 선택할 수 있습니다.

- 모바일 기기에는 노코드/로우코드 애플리케이션을 설치하지 않습니다.
- 모바일 기기에도 노코드/로우코드 애플리케이션을 설치하지만 대신 개인 워크스페이스에만 로그인합니다. 퇴근 후에는 회사 일이 보이지 않죠.

이렇게 하면 업무 관련 스트레스도 많이 줄어듭니다. 사실 원격 및 하이브리드 근무에서 업무 과중으로 인한 문제가 크게 불거졌죠.[cxxvi] 2021년 4월 맥킨지 보고서에 따르면 근로자의 번아웃[burnout]이 만연하여 경고 수준에 이르렀지만 놀랍게도 관련 사례가 아직 제대로 보고되지 않았다고 합니다.[cxxvii]

6.3.5 자동화를 통한 시간 절약

최신 노코드/로우코드 도구들은 이전 시대의 자동화를 완전히 다른 수준으로 끌어올렸습니다. 팀이나 회사 전체가 이런 이점을 누릴 수 있죠. 이에 대한 자세한 내용은 3부에서 다루겠습니다.

6.3.6 콘텐츠 및 프로젝트 소유권의 이전 단순화

전용 작업 공간을 사용해서 프로젝트나 고객, 팀을 구분하면 일하기도 편하지만 일을 끝내기도 편합니다. 아주 까다로운 고객과 일하고 있는 프리랜서 웹 디자이너를 한번 생각해 보죠. 고객 프로젝트를 위해 별도의 코다 워크스페이스를 만듭니다. 프로젝트를 시작한 후 얼마 지나지 않아 난항이 시작되더니 급기야 상황이 아주 나빠졌습니다. 그래서 웹 디자이너와 고객은 프로젝트를 그만하기로 결정했죠.

관련 정보를 메일 수신함이나 구글 독스 등에 보관하고 있었다면, 프로젝트 과정에서 작업한 내용과 소유권을 고객에게 이전하는 것은 만만찮은 일일 것입니다. 작업물 중 하나라도 보내지 않으면 독촉 메일을 당장 받게 될 거고요. 하지만 워크스페이스로 프로젝트나 작업을 관리했다면 소유권 이전은 단 몇 초 만에 끝납니다. 물론 사용 중인 노코드/로우코드의 종류와 구독 유형에 따라 이 작업이 아주 쉬울 수도 있고, 다른 구독 플랜을 결제해야 할 수도 있겠지만요.

노션으로 쉽게 이별하기

저도 웹 디자이너와 비슷한 경험을 한 적이 있습니다. 얼마 전 한 작은 회사가 내부 시스템을 평가하고 업그레이드가 필요한지 판단해 달라고 저에게 의뢰했었죠. 첫 평가 작업은 20시간 가량 소요되는 일이었습니다. 그리고 회사와 저 모두 시스템 업그레이드가 필요하다고 판단되면 그때 계약을 갱신하는 형태였죠. 일을 처음 시작할 때부터 저는 노션에 워크스페이스를 만들고 모든 문서와 기록을 워크스페이스에 저장했습니다.

간단하게 말하자면 일을 시작하고 몇 시간 지나지 않아서 프로젝트를 그만하기로 결정했습니다. 놀랄 일은 아니었죠. 이런 일이 일어나는 것은 비일비재합니다.

프로젝트를 끝내기로 한 후 고객은 당연히도 제가 작성한 문서와 권고사항, 상태 보고서, 이슈 로그, 회의록, 녹화된 줌 회의 링크를 달라고 요청했습니다. 회사는 제가 작업한 결과에 대해 비용을 지불했고 고객은 당연히 제가 만든 작업물에 대한 접근 권한을 가지게 되죠.

그래서 전 노션에서 워크스페이스의 소유권을 고객으로 이전했습니다. 모든 작업물은 해당 워크스페이스 안에 고스란히 남아있었죠. 그리고 노션에서 로그아웃한 후 회사 IT 관리자인 로렌스에게 제 접근 권한을 삭제해 달라고 요청했습니다. 나중에 프로젝트를 다시 같이 진행하게 된다면, 로렌스가 저에게 워크스페이스 접근 권한을 주기만 하면 됩니다. 식은 죽 먹기죠.

노션도 훌륭했지만 아마 제가 사용했던 알마낙이나 코다, 그 외 다른 노코드/로우코드 도구들도 비슷할 겁니다.

6.4 정리하기

- 최신 노코드/로우코드 도구는 조직의 규모와 상관없이 다양한 이점을 제공합니다. 합리적인 가격이나 확장성, 편리한 사용 등은 제공하는 이점의 일부에 불과합니다.
- 시민 개발자들은 대개 해당 분야의 전문가들입니다. 특정 애플리케이션의 경우 IT 전문가보다 훨씬 더 잘 만들 수 있으며 IT 부서와 비즈니스 부서 간의 해묵은 분쟁을 해소할 수 있습니다.

노코드/로우코드와 시민 개발자의 잠재력

시민 개발의 실제 사례

"어리석은 자는 궁금해하고 현명한 자는 질문한다."

– 벤저민 디즈레일리

시민 개발로 얻을 수 있는 개인이나 팀, 부서, 회사의 이점에 대해서 알아보았으니 이제는 실제로 있었던 사례를 살펴볼까 합니다. 앞으로 소개드릴 네 가지 사례는 10여 년 전 숙련된 소프트웨어 개발자와 더 많은 예산 및 시간이 필요했던 시절에도 시민 개발자들이 노코드/로우코드 도구를 통해 강력한 애플리케이션을 만들 수 있었음을 보여줄 것입니다.

7.1 로테르담 자치단체

정부 기술에 대해 물어보면 대다수의 미국인은 아마도 2013년 10월 1일을 떠올릴 것입니다. 바로 '오바마 케어'라고 흔히 불리는 'Affordable Care Act' 공식 사이트가 오픈한 날이죠. 에둘러 표현하자면 그날 healthcare.gov 사이트를 오픈하는 것이 어려웠다고나 할까요. 이후 쏟아진 조치 보고서에서는 문제의 규모가 파악되었고 결코 좋은 상황이 아니었습니다.[cxxviii]

공공 분야가 기술을 제대로 활용하지 못한다고 생각하는 사람들은 아마 네덜란드에 가 본 경험이 없는 사람들일 것입니다. 네덜란드에 가 본 사람은 그 후에도 가끔 네덜란드 정부의 혁신적인 기술 활용에 대해 이야기하곤 합니다.[cxxix] 네덜란드에서 두 번째로 큰 도시인 로테르담에서 로우코드와 시민 개발을 채택한 것이 놀라운 일이 아닌 것이죠.

7.1.1 배경

로테르담 자치단체는 많은 부분에서 보았을 때 대부분의 공공 및 민간 단체와 비슷하게 운영됩니다. 교통 통제, 엔지니어링 부서 운영, 주차 위반 단속, 공공 보건과 같은 도시의 핵심 기반 시설 유지를 위해 약 천 개에 가까운 IT 시스템을 운영하고 있죠. 로테르담시의 포트폴리오는 일 년 중 어느 하루를 찍더라도 대략 100개의 IT 프로젝트가 진행 중이라고 볼 수 있습니다.

로테르담시는 새로운 시스템과 애플리케이션 출시를 위해 자바와 닷넷 전문가들로 구성된 소프트웨어 개발 부서를 운영해 왔습니다. 이런 전문 개발자들은 선형적이면서 아주 엄격한 방식으로 애플리케이션을 개발하고 배포하는 것을 선호하는 편이죠. 에릭 반 데르 스틴은 로테르담 IT 부서에서 14년 이상 근무했는데, [표 2-3]에서도 확인할 수 있듯이 폭포수 방식으로 진행한 프로젝트는 지연되기 일쑤였다고 말했습니다. 전통적인 개발자들의 개발 방식을 바꾸는 것은 아주 어려운 일이었습니다. 에릭 반 데르 스틴 역시 로테르담 IT 부서의 개발자들이 새로운 방식을 시작하길 주저했다고 회고했습니다.[cxxx]

로테르담의 정보 통신 기술 부서는 타 부서 직원과 시민들이 요구하는 사항을 처리하는 데 많은 어려움을 겪었습니다. 새로 시작하는 프로젝트에 할당하는 ICT 프로젝트 예산은 약 30만 유로였으며 기간은 대략 일 년이었죠. 이러다 보니 다른 부서에서는 새로운 애플리케이션을 만들어 달라고 요청하기가 매우 껄끄러워지는 상황이 되었습니다. 직원들은 어쩔 수 없이 자신들의 요구사항을 들어줄 수 있는 외부 개발 업체를 찾기 시작했죠. 이런 상황이 지속되는 것은 바람직하지 못합니다. 변화가 필요하죠.

7.1.2 노코드/로우코드 방식의 채택

에릭 반 데르 스틴과 그의 팀원들 역시 새로운 애플리케이션을 개발하고 배포하는 더 나은 방법이 필요하다고 느끼고 있었습니다. 그래서 에릭은 새로운 개발 방식을 찾기 시작했죠. 애자일 방법론 중에서도 특히 스크럼이 에릭의 눈길을 끌었습니다. 제대로만 한다면 애플리케이션을 개발하고 배포하는 시간을 크게 단축할 수 있을 것이라 생각했죠. 하지만 제대로 된 도구가 없다면 그 어떠한 방법론도 실패하기 마련입니다. 에릭 역시 이 사실을 깨달았으며, 그 덕분에 에릭은 노코드/로우코드 도구 중에서도 특히 멘딕스Mendix에 빠져들게 되었습니다.

2018년 로테르담시는 에릭 반 데르 스틴을 주축으로 한 '빠른 애플리케이션 개발Rapid Application Development(RAD) 팀'을 출범시켰습니다. 그 후 조직 내에서 멘딕스가 자연스럽게 확산되었죠. IT 부서는 마이크로소프트 액세스의 사용을 공식적으로 금지했으며 얼마 지나지 않아 도시 엔지니어링 부서의 직원 한 명이 멘딕스 교육 과정을 수료하고 첫 번째 애플리케이션을 만들었습니다. 결과는 예상 밖이었습니다. 직장 동료들은 큰 충격을 받았고 어떻게 애플리케이션을 만들었는지 궁금해하기 시작했죠. 뒤이어 두 명의 직원이 애플리케이션을 만들기 시작했습니다. 그리고 지금의 공학 부서 직원들은 자신이 필요로 하는 애플리케이션을 직접 만들고 있습니다. 소프트웨어 개발이 전공이 아닌 직원들이 말이죠.

초기 성과는 작아 보였지만, 코로나바이러스로 인한 팬데믹 상황이 전 세계를 덮치면서 노코드/로우코드를 선택한 것이 엄청난 결실을 맺게 됩니다. 팬데믹 상황에서 로테르담시는 감염된 주민들에게 긴급 지원 물품을 제공하기 위한 애플리케이션을 개발했습니다. 도시 자영업자들을 위한 공식 포탈에서는 자영업자들이 금융 지원 요청을 더 쉽게 할 수 있도록 신청 절차를 간소화했습니다. 지역 자영업자 사무국인 RBZ의 시스템과 네덜란드의 신원 확인 시스템을 긴밀하게 연결하여 금융 지원을 신청한 자영업자의 신원을 빠르게 확인하고 관련 주소나 사업자 등록 번호 등을 자동으로 양식에 채워 넣도록 함으로써 신청 절차를 간단하게 만들수 있었죠.

팬데믹 상황에 대응하는 것으로 끝이 아니었습니다. 다른 애플리케이션들도 계속 쏟아져 나왔죠. 로테르담시에는 한 해 평균 약 250만 명의 방문객이 찾아옵니다. 로테르담시에 도착하기 전 방문할 숙소나 집의 호스트가 차량을 등록하지 않으면 벌금을 내게 됩니다. 하지만 로테르담시에서 이전에 사용하던 차량 등록 솔루션은 정말 구닥다리 시스템이었습니다. RAD팀은 멘딕스 파트너사인 맨시스템즈(현 Clevr)와 함께 로테르담 차량 등록 애플리케이션 'Rotterdam Bezoekers Parkeren'을 모바일 기기 네이티브 애플리케이션과 웹 브라우저에서 사용할 수 있는 웹 애플리케이션을 합친 형태의 하이브리드 애플리케이션으로 만들었습니다. 덕분에 한 달 만에 로테르담 사용자의 97%가 애플리케이션을 설치했죠.

RAD는 채택한 방식이 기존에 비해 사용자의 지속적인 업데이트 및 개선 요구사항을 반영하는 데 더 적합하다는 사실을 깨닫게 됩니다. 로테르담시 역시 여기에 만족하지 않고 더 많은 애플리케이션을 개선하기 시작했죠.

2020년에 또 다른 기회가 찾아옵니다. 멘딕스는 자사의 핵심 제품을 페이스북(현 메타)에서 만든 유명한 오픈 소스인 리액트 네이티브로 다시 만듭니다. 멘딕스가 로테르담시의 하이브리드 애플리케이션을 계속 지원해 줬겠지만 그럼에도 RAD 팀은 멘딕스와 발맞추어 진정한 네이티브 모바일 애플리케이션을 만들기로 결정합니다. 이를 위해 리더커크에 위치한 멘딕스 파트너사 JAM-IT과 계약을 맺습니다.

단 6주 만에 로테르담시는 첫 번째 멘딕스 네이티브 모바일 애플리케이션을 선보입니다. 주차 관리자들은 이 애플리케이션을 사용해서 외국 차량이 중복해서 벌금을 부과받는 부당한 경우를 확인하고 조치할 수 있게 되었습니다. 처리 지연이 없어졌으며 사용자는 생체 인증을 통해 자신의 신원을 증명하고 애플리케이션을 사용할 수 있으며 심지어 오프라인 환경에서도 사용이 가능했습니다. 당연히 로테르담시 관계자들의 만족도도 급상승했죠.

7.1.3 결과

지난 4년간 로테르담시는 약 백 개의 애플리케이션을 개발해서 만 오천 명의 직원들과 65만 명의 시민들을 지원할 수 있었습니다. RAD의 솔루션 아키텍트인 레온 스킵퍼는 프로그램의 시작을 회상하면서 '작은 팀으로 시작해서 관리진에 얽매이지 않고 성장할 수 있었다'고 평가하고 바닥부터 시작한 것이 팀에 많은 자유를 안겨주었다고 말했습니다.

하지만 자유롭다고 해서 그 자유를 만끽하도록 내버려 두어서는 안됩니다. 멘딕스와 같은 강력한 노코드/로우코드를 사용하는 경우 제약을 두지 않으면 시민 개발자들이 일관성 없는 애플리케이션들을 만들어 낼 것입니다.

RAD 팀 코디네이터인 마르야 반 더 베어 역시 이런 위험성에 대해 잘 알고 있었습니다. 다양한 애플리케이션 간에 일관된 디자인을 유지하는 것이 중요하죠. 그녀는 디자인 시스템과 스타일 가이드를 만들어서 시민 개발자들이 최대한 비슷한 외형과 느낌을 받을 수 있는 애플리케이션을 개발하도록 만들었습니다. 10장에서도 이와 유사한 주제를 다룰 예정입니다.

북미에서도 로테르담시와 비슷한 일이 일어난 적이 있습니다. 정부 및 공공 분야의 시민 개발자들에게 엄청난 기회가 찾아온 것이죠.

미국 공공부문이 마침내 시민 개발을 받아들이다

– 하워드 램섬. OPEXUS CEO 겸 사례 관리 소프트웨어 분야의 정부 기술 리더

정부는 최근 수년간 운영에 있어서 많은 어려움을 겪고 있으며 팬데믹과 하이브리드 근무 형태로 인해 더 많은 고충을 겪고 있습니다. 정부 분야의 전문가가 은퇴하는 경우는 늘어나지만, 능력 있는 젊은 인재들이 유입되는 수는 줄어들고 있습니다. 2018년 연방 정부 직원 중 약 15%가 은퇴 대상이었습니다. 그리고 2021년, 이 수치는 약 30%까지 치솟았습니다.[cxxxi] 일할 사람은 줄어들지만 업무가 줄어들진 않았습니다. 오히려 더 늘어났습니다. 공공 분야에서의 다양한 요청, 감사, 조사 업무 등은 계속 증가하고 있습니다.

반면 정부 기관에서 사용할 수 있는 기술들은 역사적으로도 끔찍한 수준입니다. 레거시 시스템이나 정부에서 직접 만든 솔루션들, 구닥다리 도구들은 엄청난 양의 최신 데이터를 다루기에는 그 능력이 부족한 실정입니다. 증가하는 작업량과 많아지는 데이터 유형은 관련 작업을

모두 관리하는 것을 불가능하게 만들었습니다.

해결책을 찾아야만 했습니다.

이런 상황은 뒤집어 보면 공공 분야에서 노코드/로우코드 애플리케이션을 채택할 수 있는 엄청난 기회가 있다는 뜻이기도 합니다. 실제로도 일어나고 있습니다. 공공 분야의 시민 개발자들이 드래그 앤 드롭 도구를 사용해서 스프레드시트나 이메일로 승인하고 관리하던 기존 절차들을 자동화하고 있습니다. 기술자가 아닌 직원들이 더 이상 IT 분야에서의 지원이 필요하지 않게 된 것입니다. 정부 기관의 생산성이 향상되고 IT 부서의 부담이 줄어들면서 애플리케이션이나 시스템 개발을 위해 외부 업체와 계약하기 위한 예산을 아낄 수 있게 되었습니다.

7.2 신진 기업가의 신명나는 기업 활동

이번에 소개드릴 사례는 가명을 사용합니다. 시티즌데브의 창업자인 부 트란은 비밀유지계약서에 익명을 사용할 것을 요구했습니다. 드라마 〈베터 콜 사울〉을 보셨다면 아마도 이 이름이 익숙하실 것입니다. 시티즌데브는 4장에서 설명한 로우코드 도구인 버블을 사용했습니다.

7.2.1 상황 및 배경

영업 조직이나 영업 직원에게 미래를 예측하는 것은 그야말로 골칫거리가 아닐 수 없습니다. 당혹스러운 일이죠. 영업에 인력을 너무 적게 배치하면 잠재적인 영업 기회와 매출을 놓칠 수 있습니다. 그렇다고 너무 많이 고용하면 수익이 줄어들게 되죠. 이 간극을 메우기 위해 많은 회사에서는 외부 업체와 계약하거나 제휴 프로그램을 사용하는 등 많은 방법을 동원합니다.

호주의 리셀러 회사 HHM 역시 상황은 마찬가지였습니다. HHM은 재고를 자사와 제휴한 업체에 효율적으로 분배할 수 있는 별도의 커스텀 애플리케이션을 필요로 했습니다. 그래서 2022년 초에 HHM은 재고를 관리하고 업체에 배분할 수 있는 내부 웹 애플리케이션을 만들려고 했습니다.

요구사항을 충족하기 위해 HHM은 필리핀 개발 회사인 웩슬러와 계약합니다. 웩슬러는 [표 3-1]에 따르면 4세대 언어에 해당하는 PHP로 HHM의 애플리케이션을 만들었습니다. 계약 후 약 두 달이 지나서 재고 및 배분 관리 애플리케이션을 출시할 준비를 마쳤습니다. 여기서는 이 애플리케이션을 SOMA(Sales Outsourcing Management App)1이라고 부르도록 하죠.

HHM 직원들은 SOMA1을 사용해 보고 긍정적인 피드백을 내놓았습니다. 회사 창립자인 진 타카비츠는 이 과정에서 새로운 비즈니스 기회를 포착합니다. 분명 HHM과 똑같은 고민을 가진 다른 회사들이 있을 것이라고 생각한 것이죠. SOMA1과 같은 애플리케이션을 위한 잠재적인 시장이 있을까요? 그리고 이런 애플리케이션이 회사의 중요한 수익원이 될 수 있을까요?

타카비크는 웩슬러 개발 팀과 초기 계약한 개발 범위를 확장할 수 있을지 논의했습니다. SOMA1을 보다 일반적인 용도로 사용할 수 있길 원한 것이죠. 웩슬러는 이에 에릭 리스의 베스트셀러인 『린 스타트업』(인사이트, 2012)의 린 방법론을 따라서 최소 기능 제품인 SOMA2를 만들기 시작했습니다. HHM은 완성된 소프트웨어를 먼저 파트너사에 판매하고, 소프트웨어에 대한 반응이 긍정적이면 보다 넓은 대상의 회사에 판매할 계획이었습니다. 웩슬러 역시 이에 동의하였고 HHM과 웩슬러는 프로젝트의 두 번째 단계에 착수했습니다. 기대 반 두려움 반이었죠.

석 달이 지난 후 프로젝트 초기의 열광적인 분위기는 사그라들었습니다. SOMA2는 몇 가지 난관에 봉착하게 되었죠. 우선 웩슬러가 기존의 PHP 코드에 새로운 기능을 추가하기 어려웠다는 점입니다. 향후 기능 추가나 업그레이드, 유지 및 보수가 어려울 것이라 짐작할 수 있는 충분한 이유가 되죠. 더 큰 문제는 웩슬러가 프로젝트에 충분한 자원을 투입하지 않았다는 사실이었습니다. 타카비크는 결국 웩슬러가 HHM과의 계약을 충실히 이행하지 않았다는 이유로 협력 관계를 끝내게 됩니다.

7.2.2 노코드/로우코드로 난관 극복

난관에 봉착했지만 타카비크는 결코 낙담하지 않았습니다. 여전히 SOMA2를 계속 개발하고 싶어 했죠. 그래서 타카비크는 다른 개발 방법을 찾기 시작했습니다. SOMA2는 사용자가 쓰기 쉬우면서도 개발자가 원하는 대로 수정할 수도 있어야 했습니다. 개발 주기가 긴 그 어떤 개발 방법도 적합하지 않았죠.

오랜 시간이 지나 타카비크는 드디어 노코드/로우코드에 도착합니다. 노코드/로우코드 도구를 사용하여 맞춤형 데스크톱 및 모바일 애플리케이션을 만드는 베트남 회사 시티즌데브를 찾은 것이죠. 타카비크는 시티즌데브에게 SOMA2에 대한 자신의 이상이 실현될 수 있는지 물어보았습니다.

시티즌데브의 창업자 부 트란과 타카비크는 여러 번의 만남을 가지고 프로젝트에 대해 토의했습니다. 타카비크는 노코드/로우코드의 중요성에 대해서 강조했지만, 부 트란은 더 중요한 점을 지적했습니다. 바로 웩슬러가 SOMA2를 PHP로 만들었다는 것이죠. 기존의 코드를 계속 사용하는 것은 비용과 시간 낭비일 것이라고 생각한 것입니다.

그래서 부 트란과 타카비크는 SOMA2를 유명한 로우코드 도구인 버블을 사용해서 바닥부터 다시 만들기로 합니다. 타카비크는 버블이 사용하기 쉽고 유연하기 때문에 HHM 고객들이 원하는 기능을 쉽게 추가할 수 있을 것이라고 생각했죠. 트란은 웩슬러 사에 비해 시간과 비용을 훨씬 적게 사용할 것이라고 이야기했지만, 타카비크는 웩슬러 사와의 경험 때문에 이에 대해서는 조금 회의적이었습니다. 너무 비현실적으로 받아들여졌기 때문이죠.

시티즌데브 팀은 SOMA3를 개발하기 시작했습니다. 트란은 HHM 측에 계속해서 개발 과정에 대한 내용을 알려줬으며 타카비크는 이에 깊은 감명을 받았습니다. 실제로도 개발은 타카비크가 생각한 것보다 훨씬 더 빠르게 진행되었죠.

대부분의 경우 고객들은 파트너사가 '무엇'을 만들고 있는지 알고 싶어 합니다. 하지만 타카비크는 트란이 '어떻게' SOMA3를 만드는지 알고 싶어 했습니다. 자기 자신이 어떻게 만들 수 있는지를 배우고 싶어 했죠. 트란 역시 이 점을 적극 수용했습니다. 트란은 타카비크가 시티즌데브 팀의 개발 과정을 면밀히 살펴볼 수 있도록 해주었습니다. 타카비크는 소프트웨어 개발에 대한 기반 지식이 전혀 없음에도 일반적인 노코드 원칙과 버블 사용법을 배울 수 있었습니다.

7.2.3 결과

타카비크는 SOMA3가 불과 한 달 만에 출시 준비를 마쳤다는 것에 크게 기뻐했습니다. 더 좋은 소식은 전체 개발 비용이 트란이 초기 예상했던 것의 1/3 수준에 불과했다는 것입니다. 타카비크는 그저 놀랄 뿐이었죠.

또한 타카비크는 SOMA3가 내부적으로 어떻게 동작하는지를 이해하게 되었습니다. 타카비크 스스로 SOMA3의 중요한 기능까지 변경할 수 있는 수준이 되었죠. 그리고 노코드/로우코드의 의미를 깨닫게 되었습니다. 사실 타카비크는 그 자신의 배경 때문에 스스로 애플리케이션을 만들게 될 것이라고는 꿈에도 생각하지 못했죠. HHM은 SOMA를 대대적으로 홍보했으며 매출이 꾸준히 증가하기 시작했습니다.

7.2.4 향후 계획

트란과 그의 팀은 타카비크와 HMM과 함께 SOMA의 향후 버전에 대한 로드맵을 만들고 있습니다. 타카비크는 아이디어가 넘치고 있으며, SOMA3의 향후 버전에는 작업 및 프로젝트 관리 기능이 추가될 예정입니다. 타카비크는 SOMA3의 궁극적인 형태로 특수한 형태의 CRM 소프트웨어를 생각하고 있습니다.

타카비크 외에도 노코드/로우코드에 대한 비슷한 경험을 하는 사람이 많습니다. 트란은 저와의 2022년 줌 회의에서 이렇게 이야기했습니다.

"많은 고객이 저와 만나기 전에 이미 노코드/로우코드에 대해서 알고 있었습니다. 하지만 실제로 노코드/로우코드가 얼마나 강력한지 알게 되면 깜짝 놀라곤 하죠."

7.3 시너지스 에듀케이션의 성장

애리조나 메사에 위치한 시너지스 에듀케이션은 대학과 협력하여 연계가 잘 되는 유연한 학사 학위 프로그램을 디자인하고 제공하는 회사입니다. 많은 서비스를 제공하고 있으며 그중 하나는 고등교육 기관이 입학 대상 및 재학 중인 학생을 관리하는 서비스입니다. 사실 이런 교육 기관들은 언제 어디서나 적시에 의사소통이 가능하고 서비스를 받을 수 있길 원하죠. 이를 지원할 수 있는 강력한 기술이 없다면 불가능한 일입니다.

제 친구인 로웰 밴드 캠프는 시너지스 에듀케이션의 CIO 겸 수석 보좌관으로 일하고 있습니다. 시너지스에서 가장 많이 사용하는 시스템은 2장에서 소개한 ERP와 CRP의 기능을 모두 제공하는 마이크로소프트 다이나믹스 365라는 CRM이며, 이 제품은 전 세계에서 수만 개의 회사가 사용하고 있습니다.

7.3.1 배경

다이나믹스 365는 SaaS 형태로 마이크로소프트 애저에서 실행됩니다. 물론 시스템이 어디에서 서비스를 제공하는지와 관계없이, 어떤 하나의 제품이 세상의 모든 고객의 요구사항을 완벽하게 만족시킬 수는 없습니다. 상용 소프트웨어를 구매해서 사용하든, 클라우드 컴퓨팅이나 소프트웨어 대여 시스템을 통해 빌려서 사용하든 불만족이 생기는 건 매한가지입니다. 그래서 과거 조직들은 이런 문제를 해결하고자 다양한 방법을 시도했었죠.

- 시스템에 추가 양식이나 필드, 데이터베이스 테이블 등을 추가하여 시스템을 수정합니다.
- 현재 시스템과 과거 사용하던 레거시 시스템을 통합합니다.
- 타사 제품을 구매해서 현재 CRM과 통합합니다.
- 서로 분리되어 있는 시스템과 애플리케이션들을 끝없이 유지보수합니다.

그 어떤 방법도 솔깃해 보이지 않는군요. 하지만 잠재적인 고객 관리나 우수 고객 관리 등을 위해서는 어쩔 수 없는 선택이었죠. 과거 CIO들은 이 네 가지 방법 중 그나마 덜 괴로운 방법을 선택할 수밖에 없었습니다.

반드 캠프는 다이나믹스 365 CRM으로 미처 다루지 못하는 입학 대상 학생과의 상호작용이 얼마나 중요한지 저에게 설명한 적이 있습니다. 입학 대상자와의 상호작용은 기업에서 '면접'이라고 불리는 행위를 중심으로 이루어집니다. 시너지스 콜센터 직원들은 입학 대상자들에게 질문을 통해 자격을 검토하죠. 이렇게 수집한 데이터를 정확하게 평가하고 서비스를 제공하는 고등교육 기관에 전달해야만 합니다.

학교는 대개 입학 대상자들에게 똑같은 질문을 하도록 요구합니다. 재학생들에게도 마찬가지입니다. 이를테면 학사 학위를 받지 못했다면 석사 과정에 지원할 수 없는 것처럼 말이죠. 하지만 이런 질문들은 미묘하지만 확실한 차이점들이 존재하며, 시너지스가 이런 데이터들을 제대로 수집해서 고객에게 적시에 완전하고도 정확한 형태로 제공하지 못한다면 고객들은 시너지스를 떠나게 될 것입니다.

어떻게 해야만 할까요?

7.3.2 파워 앱의 힘

반드 캠프는 자신의 팀이 작지만 아주 강력하다고 생각했습니다. 이 작고 강력한 팀은 시중에서 가장 우수하다고 평가받는 애플리케이션들을 검토했습니다. 원하는 동작은 했지만 두 가지 이유로 애플리케이션을 선택하기가 꺼려졌습니다. 첫째는 라이선스 비용이 있다는 점이었고, 둘째는 마이크로소프트 다이나믹스와 새로운 애플리케이션을 통합하고 장기간 유지 및 보수가 가능한지 확실치 않다는 점이었죠. 반드 캠프는 문제를 더 깔끔하게 해결할 방법이 없는지 고민하기 시작했습니다.

이때 마이크로소프트의 노코드/로우코드 도구인 파워 앱이 등장합니다. 파워 앱을 사용하면 마이크로소프트 생태계 속 제품들을 아주 매끄럽게 연계할 수 있습니다. 마이크로소프트에 따르면 북미 토요타 직원들이 마이크로소프트 파워 앱을 통해 제품 품질 관리부터 코로나바이러스 검사에 이르기까지 약 400개 이상의 애플리케이션을 만들었다고 하는군요.[cxxxii]

반드 캠프는 파워 앱에 흥미를 느끼고 타사 애플리케이션을 구매하는 것을 일단 중단했습니다. 그리고 막 대학을 졸업한 그의 딸 조이를 마이크로소프트 다이나믹스와 파워 앱 교육에 참여시켰습니다. 다른 임원들도 이런 교육 투자를 많이 하면 좋을 텐데 말이죠. 아무튼 조이는 다이나믹스와 파워 앱에 관련된 새로운 지식을 습득하고는 직장에 돌아와서 적용하기 시작했습니다. 얼마 지나지 않아 시너지스의 콜센터 직원들이 학생들과 나눈 대화에서 필요로 하는 정보를 추적하고 수집하는 애플리케이션을 만들 수 있었죠.

이름에서도 알 수 있듯 파워 앱은 시민 개발자들이 독립적으로 실행할 수 있는 강력한 비즈니스 애플리케이션을 만들 수 있는 도구입니다. 하지만 시너지스는 독립적인 애플리케이션 대신 마이크로소프트 다이나믹스 365 시스템과 유기적인 애플리케이션을 만들었습니다. 이 경우에는 애플리케이션이라고 부르기에는 적절하지 않을 수도 있겠군요.

시너지스가 만든 애플리케이션은 기존 CRM 시스템 화면에서 새 탭으로 표시됩니다. 글꼴이나 색, 그 외 외형은 거의 비슷하죠. 콜센터 직원들은 기존과 동일한 CRM 시스템을 계속 사용합니다. 더 좋은 점은 새로운 탭의 양식을 사용하면 마이크로소프트 다이나믹스 365의 비즈니스 로직을 따르며 시스템 전체의 데이터 무결성을 지킨다는 것입니다. 또한 모든 데이터가 같은 곳에 존재하죠. 별도의 데이터베이스를 관리하거나 질의문을 따로 작성할 필요가 없는 것입니다.

7.3.3 결과

별도의 환경에서 애플리케이션을 테스트한 후 시너지스는 동작 중인 다이나믹스 365 시스템에 새로운 파워 앱 애플리케이션을 배포했습니다. 그리고 그 결과는 예상을 뛰어넘었죠.

먼저 데이터 품질과 무결성 관련 문제가 전부 사라졌습니다. 콜센터 직원은 학생들과의 인터뷰 내용을 새 탭의 필수 양식에 채워 넣지 않으면 인터뷰를 끝낼 수 없게 되었죠. 그러다 보니 인터뷰에 대한 책임감도 늘어나게 되었습니다. 또한 어떤 직원이 언제 어디서 무슨 인터뷰를 진행했는지 쉽게 관리할 수 있게 되었습니다. 마지막으로 고객사에 다음 단계로 진행할 수 있는 뛰어난 학생이 누구인지 더 빠르고 정확하게 알려줄 수 있게 되었죠.

믿습니다, 노코드/로우코드.

7.4 가업을 바꾼 노코드/로우코드

1987년에 창립된 다이아모넷 파티 렌탈은 플로리다에서 가족이 운영하는 150명 규모의 회사입니다. 이름에서 짐작할 수 있듯 테이블이나 의자, 천막, 조리 장비 등을 대여하는 사업을 하고 있습니다.

회사 운영을 위해서 최고의 소프트웨어를 구매하고 사용하지만 각 부서 간의 간극이 여전히 존재했습니다. 이를 메우기 위해 직원들은 스프레드시트와 종이 양식을 사용했습니다. 작은 회사에서는 흔히 일어나는 일이죠.

회사의 창립자이자 사장인 카를로스 멜렌데즈는 이런 간극을 계속 방치해 두었다가는 큰 문제가 생길 것임을 잘 알고 있었습니다. 이미 천막 관리 부서 직원들이 천막 재고 정보를 검색하는 데 애를 먹고 있는 상황이었죠. 천막을 담는 가방이나 크기, 천막의 색상 등 필요로 하는 정보를 찾기가 정말 어려웠습니다. 그래서 카를로스는 코로나바이러스가 확산되던 초기에 아들인 찰리에게 회사 천막 재고를 관리하기 위한 데이터베이스를 만들어 줄 것을 부탁합니다. 데이터베이스에 직원이 천막 코드를 입력하면 이에 대한 완전한 정보를 찾아볼 수 있도록 말이죠.

찰리는 아버지가 왜 간단한 스프레드시트가 아닌 데이터베이스를 요구하는지 이해하지 못했지만 카를로스는 사실 자신이 무엇을 원하는지 정확히 알고 있었습니다. 적절한 데이터베이스를 사용하면 스프레드시트에 비해 사용자가 정보를 입력하고 조회하기가 훨씬 더 좋죠. 이에 관련된 더 자세한 내용은 10장에서 조금 더 설명하겠습니다.

7.4.1 천막 정보 관리

찰리는 마이크로소프트 액세스 및 스마트시트, 파일메이커 프로와 같이 쓸 만한 제품들을 찾아보다가 친구의 조언으로 에어테이블을 사용하기로 결정합니다. 천막 관련 데이터가 포함된 파일들을 불러오는 작업을 하다가 번뜩이는 생각이 머리를 스쳐 지나갑니다. 성장 중인 시민 개발자로서 가족이 운영하는 사업에 산재하는 수작업이나 비효율적인 프로세스를 개선할 수 있겠다는 생각이 든 것이죠. 간단한 천막 데이터는 시작에 불과했습니다. 찰리는 두 번째 프로젝트에 대해 고민하기 시작했습니다. 바로 회사에서 운용하는 트럭을 검사할 수 있는 애플리케이션을 만드는 일입니다.

7.4.2 트럭 고장 및 손상 관리

다이아모넷의 물류 트럭은 운행 도중 지속적으로 손상이 되었습니다. 운전사들이 트럭을 공유하기 때문에 어떤 운전사가 손상을 야기했는지는 알 수 없었습니다. 작은 찌그러짐이나 긁힘은 몇 주가 지나서야 알아차리는 경우도 있지만 그 시점에는 누구 때문에 이런 문제가 생기는지는 알아내기가 거의 불가능했죠. 찰리는 "운전사들은 말이 없어요. 그 누구도 '내가 나무에 차를 박았어요!'라고 하지는 않잖아요."라고 토로했습니다. 그리고 차량 수리 회사는 수리 비용으로 천 달러 이상을 청구하기도 했습니다.

그래서 다이아모넷은 [그림 7-1]과 같은 다이아모넷의 트럭에 각각을 식별할 수 있는 QR 코드를 부착했습니다.

트럭 운전사들이 운행 전에 자신의 스마트폰으로 트럭의 QR 코드를 스캔하면 어떨까요? 그러면 찰리는 애플리케이션을 통해 운전사의 이름과 운행 일자 등 관련 정보를 수집할 수 있을 것입니다. 이론적으로는 다이아모넷의 문제를 해결할 수 있을 것이라 생각했죠.

찰리는 회사로 가서 에어테이블 베이스와 양식을 만들고 이를 각 트럭의 QR 코드와 연결했습니다.

그림 7-1 다이아모넷의 트럭(출처: 찰리 멜렌데즈)

운전사가 트럭의 QR 코드를 스캔하면 차량 정보와 상태에 대한 설문 등이 포함된 에어테이블 양식이 화면에 나타납니다. 운전사는 시간을 낭비할 필요가 없고 중복된 데이터를 입력하지 않기 때문에 오류가 발생할 일도 없었습니다. 찰리는 개발에 대략 하루나 이틀 정도를 소요했습니다.

양식이 화면에 뜨면 운전사는 화물칸의 청결도, 타이어 상태, 트럭 손상 정도와 같은 일련의 질문에 답하게 됩니다. 또한 운행을 종료하고 복귀하면 운전사가 트럭의 사진을 찍어서 올리도록 했습니다. 트럭 사진은 추후에 차량에 발생한 손상에 대한 조사가 필요할 때 요긴하게 사용할 수 있죠.

에어테이블 애플리케이션은 다이아모넷 운전사가 트럭의 손상이나 불결한 화물칸, 타이어 문제 등을 보고하면 즉시 찰리에게 알림을 보냈습니다. 그러면 찰리는 몇 번의 마우스 클릭만으로 해당 트럭의 과거 기록을 조회해 볼 수 있었습니다. 예를 들어 운전사 스튜어트가 화요일에 트럭 손상을 보고했다면 일요일과 월요일에 해당 트럭을 운전한 피터나 크리스가 동일한 문제를 보고했는지 확인할 수 있죠.

애플리케이션을 도입한 이후 불량 운전자를 찾기가 더 쉬워졌습니다. 에어테이블 애플리케이션을 만든 지 2년이 지났지만 그간 애플리케이션을 단 한 번도 수정하지 않았다고 하는군요. 찰리는 이제 이 애플리케이션이 다이아모넷의 소중한 도구라고 말합니다.

하지만 이게 전부가 아닙니다.

7.4.3 운전사와의 소통

찰리는 회사의 더 큰 문제를 해결하려고 했습니다. 바로 회사 운전사들에게 운행 일정을 알려주는 것이었습니다. 그때까지 다이아모넷의 직원들 중 거의 절반은 예정된 일정을 지키지 않았습니다. 도착해야 하는 시간보다 4시간이나 늦게 도착하기도 했죠. 기존 방식대로 80여 명의 직원들과 의사소통하는 것은 그야말로 악몽이었습니다. 회사를 설립한 이래 약 30년간 회사는 일정을 음성 메시지로 녹음하고 화물 관리 직원 및 운전사들이 지정된 전화번호로 전화해서 음성 메시지를 듣는 방식으로 의사소통해 왔습니다. 직원들은 최소 하루 전날 밤까지 음성메시지를 듣고 일정을 확인해야 했죠. 서버 통신 방식으로 따지면 서버가 클라이언트에게 정보를 전달하는 푸시 방식이 아닌, 클라이언트가 원하는 정보를 서버에서 받아 가는 풀 방식인 셈입니다.

매일 약 80명의 직원 일정을 90초가량의 음성 메시지에 녹음해서 전달하는 것은 정말 힘든 일입니다. 음성 메시지 자체에도 시간제한이 있었기 때문에 음성 메시지를 녹음하는 사람은 일정을 정말 빠르게 말해야 했습니다. 녹음 도중 오류가 발생하거나 90초 시간제한을 초과해서 음성 메시지를 다시 녹음하는 일도 비일비재했습니다. 심지어 고생해서 녹음한 음성 메시지를 직원들이 전화해서 확인하지 않고 다음 날 일정에 변화가 없을 것이라고 생각하고 무시하는 경우도 많았습니다.

다이아모넷의 트럭 운행이 지연된 어느 날, 찰리는 화물 관리자에게 무슨 일이 생긴 것인지 물어보았습니다. 운전사 중 한 명인 데이비드가 예정된 시각인 오전 6시가 아닌 오전 8시에 도착해서 이후 트럭 일정이 전부 지연된 것임을 알게 되었습니다. 데이비드는 그 전날 음성메시지를 확인하지 않아서 도착 시각이 오전 6시로 변경된 것을 알지 못하고 원래 알고 있던 8시까지 본사에 도착한 것입니다.

1992년도였으면 이런 수작업이 다이아모넷이 할 수 있는 최선의 방법이었을 것입니다. 하지만 지금은 노코드/로우코드 덕분에 이를 얼마든지 개선할 수 있는 시대가 되었죠. 이전의 애플리케이션 성공으로 자신감을 얻은 찰리는 일정 관련 소통 문제를 해결해 보고자 했습니다. 찰리는 음성 메시지를 확인하는 대신 매일 밤 변경된 일정 등을 포함한 운전자 맞춤형 메시지를 보내는 애플리케이션을 만들기 시작했습니다.

약 일주일의 시간이 지나고 시스템이 완성되었습니다. 운전사 및 화물 관리 직원들은 자신이 원하는 언어로 작성된 맞춤형 메시지로 일정 정보를 받게 되었습니다. 일정에 혼란을 빚을 수 있는 모든 문제를 해결한 것이죠. 2022년 6월까지 이 맞춤형 메시지 전송 시스템은 장애 없이 수만 건의 일정 관련 메시지를 직원들에게 전송했습니다.

7.4.4 결과

노코드/로우코드 도구와 호기심 많은 시민 개발자가 다이아모넷의 많은 수작업들을 자동화했습니다. 찰리는 이 과정에서 시장에 아주 큰 기회가 있음을 깨닫고 2021년 1월 독립해서 자신만의 회사를 세웁니다. 지금은 스웨덴에서 아내와 함께 살면서 에어테이블 전문 시민 개발자로서 일하고 있습니다.

사실 이외에도 무궁무진한 노코드/로우코드 활용 사례가 있지만 지면 관계상 여기에서 마칠까 합니다. 또 다른 사례가 궁금하시다면 추가로 켄터키 파워 사가 앱시트를 활용한 사례도 한번 읽어 보시길 바랍니다.[cxxxiii]

7.5 정리하기

- 로테르담시는 시민의 요청에 부응하기 위해 멘딕스를 활용한 백 가지 이상의 애플리케이션을 개발했습니다.

- 영세 시민 개발자 회사는 버블을 활용해서 고객의 맞춤형 CRM을 관리할 수 있는 강력한 애플리케이션을 만들었습니다.

- 교육 관련 회사는 마이크로소프트 제품군들과 노코드/로우코드 도구를 활용하여 기존의 코드를 수정하지 않고도 핵심 시스템을 더욱더 강력하게 만들 수 있었습니다.

- 젊고 영리한 시민 개발자가 에어테이블을 사용해서 수십 년간 이어져 온 기업의 수작업들과 불편한 점들을 모두 자동화할 수 있었습니다.

CHAPTER 8

시민 개발 접근법

"당장 써먹을 수 있는 도구를 사용해서 일해라. 그러다 보면 더 좋은 것을 찾게 될 것이다."

– 나폴리언 힐

눈치채셨겠지만 노코드/로우코드나 시민 개발에 대한 일반적인 방법론은 없습니다. 이런 노코드/로우코드 도구의 유연함 덕분에 조직이나 회사는 아주 다양한 방법으로 시민 개발을 하고 있습니다.

이 장에서는 가장 일반적인 여섯 가지의 시민 개발 관리 철학과 각각의 장단점을 살펴볼 것입니다. 다만 이런 철학들은 언제든지 변할 수 있으며 절대적인 것이 아니라는 점만 유념하시기 바랍니다. 새로운 관리자나 예산 제한, 보안 이슈, 그 외 다양한 요인으로 인하여 언제든지 바뀔 수 있습니다.

8.1 올-인: 단일 업체 방식

7장의 시너지스 에듀케이션이 이 방식을 사용했죠. 시너지스는 마이크로소프트 제품군을 선택했지만 오라클이나 SAP와 같은 다른 제품군을 사용할 수도 있습니다.

| 장점 |

단일 업체의 제품군만 사용하는 경우 여러 가지 이점을 얻을 수 있습니다.

그중 가장 큰 장점은 저렴한 비용과 관리의 단순함이죠. 나머지 조건이 모두 동일하다면, 하나의 공급 업체에 매달 비용을 지불하는 것이 서로 다른 열 개의 업체에 1/10 비용을 매달 각각 지불하는 것보다 더 저렴합니다. 그리고 열 개의 업체에 비용 처리를 하는 수고로움도 해결되겠죠. 그다음으로 생각해 보아야 할 것은 해당 업체를 사용해도 될지에 대한 생각과 공급 업체의 안정성입니다. 이런 측면에서 마이크로소프트는 어디에 내놓아도 부끄럽지 않은 선택이죠.

인간의 골반은 그 자신의 다리뼈와 자연스럽게 연결되고 서로 맞물려서 움직입니다. 다른 사람의 다리뼈와 내 골반이 유기적으로 연결되지는 않죠. 단일 업체의 애플리케이션들도 이와 마찬가지로 생각할 수 있습니다. 단일 업체의 제품들은 큰 노력을 들이지 않고도 유기적으로 연결하고 사용할 수 있습니다. 타사 제품을 사용해서 자동화를 구현하거나 상호작용을 만들 필요가 없죠. 특히 보안 문제를 신경 써야 하는 CIO들에게 단일 업체 제품군을 사용해야 한다는 말은 그야말로 감미로운 음악처럼 황홀하게 들릴 것입니다.

4장에서도 설명했지만 각 노코드/로우코드 도구들의 종류와 유형은 아주 다양하고 넓기 때문에 실제 사용할 때 무엇을 선택해야 하는지 혼란을 느낄 수 있습니다. 소규모 조직의 그다지 많지 않은 요구사항을 전부 충족시킬 수 있는 노코드/로우코드 도구는 많지 않으며, 중소 또는 대기업의 요구사항을 만족시키는 도구는 더더욱 드뭅니다. 이런 경우 오라클 APEX나 마이크로소프트 파워 앱, SAP 앱가이버와 같은 단일 업체 제품군은 아주 매력적인 선택이 될 수 있죠. 서로 다른 부서나 팀이 자신들이 선호하는 도구 때문에 서로 충돌하는 경우도 줄어듭니다. 서로 다른 도구들을 사용하면 아마도 직원들끼리 이런 이야기를 나누지 않을까요?

> **인사팀 해리**: 이메일로 의사소통하는 게 너무 힘들어서 우린 팀 내 소통이나 협업을 위해서 슬랙을 쓰고 있지.
> **연구팀 레니**: 오. 우리는 마이크로소프트 팀즈를 쓰고 있는데.
> **법무팀 래리**: 우린 이메일만 써. 슬랙이나 팀즈 따윈 안 써.

단일 업체의 제품군을 사용한다고 해서 직원이나 팀, 또는 부서에서 자신들이 선호하는 도구를 쓰지 못하면 실망하게 될까요? 그렇지 않을 것입니다. 다른 도구들도 충분히 강력하거든요. 또한 제품 지원을 쉽게 받을 수 있다는 큰 장점도 있습니다. 마이크로소프트에서 적절한 지원을 받기 위한 이메일 또는 전화번호를 찾는 것이 어려울 수는 있지만 어쨌든 존재는 합니다. 하지만 서로 다른 업체의 도구들을 사용한다면, 지원받는 것 자체가 어려울 수 있겠죠.

| 단점 |

단일 업체 제품을 사용하는 것이 당연히 장점만 있는 것은 아닙니다. 우선 업체에 종속되는 문제가 있습니다. 마이크로소프트 파워 앱을 쓰다가 오라클 Apex 또는 그 반대로 옮기게 된다면, 아주 많은 난관에 부닥치게 될 것입니다. 약 25년간 워크플레이스 기술들을 다루면서 배운 것 중 한 가지는 대부분의 업체들은 비기술 사용자들이 자신의 시스템이나 애플리케이션, 데이터베이스에서 데이터를 가져가기 쉽게 만들지 않는다는 점입니다. 여러분이 만든 커스텀 애플리케이션을 새로운 노코드/로우코드 도구로 옮겨주는 마법의 버튼 따위도 존재하지 않죠. 이런 이유로 특정 업체에 종속되는 경우는 고민이 필요한 문제입니다.[cxxxiv]

다른 조직이나 회사에서 온 직원들은 이전에 사용하던 애플리케이션의 중요한 기능들을 더 이상 사용하지 못할 수 있습니다. 아주 빡빡한 최근 고용 시장에서는 극단적인 경우 자신이 사용하던 도구를 더 이상 쓸 수 없다는 이유로 이직이나 채용을 거부하는 경우도 발생합니다.[cxxxv]

마지막으로 단일 업체 제품을 사용하는 것은 양날의 검과 같습니다. 쥐는 코끼리보다 재빠릅니다. 덩치가 큰 대형 소프트웨어 개발사는 혁신적인 기능을 자사 제품군에 도입하는 데 주저하거나 그 시간이 오래 소요되는 편입니다. 여기 한 가지 일화를 들려드리죠.

> **1년이나 지나서 슬랙을 따라잡은 마이크로소프트**
> 팬데믹 상황이 계속되면서 줌이 아주 큰 인기를 얻게 되었습니다. 온라인에서 동시에 미팅을 진행하는 것을 좋아하는 사람이 많지는 않았지만, 천 단어짜리 글을 읽느니 미팅을 하겠다는

사람이 더 많았기 때문이죠. 그래서 2021년 9월 21일 슬랙은 클립이라는 기능을 출시합니다. 클립은 사용자가 슬랙만을 사용해서 동영상을 녹화하고 슬랙을 사용하는 다른 사용자가 이를 원할 때 볼 수 있도록 하는 기능입니다. 물론 이런 기능을 슬랙이 처음 만든 것은 아니고, 이전에도 다른 애플리케이션이 많이 지원하는 기능이었죠.

하지만 클립이 도입되자 많은 사람은 참석해야 하는 온라인 화상 회의나 미팅이 줄었다는 것만으로도 환호했습니다. 사람들은 클립을 많이 사용했으며 이는 유사 제품인 마이크로소프트 팀즈의 눈에도 띄었습니다. 그리고 거의 일 년이 지난 2022년 8월 10일 마이크로소프트는 클립의 유사 기능을 발표합니다.[cxxxvi] 슬랙은 마이크로소프트보다 작은 회사이긴 하지만, 그렇다고 소기업 규모는 아닙니다. 2020년 7월 세일즈포스에 인수되었으니까요.

이 외에도 많은 예시를 찾아볼 수 있습니다. 전 10년 넘는 세월 동안 애플의 팬을 자처하는 사람이었지만, 그렇다고 눈과 귀를 닫은 것은 아닙니다. 애플은 확실히 다른 제품에서 사용자들이 좋아하고 즐겨 사용하는 기능들을 자사 제품에 추가하는 데 시간이 오래 걸립니다. 예를 들어 다른 채팅 애플리케이션에서 지원하는 메시지 편집 기능의 경우 iOS에는 최근에야 반영되었죠. 그 외에도 일반적으로 보았을 때 작은 크기의 소프트웨어 개발 회사들이 큰 회사에 비해 더 혁신적인 기능을 좀 더 빨리 도입하는 경향이 있습니다. [그림 8-1]에서 왜 이런 일이 벌어지는지 설명하고 있습니다.

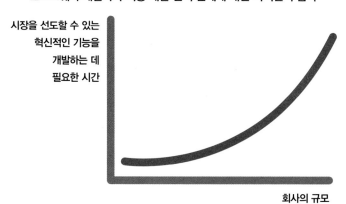

그림 8-1 소프트웨어 개발사와 기능 개발 간의 관계에 대한 사이먼의 법칙

8.2 일단 해 보자: 스컹크웍스 방식

두 번째 방식은 기업의 경영진들이 노코드/로우코드 도구를 잘 알지 못하거나 최소한 무엇부터 시작해야 할지 잘 모른다는 확신으로부터 시작합니다.

| 장점 |

이 접근 방식은 기업이 제대로 된 노코드/로우코드 도구를 고를 수 있는 시간을 벌 수 있다는 장점이 있습니다. 몇몇 도구들을 사용하다 보면 어느 한 도구가 반드시 두각을 나타내기 마련입니다. 그리고 경영진이 해당 도구를 공식적으로 승인하게 되면 경영진에 대한 직원의 신뢰도 높아지죠. 올바른 지도력은 특정 도구를 쓰라고 강요하는 것이 아닙니다. 도구에 대한 충분한 사전 검증 과정을 거치면 직원들 간에 어떤 도구를 사용할지 다투게 되는 갈등도 줄어듭니다.

| 단점 |

사 보기 전에 미리 해 보는 것은 작은 규모에서나 가능합니다. 그리고 일부 직원들은 미리 해 보는 것이 잘못된 길로 빠지게 되는 이유로 보는 경우도 있고요. 이를테면 코다나 알마낙으로 아주 멋진 애플리케이션을 만든 직원들이 단지 높으신 분의 한마디 때문에 애플리케이션을 전부 버리고 노션으로 새로 만들어야 한다는 사실에 분노할 수 있는 것이죠.

또한 서로 다른 조직이나 부서 간에 어떤 도구를 사용할지 합의하는 것 자체가 드문 일입니다. 에어테이블을 사용하자고 주장하는 쪽은 스마트시트를 잘 쓰고 있는 다른 부서와 배척관계에 놓일 수 있죠. 마지막으로 일부 직원들은 나중에 공식적인 도구로 선정되지 않을 수 있는 도구로 만든 베타 애플리케이션을 사용하기 싫어할 수도 있습니다.

8.3 엄선한 업체들: 분야별 최강자를 조합해서 사용

선택할 수 있는 노코드/로우코드 도구들이 늘어가는 만큼, 쓸 만한 도구들을 목록으로 정리하는 조직이나 부서들도 점차 늘어나고 있습니다. 신뢰할 만한 도구나 업체를 미리 고르고 나중에 필요하면 기업용 라이선스를 구매하는 것이죠. 메리 브랜스컴이 CIO.com에 기고한 글에 따르면 일부 대기업들은 개별 부서나 비즈니스 단위로 팀 또는 소수 직원을 지원하고 있다고 합니다.[cxxxvii] 어쨌든 IT는 승인한 노코드/로우코드 도구들을 사용하는 시민 개발자들과 애플리케이션들을 계속 지원할 테고요.

| 장점 |

우선 대형 회사의 제품군을 사용하는 것에 비해 시민 개발자들이 더 강력하고 새로운 기능을 좀 더 빨리 사용할 수 있습니다. 그리고 단일 업체 제품을 사용해야한다는 제약이 없기 때문에 너무 많은 도구로 인한 혼란과 도구 자체로 인해 발생하는 부담 없이도 더 좋은 선택을 할 수 있죠. 그 어떤 방법을 사용해도 업체에 대한 의존성이 생기는 것을 피할 수는 없지만, 적어도 이 방법을 사용하면 최대한 줄일 수는 있습니다. 조직이나 부서가 특정 한 업체에 종속되지는 않으니까요.

| 단점 |

반면 개별 직원이나 그룹, 부서나 조직은 사용하던 도구가 목록에 포함되지 않았다는 점 때문에 불만이 생길 수 있습니다. 그리고 가격적인 측면에서도 단일 업체에 비용을 지불하는 것이 서로 다른 네 개의 도구 사용 비용을 네 개의 업체에 지불하는 것보다 싼 편이죠. 사용하는 노코드/로우코드 도구의 가짓수가 많아지는 만큼 보안 문제도 많아집니다.

상호운용성이 문제가 되기도 합니다. 상호운용성을 끌어올리기 위해 추가로 재피어나 IFTTT, 메이크와 같은 별도의 자동화 도구를 추가 구매해야 할 수도 있죠. 그리고 SAP나 오라클, 구글, 마이크로소프트와 같은 대기업에 비해 규모가 작은 회사는 사라지거나 다른 회사에 인수 합병될 가능성도 큽니다.

마지막으로 규모가 큰 조직이나 회사에서 이 방식을 사용하려면 공식적인 거버넌스가 확립되어야만 합니다. 시민 개발에 대한 정책을 우선 수립하고 실행할 필요가 있죠. 이 과정에서 여러 갈등이 빚어지고 관리적 절차나 제한이 만들어질 수 있습니다. 시민 개발자들의 개발 열의를 꺾고 애플리케이션 개발 흐름을 방해할 수 있는 일이죠.

8.4 자유방임

이전까지 소개한 방식들이 계획적이고 신중한 접근방법이라면, 제목처럼 이 방법은 정반대의 방식입니다.

| 장점 |

가이드라인이나 거버넌스가 없기 때문에 직원이나 그룹, 부서, 팀 등은 원하는 도구를 마음대로 사용할 수 있습니다. 이론적으로는 말이죠. 직원들은 원하는 기능이 출시될 때까지 몇 달이나 몇 년씩 기다릴 필요가 없으며 원하면 다른 도구로 얼마든지 바꿀 수 있습니다.

시민 개발자들은 이런 환경에서는 원하는 도구를 마음껏 사용해서 만들고 싶은 애플리케이션을 개발할 수 있습니다. 이런 경우 IT 부서는 부각되지 않으며 직원들도 IT 부서에 요청을 덜 보내게 됩니다.

| 단점 |

이 방법은 대개 합리적이지 않은 방식이 됩니다. 조직이나 부서 내부의 혼란과 불화가 거의 필연적으로 야기됩니다. 결과적으로 조직 등에 커다란 보안 문제를 야기하기도 하죠. 그리고 원하던, 또는 필요로 하던 기능들이 소리소문없이 사라지

는 경우도 많습니다. 여러 조직의 사람들이 같은 업체의 소프트웨어 라이선스를 제각기 구매해서 돈을 낭비하는 것을 회계 담당자가 발견하고 소리를 지르는 경우도 발생합니다.

8.5 기다리고 지켜보기

시민 개발이 급속도로 확산되고 있긴 하지만 아직 완전히 자리 잡지는 못했습니다. 성숙했다고 보기는 어려운 상태이죠. 그래서 보수적인 기업들은 시민 개발에 뛰어들기보다는 지켜보는 입장을 고수하는 경우가 많습니다.

| 장점 |

이론적으로는 수년의 시간이 지나고 나면 조직이나 기업이 최선의 노코드/로우코드 도구를 선택할 수 있습니다. 그때가 되면 노코드/로우코드 시장이 훨씬 성숙해 있을 테고, 이상한 논리에 휘둘리지 않을 것이니까요. 그리고 시민 개발자들도 자주 바뀌는 도구 때문에 애플리케이션을 새로 만들 일도 없을 것입니다. 그리고 직원들이 애플리케이션을 만들거나 만든 애플리케이션을 쓰지 않는 상황에서 노코드/로우코드 도구를 구입하는 비용을 정당화하기도 어렵습니다.

| 단점 |

아주 조심스러운 접근 방법이기 때문에 그에 상응하는 단점도 있습니다. 특히 노코드/로우코드를 사용하지 않음으로써 발생할 수 있는 이른바 비활동 비용에 신경 쓸 필요가 있습니다. 먼저 기술 동향에 민감한 젊은 직원들을 중심으로 불만이 생길 수 있습니다. 그리고 이는 회사 전체에 좋지 않은 영향을 미칠 수 있죠. 많은 회사의 경영진들은 직원들이 일을 더 쉽게 할 수 있고 새로운 기술적 욕구를 충족시킬 만한 적당한 도구를 잘 제공하지 않는 편입니다. 그리고 IT 부서는 기존과 마찬가지로 기존의 애플리케이션 또는 시스템의 개선이나 유지보수 및 새로운 애플리케이션에 대한 끝없는 요청 사항을 직접 처리해야만 합니다. IT 부서에 몰리는 요청 때문에 대기 시간이 길어질수록 직원의 생산성과 사기도 떨어지게 됩니다.

8.6 전면 금지

마지막 방법은 말 그대로 시민 개발을 전면 금지하는 것입니다. 물론 '아무것도 하지 않는다'는 좀 더 부드러운 표현을 사용할 수도 있지만, 아무것도 하지 않는 것에 대한 제 경고의 의미로 받아들이시는 편이 좋습니다.

어떤 조직이나 기업은 의도적으로 노코드/로우코드 사용을 영구적으로 금지할 수 있습니다. 이런 회사의 경영진들은 아마도 마이크로소프트 오피스 제품군만으로도 회사의 모든 일을 처리할 수 있다고 믿는 것이 틀림없습니다. 직원들은 생산성을 높이기 위해 스스로 애플리케이션을 만들면 안 됩니다. 정말 필요하다면 IT 부서에 구매 또는 지원을 요청하고 기다리세요. 정말 이것보다 무언가를 더 하면 안 됩니다.

만약 저라면 저런 회사에서는 절대 일하지 않을 것입니다. 그리고 이런 생각을 하는 것은 세상에 저만 있는 것은 결코 아닐테고요.

8.7 정리하기

- 조직이나 기업은 아무것도 하지 않는 것을 포함해서 다양한 노코드/로우코드 정책이나 전략을 수립할 수 있습니다.
- 각 접근 방식은 서로 다른 장단점을 가집니다. 하지만 일반적으로 스타트업이나 소기업에서는 엄격한 접근 방식이 통하지 않는 편입니다.
- 단일 업체 제품군을 사용하는 방식이 다른 방식에 비해 애플리케이션 통합 측면에서 가장 유리합니다. 반면 특정 분야에서 가장 뛰어난 노코드/로우코드 도구가 제공하는 핵심 기능을 포함하지 않거나, 반영하려면 수년의 시간이 소요될 수도 있습니다.

CHAPTER 9

노코드/로우코드 도구를 평가하는 방법과 배우는 법

"미래는 오늘 미래를 준비하는 자의 것이다."

– 말콤 X

오늘날 노코드/로우코드 시장은 보는 관점이나 역할에 따라서는 축복일 수도 있고 저주일 수도 있는 상황입니다. 그만큼 복잡하고 다양한 제품들이 쏟아져 나와 있죠. 이 장에서는 이러한 노코드/로우코드 도구들을 어떻게 평가하며 사용할 도구를 배우는 방법에 대해서 알아보겠습니다.

9.1 노코드/로우코드 도구 평가하기

노코드/로우코드가 왜 좋은지는 익히 들어왔을 것입니다. 노코드/로우코드로 다양한 미디어와 컴포넌트들을 조합한 대형 문서나 위키를 만들 수 있죠. 하지만 그렇다고 꼭 노션이나 코다, 알마낙, 마이크로소프트 루프와 같은 도구들을 배우고 써야 할까요? 사용하는 도구가 많을수록 시간도 부족해지는 법이죠. 그래서 도구를 선택하고 사용하기 전 다음의 사항을 고민해 보는 것이 좋습니다.

9.1.1 회사의 노코드/로우코드 철학

7장에서 다룬 시너지스 에듀케이션의 CIO는 마이크로소프트를 단일 업체로 선정하는 결정을 내렸습니다. 8장에서 소개한 노코드/로우코드 관리 철학 중 첫 번째 철학을 선택했다는 뜻이기도 합니다. 이런 상황에서 노코드/로우코드 도구를 선택하는 것은 쉽습니다. 마이크로소프트가 제공하는 도구라면 시너지스의 시민 개발자들은 도구를 사용할 수도 있고 안 할 수도 있습니다. 제공하지 않는 도구라면 사용하지 않거나 사용하지 '못할' 수 있죠.

대부분의 경우에는 각 분야에서 가장 좋은 노코드/로우코드를 사용하는 철학을 채택합니다. 제각기 다른 도구들을 한데 묶어서 사용하기가 점점 쉬워지고 있기도 하고요. 따라서 회사가 단일 업체 제품을 사용하는 것이 아니라면, 아마도 가장 강력한 도구를 선택해서 사용하게 될 것입니다. 물론 실수를 피하기 위해서 신중하게 고민할 필요는 있겠죠.

9.1.2 기본적인 비즈니스 요구사항

아인슈타인은 문제를 풀기 위한 시간이 한 시간 주어진다면 이 중 55분은 문제를 생각하는 데, 그리고 5분은 문제를 해결하는 데 쓴다고 알려져 있습니다. 아인슈타인이 정말 이렇게 문제를 해결했는지에 대한 객관적인 증거는 없지만[cxxxviii], 한 번쯤은 생각해 볼 만한 이야기입니다. 경험이 많은 웹이나 애플리케이션, 데이터베이스, 풀스택 개발자라면 새로운 프로젝트를 시작하기에 앞서 스스로에게 다음과 같은 질문을 던질 테니까요.

- 이루고자 하는 목표는 무엇인가?
- 어떤 비즈니스 문제를 해결하려고 하는가?
- 제약 조건은 무엇인가?

스티븐 코비의 표현을 빌리자면 개발자들은 목표를 먼저 생각합니다. 개발자들은 코드를 작성하거나 실제 일에 뛰어들기 전 가능한 한 목표가 무엇이며 어떻게 이에 도달할 수 있을지를 먼저 고민합니다. 물론 개발자가 만능은 아니기 때문에 이런 목표에 도달하기 위한 최적의 방법이나 프레임워크 등이 무엇인지 알 수 없을 때도 많습니다.

시민 개발자들도 이런 점을 배우는 것이 좋습니다. 모든 노코드/로우코드 도구가 동일하게 모든 것을 다 잘할 수 있다고 생각하면 안 됩니다. 가장 기본적인 질문을 하지 않고 일을 시작하게 되면 정말 거짓말 같은 일이 일어날 수도 있습니다. 그리고 몇 시간이나 며칠, 혹은 몇 주나 몇 달이 지나고 나서야 무슨 실수를 저질렀는지 깨닫게 되죠. 애당초 사용한 노코드/로우코드 도구가 이런 이유로 하고자 하는 일과 잘 맞지 않은 도구라는 사실을 알게 될 것입니다.

- 지금으로서는 할 수 없는 일인 경우
- 특히 잘 맞지 않는 일인 경우
- 별도의 월간 구독료를 지불해야 사용할 수 있는 다른 업체의 통합 도구를 사용해야만 하는 경우
- 어떻게 작성하는지 잘 모르는 특별한 코드를 써야만 할 수 있는 일인 경우
- 그 외 어떤 도구를 어떻게 사용하더라도 해결할 수 없는 일인 경우

현명한 계획과 결정은 비단 애플리케이션 또는 시스템 개발뿐 아니라 노코드/로우코드 도구로 만드는 애플리케이션에도 아주 중요합니다.

9.1.3 비용 문제

여러분에게 새 차가 필요해서 람보르기니 우루스를 시험주행 하기로 했습니다. 시승해 보니 차가 너무나 마음에 들었지만 곧 자동차 가격이 여러분의 예산에서 한참 벗어난다는 사실을 깨닫게 됩니다(아닐 수도 있고요). 정말 실망스럽겠죠. 조금만 검색해 봤어도 이런 일은 일어나지 않았을 텐데 말이죠.

노코드/로우코드 도구에도 같은 일이 일어날 수 있습니다.

경영진이나 부서 또는 팀의 비용 지불 의사

업체에서 무료로 제공하는 노코드/로우코드 도구만으로 원하는 일을 해결할 수도 있습니다. 하지만 무료 버전은 기능이나 데이터의 양, 사용자 수 등이 제한되기 때문에 무료 버전만 사용하기에는 힘든 경우가 더 많죠.

그래서 무료 버전의 도구를 사용하다가 특정 시점에 되면 다른 구독 방식으로 업그레이드해야 할 필요가 생깁니다. 이 경우 여러분들의 팀이나 관리자, 혹은 부

서, 회사에서 구독 비용을 지불할 수 있는 여유가 있는지 확인해야 합니다. 소프트웨어가 아무리 좋아도 구매 또는 구독 비용이 예산을 초과한다면 사용할 수 없죠. 사용할 수 없는 소프트웨어를 테스트하고 배우는 것은 그만한 가치가 있을지 먼저 고민해 볼 필요가 있습니다.

팀 또는 부서에서 어떤 노코드/로우코드 구독 비용을 이미 지불하고 있다면, 비슷한 다른 도구를 또 구매하기는 힘듭니다. 이를테면 클릭업을 사용하는 팀은 먼데이닷컴을 또 구독하기는 힘들죠. 둘은 차이점보다 유사점이 더 많으니까요. 말이 나온 김에 고민해야 할 다른 비용 문제도 살펴보죠.

회사에서 이미 다른 비슷한 도구를 구매 또는 구독했는지 여부

여러분이 강력하고 유연하며 확장성이 뛰어난 에어테이블을 애용한다고 가정해 보겠습니다. 하지만 여러분의 회사는 구글 워크스페이스 스위트에 이미 매달 비용을 지불하고 사용하고 있습니다. 구글 테이블은 확실히 에어테이블의 모조품이라 할 수 있습니다.ᶜˣˣˣⁱˣ 에어테이블로 할 수 있는 일의 대략 85%쯤을 구글 테이블로도 할 수 있다고 생각해 보죠. 그럼 에어테이블을 추가로 구독해야 할까요? 구매하지 않고 에어테이블 무료 버전을 계속 사용할 수도 있지만, 그럼 IT 부서에서는 여러분이 구글 테이블 대신 에어테이블을 사용한다고 불평할 수도 있습니다.

에어테이블뿐만이 아닙니다. 노션도 아주 유연하고 훌륭한 도구이지만, 마이크로소프트 루프도 비슷하게 좋은 도구입니다. 더군다나 루프는 다른 마이크로소프트 365 제품군들과 잘 어우러지죠. 노션은 루프만큼 어울리기는 힘들겠죠.

해당 도구 업체의 자금 지원 상황

여러분이 어떤 도구를 사용해서 아주 멋진 비즈니스 애플리케이션을 만들려고 하는데, 그 도구를 만든 업체가 파산 위기에 놓여 있다면 어떻게 하시겠습니까? 만들기 전에 이런 사실을 알게 된다면 그나마 다행이겠죠. 이런 문제에 대한 대답은 간단명료합니다. SAP나 구글, 마이크로소프트, 아마존은 돈이 많습니다. 이런 거대 기업들은 자사의 노코드/로우코드에 충분한 자금을 지원할 수 있죠. 하지만 4장에서 소개한 다른 대부분의 업체는 어떨까요? 아마도 회사 규모나 상태에 따라 제각각 다를 것입니다. 기업에 대한 정보가 불투명한 경우에는 자금 규모를 파악하는 것조차 쉽지 않을 때가 많죠.

다행스럽게도 회사가 없어진다고 회사가 만든 소프트웨어가 함께 사라지는 경우는 그렇게 많지 않습니다. 더 큰 소프트웨어 회사가 사라질 운명에 놓인 소프트웨어를 가져가는 경우가 더 많죠.

| 도구 그 자체에 대한 질문 |

도구에 대한 보다 심층적인 질문도 던져볼 필요가 있습니다. 노코드/로우코드 도구를 실제로 사용하기에 앞서 생각해야 할 몇 가지 질문들을 골라 보았습니다.

사용자 커뮤니티의 규모와 활성화 정도

정확한 수치를 아는 것은 거의 불가능에 가깝겠지만 페이스북의 그룹 크기나 트위터 팔로워 수, 유튜브 채널의 구독자 수 등을 토대로 추산해 볼 수 있습니다. 이 모든 수를 다 합해봐야 고작 수십 정도밖에 되지 않는다면 그 도구는 정말 인기가 없다는 뜻이 되겠죠. 물론 나중에 도구가 더 발전하고 더 많은 인기를 얻게 될 수도 있겠지만, 어쨌든 그때까지는 여러분이 버그를 발견할 수 있는 유일한 사람일 수도 있다는 점을 유념하셔야 합니다.

특히 좀비 그룹을 조심해야 합니다. 어떤 도구의 페이스북 그룹에 약 삼만 명의 사용자가 있지만 지난 일 년간 아무런 게시글도 올라오지 않았다면, 도망치세요.

다른 애플리케이션이나 시스템 및 도구들과의 상호운용성

원래는 어떤 특정 문제를 해결하려고 만든 애플리케이션이 반년 뒤 직장 내 동료들 사이에서 엄청난 인기를 끌게 되었습니다. 그래서 애플리케이션을 조금 바꿔서 다른 일도 할 수 있도록 만들려고 합니다. 이런 경우 무엇을 고민해야 할까요?

- 다른 핵심 애플리케이션이나 시스템과 쉽게 통합할 수 있는가?
- 추가 작업이 얼마나 어려울 것인가?
- 애플리케이션을 다시 만들기 위해 다른 더 강력한 노코드/로우코드 도구를 사용해야 하는가?

다시 말하지만 정확한 노코드/로우코드 도구를 고르는 확실한 방법은 없습니다. 애플리케이션의 미래를 예측하는 것은 불가능하죠. 5년 뒤에는 지금은 상상하지도 못한 새로운 기능이 필요할 수도 있습니다. 여러분이든, 혹은 다른 누군가든 말이죠.

도구의 적합성

모순되지만 사실 이 질문에 답을 해 보려면 도구를 사용해서 애플리케이션을 만들어 봐야만 합니다. 많은 노코드/로우코드 도구들의 기능들이 중복되는 것이 많기 때문에 어떤 일을 하기 위한 단 하나의 '가장 좋은' 도구가 있는 것도 아니죠.

그나마 가능한 방법은 여러분이 생각하는 애플리케이션을 사용하고자 하는 도구로 만든 경우가 있는지 살펴보는 것입니다. 만약 그런 것이 없다면 다음의 이유일 가능성이 높죠.

- 비즈니스 요구사항이 아주 독특함
- 불가능한 것을 만들려고 함
- 잘못된 노코드/로우코드 도구를 선택함

그래도 의심된다면, 한번 물어보는 것도 좋습니다. 레딧의 r/nocode 서브레딧에서는 이와 관련된 많은 포럼을 확인할 수 있습니다. 아니면 노코드/로우코드 업체들의 전문가에게 문의하고 지원받는 것도 좋은 방법입니다.

9.1.4 무료 기능만 사용해서 가능성 확인하기

앞선 단계를 통과했다면 이제는 실제로 해 볼 차례입니다. 애플리케이션을 만드는 것은 상당히 버거운 일이긴 하지만 달리 할 수 있는 것도 없습니다. 재피어와 구글 스위트 둘 중 무엇이 더 알맞은 도구인지 확실히 알려면 결국 여러분 스스로 어느 정도는 만들어 보는 수밖에는 없습니다.

비슷한 제품들 사이에서 헷갈린다면 왜 이런 혼란이 빚어지는지를 알아보아야 합니다. 자동화 애플리케이션 각각은 저마다 다른 동작 원리나 철학을 가지고 있기 때문에 여러분이 어떤 도구를 선택하든 그 도구의 컨셉을 이해할 필요가 있습니다.

| 데이터 옮겨 보기 |

새로운 노코드/로우코드 도구를 구독하기 시작했다면 먼저 간단한 애플리케이션을 만들어 봅니다. 그런 다음 만들어진 애플리케이션에서 필요한 경우 데이터를 다시 가져올 수 있는 방법이 있는지 확인합니다. 이 경험을 토대로 여러분들이 만들 애플리케이션이 특정 업체에 종속되는지를 판단할 수 있습니다. 상황에 따라서는 노코드/로우코드 도구를 바꾸게 되어서 애플리케이션도 다시 만들 수 있겠지만, 그렇다고 애플리케이션 내의 데이터를 다시 만들 수는 없기 때문에 미리 확인해 두는 것이 좋습니다.

그렇다고 모든 업체의 소프트웨어가 자사의 제품에 전혀 종속적이지 않게 지원해 주지는 않을 것입니다. 당연히 그럴 수 없죠. 회사는 기본적으로 자신의 경쟁자들과 싸워서 살아남아야 하기 때문에, 고객들이 쉽게 다른 경쟁 제품으로 떠나지 못하도록 몇 가지 장치들을 해 둘 것입니다. 이런 점을 고려하더라도 추후에 데이터를 전혀 옮길 수 없을 것이라 판단되면 미련 없이 다른 제품을 선택하는 것이 좋습니다.

| 제품 지원 요청하기 |

그다음으로 소프트웨어 개발 회사에 지원 요청을 먼저 해 보는 것입니다. 업체의 응답에 소요되는 시간과 지원에 대한 만족도를 토대로 해당 업체가 고객 지원에 어느 정도의 노력을 쏟아붓고 있는지 파악할 수 있습니다. 한 달이 지나도록 여러분의 요청에 응답이 없다면 그 회사는 무시하는 것이 좋습니다. 물론 사용자 커뮤니티 등을 통한 지원을 기대할 수도 있겠지만, 그렇다고 레딧 회원이 제품의 코드 버그를 고칠 수는 없습니다. 핵심은 소프트웨어를 개발한 업체가 어느 수준까지 지원하는지 확인하는 것이죠.

제품 지원에 관한 내용을 확인할 때 한가지 유념하셔야 할 점이 있습니다. 바로 사용자와 고객을 혼동해서는 안 된다는 것이죠. 사용자와 달리 고객은 돈을 냅니다. 무료 구독을 사용하는 이상 여러분들은 아직까지는 고객이 아닌 사용자입니다. 그리고 회사는 사용자보다 실제로 비용을 지불하는 고객을 더 우선시합니다. 어떤 경우에는 프리미엄 고객을 위해 별도의 실시간 전화로 고객을 지원하는 회사도 있습니다. 회사의 지원 정도를 확인하실 때는 항상 이 점을 염두에 두고 판단하시길 바랍니다.

| 다른 사용자 생각해 보기 |

노코드/로우코드 도구로 단일 사용자를 위해 만든 독립형 애플리케이션도 때로는 아주 중요한 비즈니스 기능을 처리하기 위해 수년에서 수십 년간 사용되는 경우가 있습니다. 지난 25년간 시민 개발자로 일하면서 실제로 많이 보기도 했고요. 하지만 6장에서 설명한 바와 같이 오늘날의 노코드/로우코드 도구는 수십, 수백 명의 사용자가 동시에 사용할 수 있는 애플리케이션을 만들 수 있습니다. 지난 세대 도구들에 비하면 정말 혁신적인 변화죠.

그래서 시민 개발자들은 더 이상 자신의 데스크톱이나 기기에서만 동작하는 애플리케이션을 만들 필요가 없습니다. 직장 동료나 파트너, 고객 등 많은 사람이 사용할 수 있는 애플리케이션을 만들 수 있으니까요. 비즈니스 분석가가 자기 혼자 사용하려고 만든 애플리케이션이 알고 봤더니 그 기능이 너무나 훌륭해서 다른 사람들도 사용하고 싶어 한다는 것을 알게 된다면 어떤 기분이 들까요? 이런 상황을 방지하기 위해서는 노코드/로우코드 도구를 평가할 때 다음과 같은 광범위한 질문을 던져야 합니다.

- 직장 동료들이 내가 할 수 있는 것처럼 도구의 UI를 쉽게 파악하고 사용할 수 있는가?
- 어떤 작업을 완료하기 위해서 너무 많은 단계를 거쳐야 하는가?
- 이 노코드/로우코드 도구로 만든 애플리케이션이 기술적으로 복잡해서 일반적인 사용자들이 적응하고 사용하기가 어려운가?

이 질문들도 좋지만 그 외에도 생각해 보아야 할 점들이 많습니다. 직장 동료들에게 고민 중인 노코드/로우코드 도구들을 한두 시간가량 사용하게 해 보세요. UI

가 직관적이지 않고 사용하기 어렵거나 느리다고 느낀다면, 해당 도구로 만든 애플리케이션 역시 그렇게 될 가능성이 큽니다.

9.2 새로운 노코드/로우코드 도구 배우기

아시다시피 이 책은 여러분들이 새로운 노코드/로우코드 도구를 배우고 훌륭한 비즈니스 애플리케이션을 만들 수 있도록 돕기 위해 쓴 책입니다. 하지만 아주 숙련된 시민 개발자라 할지라도 배우는 것은 개별적인 결과가 아니라 어떤 하나의 과정이라는 사실을 잘 압니다. 새로운 노코드/로우코드 도구를 배우기 위해서는 다음의 일들을 자주 하는 것이 좋습니다.

- 기존의 노코드/로우코드 도구의 새로운 기능들을 사용하는 방법을 익히기
- 같은 도구로 서로 다른 여러 서비스들을 한데 묶어 보기
- 자동화를 새로운 방식으로 사용해 보기
- 새로운 도구 사용해 보기(특히 회사를 옮기는 경우)

그리고 다음의 권고 사항들을 읽고 실천해 보세요.

9.2.1 노코드/로우코드에 대한 가치 있는 자료 읽기

이 책을 쓰기 위해 많은 자료들을 조사하면서 노코드/로우코드 도구들과 관련된 다양한 사용자 커뮤니티에서 많은 정보를 얻을 수 있었습니다. 그리고 그중 읽어 보면 좋을 자료들을 다음 [표 9-1]에 정리해 보았습니다.

표 9-1 노코드/로우코드 관련 자료

사이트	설명	URL
No-Code Resources	여러 자료들이 포함된 노션 페이지	tinyurl.com/nclcresources
No-Code Subreddit	많은 질문과 공유 가능한 의견 등이 있는 포럼	reddit.com/r/nocode

No-Code Essentials	노코드/로우코드 도구에 대한 핵심 내용을 직접 손으로 정리한 페이지. 일주일이상 정독할 수 있는 내용들로 채워져 있음.	nocodeessentials.com
No-Code MBA	여러 과정과 튜토리얼, 팟캐스트 등으로 구성된 곳이며 일주일간 무료로 사용해 볼 수 있음.	nocode.mba

사이트들을 방문하면 방대한 양의 유튜브 채널과 뉴스레터, 블로그, 튜토리얼, 팟캐스트, 커뮤니티 등을 찾을 수 있습니다. 온라인 교육을 찾는다면 스킬쉐어[cxl]나 코세라, 유데미 등에 방문하시길 바랍니다.

9.2.2 직접 해 보기

자료나 글을 읽고 동영상을 시청했다면 어느 정도 준비는 끝난 셈입니다. 웹에는 무궁무진한 자료가 있지만 그 모든 것을 읽고 배울 수는 없습니다. 그보다는 직접 뛰어드는 것이 더 낫죠. 필요한 테스트 환경이나 워크스페이스를 만드세요. 가짜 데이터를 만들어 봅니다. 만들고, 고치고, 자동화하고, 써 봅니다. 뭔가 망가질 것 같다고 걱정할 필요가 없습니다. 고장 내고, 고치는 법을 배울 수 있으니까요.

9.2.3 고르기

여러 가지 언어를 사용할 수 있다는 것은 정말 매력적인 일입니다. 다국어가 가능한 사람들은 새로운 언어를 배우는 데 뛰어난 능력을 보여줍니다. 일곱 개의 언어를 구사한다면, 여덟 번째 언어를 배우는 것은 그리 어려운 일이 아닐 것입니다.

하지만 동시에 중국어와 프랑스어, 폴란드어, 아라비아어를 배우는 것은 상상조차 하기 어렵군요. 프로그래밍 언어도 마찬가지입니다. 한 번에 루비와 파이썬, 자바와 같이 서로 다른 유형의 언어들을 배우는 것은 쉽지 않습니다. 노코드/로우코드 도구에도 같은 개념을 적용할 수 있죠. 일곱 가지의 도구들을 한꺼번에 배우고 익히는 것은 헛된 노력에 불과할 것입니다. 그보다는 하나를 배우고 마음에 든다면 그걸로 애플리케이션을 만들어 보는 것이 훨씬 쉽고 좋습니다.

9.2.4 시간을 가지고 인내하기

혼자서 새로운 도구를 배우는 사람들은 대개 두 가지 실수를 저지르곤 합니다.

- **너무 가볍게 봄:** 매주 일요일에 스마트폰으로 15분만 투자해서 새로운 애플리케이션을 배우려고 함
- **한 번에 끝내려고 함:** 여섯 시간 만에 애플리케이션에 대한 모든 것을 배우려고 함

지속 가능한 학습에 대한 다양한 연구 결과는 방금 언급한 실수 두 가지 중 어떤 방법도 효과가 없다는 것을 명확하게 보여줍니다. 첫 번째 실수는 학습 간 적절한 간격이 훨씬 효과적이라는 연구 결과와 관련이 있죠.[cxli] 일정 수준의 간격을 두고 복습하는 것이 단순한 내용이나 복잡한 내용 모두 훨씬 더 잘 기억할 수 있다는 연구가 있습니다.[cxlii] 물론 어느 정도의 간격을 두는지가 문제이긴 하지만요. 하루 정도 간격을 두는 것은 괜찮지만, 13일 정도 후에 복습을 하는 것은 효과가 없습니다. 두 번째 방식의 경우에는, 글쎄요. 영화 〈레인맨〉의 주인공 정도의 기억력을 가진 것이 아니라면 그 정도 시간 만에 배운 것을 모두 기억할 수는 없습니다. 단기간의 학습이 장기간의 지식 기억 보존에 도움이 되지는 않습니다.[cxliii]

그래도 회의적인 생각이 들 수 있습니다. 몇 개 안 되는 노코드/로우코드 도구를 배우는 것이 뭐 그리 어려운 일이냐고 생각할 수 있죠. 하지만 확실히 말할 수 있는 것은, 아무리 목적이 뚜렷한 노코드/로우코드 도구라고 할지라도 제공하는 기능은 생각보다 훨씬 많습니다. 예를 들어 재피어는 자동화에 아주 특화된 도구지만, 자동화 그 자체만으로도 매우 다양한 분류가 가능하죠. 못 믿겠다면 시간을 조금만 투자해서 도구들이 어떤 기능을 제공하는지 한번 살펴보세요. 기본적인 내용은 금방 이해하겠지만, 그만큼 이해하지 못하거나 알지 못하는 것이 얼마나 많았는지도 깨닫게 될 것입니다. 시간을 충분히 가지세요.

9.3 정리하기

- 새로운 도구를 배우기 전에 비용 등과 같은 다양한 이유로 여러분이 하고자 하는 일에 도구가 잘 맞는지 여부를 확인해야 합니다.

- 도구를 사용할 수 있다는 확신이 든다면 무료 구독을 시작하고 한번 사용해 보세요. 백문이 불여일타입니다.

- 일정한 간격을 두고 꾸준히 학습하는 것이야말로 새로운 기술을 배우는 가장 좋은 방법입니다.

CHAPTER 10

노코드/로우코드 애플리케이션의 라이프 사이클

"시간은 평평한 원과 같다."

– 프레드리히 니체

제가 지금까지 책을 제대로 썼다면 여러분들은 노코드/로우코드에 열광하고 있어야겠죠. 새로운 애플리케이션을 만들고 출시하는 것이 너무 설레서 밤잠도 설칠 지경이어야 합니다. 직장 동료나 협력사 직원 또는 친구들이 여러분이 만든 애플리케이션을 사용해서 문제를 해결하거나 시간을 단축시키는 것을 보면 기쁘기 그지없을 것입니다. 너무나 기쁜 나머지 티셔츠와 같은 시민 개발자 굿즈[13]까지 사고 싶을 수도 있습니다. 만약 당신이 관리자와 같은 고위 직책이라서 노코드/로우코드에 관심이 없었어도 지금쯤이면 확실히 회사에 노코드/로우코드를 도입해야 할 것이라는 확신이 드는 상태여야 합니다.

저도 잘 압니다. 정말 신나는 일이죠. 오늘날의 시민 개발자들은 노코드/로우코드 도구들을 진심으로 즐길 줄 압니다. 문제를 해결하고, 창조하고, 비효율적인 비즈니스 프로세스들을 개선하고 즐거워합니다. 그리고 이를 위해서 지속적으로 학습합니다.

하지만 래리 데이비드가 한 말처럼 처음에는 그 열정을 다소 억누르는 것이 좋습니다. 개발하고 배포하는 노력보다 먼저 한 발짝 물러나서 지켜볼 필요가 있죠.

이 장에서는 새로이 시민 개발자가 되고자 하는 분들이나 이미 시민 개발자로서

---

[13] https://tinyurl.com/cdswag-ps

활약하고 계신 분들을 위해 지금까지 만든 애플리케이션이나 앞으로 만들 애플리케이션에 대한 전반적인 관점을 제공할 것입니다. 물론 애플리케이션 개발 등과 관련된 완벽한 체크리스트 같은 것은 없습니다. 대신 애플리케이션을 개발하고 배포할 때 시민 개발자들이 알아두면 좋을 핵심 아이디어나 좋은 방법, 주의 사항 등을 알려드릴 것입니다.

내용 자체는 그다지 새로운 것이 아닙니다. 대부분 프로그래머가 전통적으로 사용해 온 소프트웨어 개발 주기[cxliv] (또는 시스템 개발 주기 Systems Development Life Cycle (SDLC))에 기반하고 있습니다. 전통적인 소프트웨어 개발에 적용할 수 있는 내용을 시민 개발자들에게도 똑같이 적용할 수 있다는 것은, 그만큼 전통적인 프로그래머들과 시민 개발자들이 비슷한 점이 많다는 뜻이기도 하죠.

10.1 요구사항 수집 및 계획

노코드/로우코드 도구들의 유연함은 그야말로 양날의 검이라 할 수 있습니다. 전에 없던 강력함을 제공하지만, 도구들 그 자체만으로는 그 어떤 것도 보장하지 않습니다. 능력 있는 시민 개발자라면 이런 도구를 이용해서 아주 멋진 애플리케이션을 만들 수 있지만, 어떤 이유로 애플리케이션 개발이 제대로 끝나지 않을 수도 있죠.

아마 그 누구도 자기만의 애플리케이션 개발이 도중에 중단되기를 원하지는 않을 것입니다. 이런 상황을 피하려면 반드시 다음의 질문들을 던져 보길 바랍니다. 충분한 시간을 가지고 필수 요구사항을 수집하는 것이 좋습니다.

어떤 비즈니스 문제를 해결하고자 하는가?

이전 장에서 노코드/로우코드 도구들을 평가할 때 던졌던 질문과 비슷하군요. 차이가 있다면 이전 장에서는 여러분들이 휘둘러야 할 골프채를 고르는 것이었고, 이번 장에서는 골프채를 휘둘러야 한다는 점이겠지만요. 만약 여러분들의 동료나 고객 또는 협력사에서 여러분이 해결하고자 하는 문제에 동의하지 않는다면 여러분이 만드는 해결책 역시 다른 사람들의 요구사항을 충족시키지 못할 가능성이 큽니다.

문제를 꼭 해결해야 할 필요가 있는가?

노코드/로우코드 도구들과 이들을 활용해서 만든 애플리케이션은 회사 내 또는 조직 내 갈등과 마찰을 줄일 수 있습니다. 6장에서도 이런 이점에 대해서 설명한 바 있죠. 각 사업 분야에 종사하고 있는 전문 직원들이 원하는 일을 직접 할 수 있습니다. IT 부서나 개발자, 컨설턴트, 또는 외부 업체 직원에게 부탁해서 커스텀 비즈니스 애플리케이션을 만들 필요도 없는 거죠. 존 레논의 노래 제목('Power to the peple')처럼 사람들에게 권력을 주는 셈이죠.

하지만 먼저 해결하고자 하는 문제 자체가 해결할 가치가 있는 것인지 먼저 고민해 보아야 합니다. 문제를 해결했을 때 생길 수 있는 부작용이 무엇인지도 깊이 생각해 보아야 하죠. 좀 철학적인 질문처럼 보이지만, 충분히 고민해 볼 만한 가치가 있습니다.

저는 대체로 문제를 해결하는 것이 맞다고 생각하는 편입니다. 특히 수동으로 이루어지는 비즈니스 프로세스들을 자동화하고 애플리케이션 개발을 대중화하는 것에 전적으로 찬성합니다. 그렇게 생각하지 않았다면 이 책을 쓰지도 않았겠죠. 저와 비슷한 사람들은 비효율적인 비즈니스 프로세스나 업무 방식을 보고 있으면 답답해서 속이 곪습니다. 특히 애플리케이션 간에 데이터를 복사해서 붙여 넣는 경우가 자주 발생하면 그야말로 지옥에 온 듯한 기분을 선사하죠. IT 부서가 이상한 솔루션을 적용하는 데 2년씩이나 걸리는 것을 볼 때도 마찬가지입니다. 하지만 수동으로 이루어지던 비즈니스 프로세스를 자동화할 때 그만큼의 문제가 새로 생긴다면, 그것은 고민해 볼 또 다른 문제이겠죠.

한 가지 예를 들어 볼까요. 패션 디자이너가 수십 명의 틱톡 인플루언서를 고용해서 한 달간의 트위터 캠페인을 진행하려고 합니다. 패션 디자이너는 당연히 고용한 모든 인플루언서의 트윗을 한 곳에 수집하려고 하겠죠. 여러 곳의 트윗을 한데 모으는 효율적인 방법은 여러 가지가 있지만, 그중 하나는 아주 멋들어진 IFTTT 자동화를 사용해서 모든 트윗을 하나의 구글 시트로 모으는 방법입니다.**cxlv** 복사-붙여넣기가 필요 없죠.

아주 멋있는 해결 방법이지만, 만약 각 인플루언서들이 캠페인과 무관한 트윗을 포함하여 20개가 넘는 트윗을 매일 올린다면, 어떤 일이 벌어질까요? 한번 계산해 보죠. 한 달간의 캠페인이 끝나게 되면 구글 시트에는 약 8,640개의 트윗이 모여 있을 것이며 이 모든 트윗이 패션 디자이너가 보고자 하는 트윗도 아닐 것입니다.

물론 관계없는 트윗을 걸러낼 수도 있습니다. 예를 들어 인플루언서가 트윗에 캠페인 관련 해시태그를 쓴다면 순식간에 관련 트윗과 그렇지 않은 트윗을 구분할 수 있죠. 어쨌든 여기서 배워야 할 점은 하나입니다. 노코드/로우코드 도구로 수동 프로세스를 자동화할 수 있는 애플리케이션을 만들 수 있다고 무조건 만들어야 한다는 것은 아니라는 사실이죠.

새로운 애플리케이션은 누가 사용하게 되는가?

여러분 혼자서 애플리케이션을 사용할 것이라면 이건 무시하셔도 됩니다. 하지만 그게 아니라면 꼭 신경 써야 할 부분이죠.

- 얼마나 많은 사람이 애플리케이션을 사용할 것인가요? 현재 사용하고 있는 노코드/로우코드 도구의 구독 유형이 충분한 수의 사용자를 지원하는지 확인해야만 합니다. 물론 업그레이드는 쉽게 할 수 있지만 몇몇 사용자들은 오히려 업그레이드로 인한 불편함을 겪을 수도 있습니다.
- 다른 사람들이 애플리케이션을 자발적으로 사용할 것인가요 아니면 강제로 사용하게 할 것인가요? 다른 사람에게 애플리케이션을 사용하도록 강제할 수 있나요?
- 다른 사용자들이 여러분과 같은 그룹이나 부서, 혹은 회사에서 일하고 있나요?
- 여러분과 다른 회사의 사람들도 애플리케이션을 사용할 수 있나요? 아직도 상당수의 회사나 조직은 shadow IT와의 전쟁을 벌이고 있다는 점을 유념하세요.
- 애플리케이션을 사용하기 위한 별도의 교육이나 훈련이 필요한가요?

다음에 소개해 드릴 이야기에서도 알 수 있듯 방금 전 질문들에 대해 분명한 답을 할 수 있어야 여러분들이 만든 새로운 애플리케이션이 제대로 정착할 수 있을 것입니다.

노코드/로우코드에 대한 조언 파트 1 : 대출과 로우코드

– 스티브 푸트먼, 데이터 관리 전문가이자 음악가 및 저자

전 예전에 주택담보대출 회사에서 대출 승인이 끝난 후 대출 관련 서류를 검토하는 일을 한 적이 있습니다. 최근 대출이 완료된 후 대출 관련 서류와 파일들을 가져와서 문제가 없는지 세세하게 검토하는 작업이죠. 각 대출 서류는 모든 종류의 대출을 아우르는 여섯 페이지 분량의 체크리스트가 포함되어 있었습니다. 당연히 특정 대출에 체크리스트 내용 전체를 적용할 수는 없었죠.

그래서 서류를 검토하는 감사자는 체크리스트의 어떤 부분을 건너뛰고 어디를 취소해야 하는지 알아야만 했습니다. 그리고 서류는 필요한 모든 부분이 작성되어야만 했죠 주 감사자는 확인된 체크리스트와 대출 서류를 전달받아서 체크리스트에서 꼭 필요한 항목이 작성되지 않은 서류를 반송해야만 했습니다. 정말 끔찍하고 비효율적인 작업이었죠.

그래서 제 상사와 저는 로우코드라고 부를만한 해결책을 만들어 냈습니다. 바로 PC에서 동작하는 dBase3와 클리퍼를 이용한 애플리케이션을 만든 것이죠. 이 애플리케이션은 사용자가 입력한 내용을 토대로 대출의 특성을 파악하고 특정 대출의 감사에만 필요한 체크리스트를 생성해 냈습니다.

아주 멋있는 애플리케이션은 아니었지만 중요한 두 가지 일을 해냈습니다. 첫째로 모든 감사자가 대출 관련 체크리스트의 모든 내용을 알 필요가 없어졌습니다. 둘째로 감사팀장이 일일이 작업에 대해서 설명하고 그 결과를 검토할 필요가 없어졌습니다. 애플리케이션이 자동으로 필수 항목이 작성되지 않은 대출을 거부했기 때문이죠.

짜잔

애플리케이션을 사용하기 시작한 이후 대출 검토 작업의 오류가 25%가량 줄어들었습니다. 또한 중복 감사가 없어져서 부서 전체의 생산성이 증가했죠. 부서 전체의 승리라고 할 정도였습니다.

이처럼 시민 개발자들이 스스로가 해결하고자 하는 문제가 어느 정도의 범위인지만 잘 파악한다면 놀라울 정도로 효과적인 일을 할 수 있다는 점을 꼭 기억하세요.

새로운 애플리케이션인가 아니면 기존의 시스템에 새로운 기능을 추가하는 것인가?

완전히 새로운 애플리케이션을 만드는 것인지, 아니면 기존의 애플리케이션을 새로 만드는 것인지도 알아야 합니다. 많은 사람이 사용하고 있는 애플리케이션을 대체하는 것이라면, 일단 사람들이 반발하겠죠. 회사 시스템을 보다 더 나은 시

스템이나 애플리케이션으로 대체하겠다는 시민 개발자의 포부는 기존 애플리케이션이나 시스템을 만들고 그에 대한 자부심을 가지는 다른 직원들에게 불쾌함을 선사할 수 있습니다. 당신이 도대체 뭔데 애플리케이션을 고치니 마니 참견하느냐는 핀잔을 들으면서 말이죠. 저도 문제가 많은 관료주의적 조직에서 이러한 반응을 보이는 경우를 자주 보아 왔습니다.

IT 부서의 승인이 필요한가?

8장의 노코드/로우코드 관련 철학을 떠올려 봅시다. 사실 IT 부서가 애플리케이션 개발을 막을 이유는 없죠. 애초에 IT 부서에 애플리케이션을 만들어도 되냐고 허락을 구할 필요가 없을 수도 있습니다. 하지만 어떤 회사에서는 이렇게 승인되지 않은 애플리케이션 개발이나 사용에 대해서 괘씸하게 생각하고 벌점을 부여할 수도 있습니다.

배포된 애플리케이션을 누가 유지보수 및 운영하는가?

시민 개발자들은 자신이 만든 애플리케이션에 대한 모든 권한을 다른 사용자에게도 똑같이 부여할 것인지 결정해야만 합니다. 관리자나 사용자, 소유자에게 서로 다른 권한을 부여하게 되면 이로 인한 장점과 단점이 생기기 마련이죠. 신뢰할 수 있는 동료라면 여러분들이 부재인 상황에서도 작업을 처리하고 애플리케이션에 대한 지원을 부탁할 수도 있겠지만, 이로 인하여 감내해야 하는 또 다른 위험한 요소가 생기기도 합니다. 고양이에게 생선 가게를 맡기는 격은 아닌지 고민해 볼 필요가 있습니다.

애플리케이션에서 어떤 데이터를 저장해야 하는가?

전통적인 SDLC, 즉 소프트웨어 개발 라이프 사이클Software Development Life Cycle에서는 데이터 자체를 중요하게 생각하지 않았습니다. 하지만 오늘날에서는 데이터가 무엇보다도 중요한 요소 중 하나입니다. 시민 개발은 자동화와 협업을 통해 데이터를 더 쉽게 모으고 그 품질을 유지할 수 있다는 장점이 있지만 모든 시민 개발자가 만든 애플리케이션이 그렇다는 것은 아닙니다. 노코드/로우코드 도구로 만든 애플리케이션 세계는 다음과 같이 크게 두 가지 차이점이 있다고 할 수 있죠.

- **애플리케이션 유형 1:** 연말 파티에 참석할 수십 명의 직원들을 위한 선물 목록을 관리하기 위한 애플리케이션입니다. 직원 이름과 선물로만 구성된 목록이기 때문에 직관적입니다. 기술 문외한이라도 실수하기 어려운 유형이죠.
- **애플리케이션 유형 2:** 직원들이 재고와 고객 주문을 관리할 수 있으며 여러 명의 사용자가 동시에 사용할 수 있는 복잡한 데이터베이스 형태의 애플리케이션입니다. 수십 개의 항목으로 구성된 레코드 수만 개를 다룰 수 있어야 합니다. 이런 애플리케이션에는 노코드/로우코드 개발이 맞지 않을 수도 있습니다. 오히려 2장에서 설명한 다른 유형의 시스템이나 애플리케이션이 더 적합할 수 있죠.

물론 시민 개발 유형은 예시처럼 두 가지로 양분할 수 있는 것은 아닙니다. 저마다 다양한 차이를 보이죠. 노코드/로우코드로 만들어진 애플리케이션도 마찬가지입니다. 유형 1의 경우에는 시민 개발자가 데이터에 익숙하지 않더라도 애플리케이션을 개발하는 데 별로 어려움을 겪지는 않을 것입니다.

하지만 유형 2의 경우에는 이야기가 다릅니다. 시민 개발자가 데이터 정규화나 데이터 유형, 데이터 모델링, 프라이머리 키, 관계형 데이터, 데이터베이스 뷰와 같은 데이터 관련 핵심 개념을 잘 모른다면 애플리케이션 개발에 난항을 겪을 것이 분명하죠.

조시 스노우는 호주의 노코드 개발자이자 supportdept.io의 창립자입니다. 그는 저에게 관련 도메인 지식이 부족한 시민 개발자들이 데이터와 관련하여 저지르는 실수들을 알려줬습니다. 눈 감고 넘어갈 만한 실수들이 아니었습니다.

시민 개발자가 데이터 관련 핵심 기술을 모르는 경우, 데이터 무결성과 같은 문제가 생길 수 있습니다. 데이터 무결성이 보장되지 않은 애플리케이션을 아주 중요한 비즈니스 프로세스나 의사 결정에 사용할 경우 큰 문제가 생길 수 있습니다.

시민 개발자가 상대적으로 복잡한 애플리케이션을 만들어야 하지만, 그에 필요한 핵심적인 기술을 잘 모르는 경우 어떻게 해야 할까요? 영화 〈매트릭스〉를 인용하자면, 두 가지 선택을 할 수 있습니다.

첫째로는 빨간 약을 먹고 스스로 연구해 보거나 아니면 데이터베이스를 만들어본 적이 있는 다른 동료들에게 자문을 구합니다. 물론 데이터 모델이나 데이터베이스 관리 등에 대한 전문가에게만 자문을 구할 필요는 없습니다. 이렇게 데이터 관련 기술과 지식을 충분히 습득한다면, 애플리케이션 개발에도 그만큼의 성과가 나타납니다. 심지어 일부 노코드/로우코드 도구 개발 업체는 시민 개발자가 애플리케이션을 만들기 전에 데이터 모델링을 먼저 할 것을 권장하기도 합니다.**cxlvi**

둘째로는 파란 약이 있지만 개인적으로는 파란 약을 권하고 싶지는 않습니다. 일단 만들어 보는 방법이죠. 애플리케이션에서 저장할 데이터의 양과 종류에 따라 꼭 필요한 몇 가지의 핵심 기술만 익히게 될 것입니다. 애플리케이션의 양식에 사용자가 원하는 정보를 자유롭게 입력할 수 있는 칸을 만들면 애플리케이션 개발은 쉽고 빠르게 진행되겠지만, 이런 방식의 데이터 필드가 많아지면 많아질수록 나중에 훨씬 더 큰 어려움을 겪게 될 것입니다. 다음 이야기를 보시죠.

하나의 소스, 14개의 다른 값

제가 대학교수로 일하던 당시에도 겪었던 일이죠. 그 당시 9개의 영역으로 구성된 분석 과목으로 가르친 적이 있습니다. 학생들은 회사와 함께 현업 프로젝트를 진행하면서 회사의 통계 모델 생성과 데이터 분석, 예측, 태블로를 활용한 사용자 상호작용 데이터 시각화 등을 만드는 데 도움을 주었었죠.

전 어느 여름에는 학생들로 구성된 두 그룹이 지역의 도장 회사와 함께 일하면서 마케팅 비용을 최적화하는 일을 진행했습니다. 그 도장 회사는 자사의 모든 데이터를 구글 시트에 저장하고 사용했습니다. 학생들이 구글 시트 데이터를 받아서 열어보고는 아주 큰 교훈을 깨닫게 되었습니다. 작은 규모의 회사라 할지라도 데이터의 품질은 정말 제각각일 수 있다는 것이죠. 예를 들어 어떤 데이터 항목은 같은 뜻을 의미하는 서로 다른 여덟 가지 값을 가질 수 있습니다. 페이스북을 FB, Facebook, facebook, Fbook, 그 외에도 다양한 방법으로 표기했죠. 오타도 있었고요. 더 큰 문제는 구글 시트가 사용자에게 특정 필드를 강제로 입력하도록 할 수 없다는 점이었습니다. 그래서 회사에서 제공한 구글 시트에는 예산 집행 날짜와 같은 필수 항목이 빠진 경우가 많았습니다. 학생들은 프로젝트의 첫 번째 단계로 데이터 정리에 많은 시간을 쏟아부을 수밖에 없었습니다. 쓰레기 같은 데이터로는 그 어떤 작업도 할 수 없으니까요.

학기 말에 학생들은 회사에 다양한 제안을 내놓았습니다. 당연히 그 제안에는 시트의 특정 필드 데이터에 대한 검증과 입력 제한 기능이 포함되어 있었습니다. 그리고 두 그룹의 학생들 모두 회사가 적절한 CRM 시스템을 갖추기를 권고했습니다. 저 역시 그 제안에 동의했습니다.

특정 필드에 사용자가 입력할 수 있는 값이나 유형을 제한하는 것 외에도 시민 개발자들은 애플리케이션의 사용자들이 궁극적으로 무엇을 할 것인지를 생각해야만 합니다. 물론 하나의 에어테이블 베이스에 고객명과 제품명, 그 외 데이터들을 500개의 필드로 한꺼번에 저장할 수도 있습니다.**cxlvii** 하지만 사용자가 '그럴 수도' 있는 것과 '그렇게 해야만' 하는 것은 다른 문제입니다. 애플리케이션이 사용자를 헷갈리게 만들면 사용자들은 실수를 자주 하게 되고, 결국엔 사용하길 거부하고 싫어하게 될 것입니다.

어떤 사용자가 애플리케이션을 사용하게 될지 생각하기 귀찮다면, 이것을 꼭 기억하세요. 잘못 설계한 애플리케이션은 유지보수하기가 정말 어렵습니다. 어떤 경우에는 처음부터 새로 애플리케이션을 만들어야 할 수도 있죠. 그러니까, 그냥 처음부터 애플리케이션을 잘 설계하는 것이 좋습니다.

10.2 설계와 개발

여러분이 만들 애플리케이션은 어떤 모습인가요? 시민 개발자들이 애플리케이션을 어떻게 빌드할 수 있나요? 애플리케이션 개발에는 데이터 외에도 고려해야 할 부분이 많이 있습니다.

애자일하게 생각하라

노코드/로우코드 애플리케이션은 2장에서 소개한 ERP나 CRM 같은 엔터프라이즈급 시스템이나 애플리케이션일 필요는 없습니다. 그보다는 각 시스템 간의 특정 간극을 메꿀 수 있는 아주 제한적이고 단기간 사용이 가능한, 그렇지만 정말 가치 있는 애플리케이션을 만드는 편이 더 어울립니다.

이런 이유로 시민 개발자들은 애자일 개발 방법론을 사용하는 것이 좋습니다. 아주 빠르게 개발하거나 변해야 하는 애플리케이션들은 시작 단계에서 필요한 모든 요구사항을 수집할 필요가 없습니다. 대신 꼭 필요한 몇 가지 기능만 가지고 출발하면 됩니다. 나머지 필요한 기능들은 차차 개발하면 됩니다. 애플리케이션을 사용하는 사람들이 새로운 기능이나 통합 방식, 또는 자신만의 자동화 방식을 제안할 것입니다. 물론 어떤 시민 개발자에겐 이런 일이 한 번도 일어나지 않을 수도 있겠지만요. 또한 빠르게 출시하고 빠르게 변하는 애플리케이션은 초기 홍보 효과를 누릴 수 있으며 사용자가 자신이 제안한 기능이 반영되는 것을 빠르게 확인할 수 있어서 좋습니다.

사용자들이 주로 사용하는 장치가 무엇인지 고민하라

시민 개발자가 생각해야 할 것은 새로운 애플리케이션의 사용자뿐만이 아닙니다. 애플리케이션이 컴퓨터에서는 아주 잘 동작하지만 모바일 장치(특히 화면이 작은 스마트폰)에서는 정말 이상하게 보일 수도 있으니까요. 29개의 항목을 가진 데이터베이스 테이블은 아이폰 사용자들은 거의 보기가 불가능에 가까울 것입니다. 특히 눈이 침침한 고령 사용자인 경우에는 더 그렇겠죠.

노코드/로우코드 애플리케이션의 한계를 인지하라

이름 그대로 노코드 도구들은 애플리케이션의 외형을 쉽게 수정하지 못하게 하거나 아주 제한된 부분만 바꿀 수 있도록 합니다. 로우코드 도구들은 노코드 도구들보다는 좀 더 유연한 편이죠. 노코드 든 로우코드 든, 앵귤러나 리액트와 같은 웹 UI 개발 프레임워크만큼 원하는 사용자 인터페이스를 마음대로 만들 수 있는 노코드/로우코드는 없다는 점을 명심하세요.

템플릿을 사용해서 시작하라

새로운 노코드/로우코드 애플리케이션을 출시할 계획이신가요? 운이 좋으시군요. 4장에서 소개한 도구들이 새롭게 떠오르면서 사용할 수 있는 템플릿들 또한 엄청나게 많아졌습니다. 이런 템플릿들은 애플리케이션 개발의 시작점이나 수동 작업의 자동화 전초로 삼는 것이 좋습니다. 최소한 템플릿을 훑어보거나 사용해보는 것만으로도 무엇을 어떻게 할 수 있는지에 대한 많은 아이디어를 얻을 수 있으니까요.

에어테이블로 회사의 마케팅 캠페인 진척도를 관리한다고 생각해 봅시다. 바닥부터 필요한 기능들을 개발할 수도 있겠지만, 이미 있는 템플릿들[cxlviii]을 검토해 보고 그중 하나를 골라 고쳐서 써 보는 것도 좋습니다. 'Notion templates'를 검색하고 활용해 보세요. 버블[bubble.io]을 더 잘 사용하고 싶으신가요? 아토믹 퓨전[14]에 가 보세요. 아주 다양한 코드 스니펫이나 시작 페이지, UI 키트들을 접할 수 있습니다. 아토믹 퓨전을 만든 란짓 빈지는 이런 빌딩 블록들이 사용자들의 애플리케이션 개발이나 제품 출시, 아이디어 검증을 가속할 수 있다고 믿습니다.

당연한 말이지만 모든 사람들은 저마다의 방식으로 배웁니다. 저 같은 경우에는 에어테이블과 노션을 수십 개의 동영상을 보면서 배웠죠. 동영상을 보고 나서는 컴퓨터 앞에 앉아 소매를 걷어붙이고 만들어 보기 시작했죠. 에어테이블과 노션에 대한 충분한 지식이 없는 상태에서는 프로젝트 관리 기능을 개발할 때 프로젝트 관리 템플릿을 깊이 분석하는 것이 더 나을 것이라 생각되는군요.

다른 사람들의 생각을 들어보라

시민 개발자를 포함한 대부분의 개발자는 자신이 만든 애플리케이션이 아주 직관적이라고 생각합니다. 개발자들 자신이 이해하는 대로 애플리케이션을 만들었기 때문에 어떻게 보면 당연한 생각이기도 하죠.

하지만 개발자들도 다른 사람들과 별반 다르지 않습니다. 개발자들 역시 다른 사람이 자신과 같이 이해할 수 있는 지식 배경을 가지고 있을 것이라 착각하는 이른바 지식의 저주[cxlix]에 걸려 있는 경우가 흔하거든요. 사람은 다른 사람과 대화할 때 대부분 자신이 알고 있는 것을 다른 사람도 알고 있다고 생각하는 경우가 많습니다. 지식의 저주는 사람을 가리지 않습니다. 의사, 변호사, 작가, 소프트웨어 개발자 등 아주 많은 사람이 지식의 저주에 시달리죠.

지식의 저주를 극복하려면 시민 개발자들은 초기 개발 과정에 반드시 사용자들을 참여시켜야만 합니다. 그리고 사용자들이 애플리케이션을 이해할 수 있는지를 파

----

14 https://atomicfusion.io/

악하는 것이 무엇보다 중요합니다. 사용자들을 무시하는 개발자들은 언젠가는 곤경에 빠지고 말 것입니다. 노코드/로우코드 애플리케이션이 아무리 좋아봐야, 아무도 제대로 이해하고 사용하지 못한다면 무슨 의미가 있을까요?

분명한 목적과 일관성을 가져라

페이스북이나 트위터, 링크드인, 인스타그램에 로그인해 보세요. 어떤 애플리케이션에서든 여러분의 피드는 고유합니다. 이름이나 프로필 사진, 주로 사용하는 언어 역시 다들 제각각이지만 모든 사용자가 보는 사용자 인터페이스는 전부 다 똑같습니다. 사용자는 애플리케이션의 구조와 전반적인 외형을 바꿀 수 없죠. 물론 개발자가 변경 사항을 검토하기 위해서 A/B 테스트를 진행하는 경우에는 다른 외관을 볼 수도 있겠지만, 그 외의 경우에는 사용자 인터페이스가 항상 같습니다.

사실 애플리케이션은 이렇게 만들어야 합니다. 링크드인의 경력 정보를 게시물로 넣는다거나, 페이스북 사진 아래에 위치를 표시하거나 하면 어떻게 될까요? 표준이 없으면 사용자들은 헷갈려 합니다. 채용 담당자가 게시물을 다 읽지 못해서 여러분의 직장 경력이나 보유 기술 등을 제대로 파악하지 못해서 면접 기회를 날릴 수도 있습니다. 그런 불만들이 쌓이면서 사람들은 점점 애플리케이션을 덜 사용하게 되고 방문자 수가 줄어들면서 급기야 광고로 인한 회사 수익도 급감하게 되겠죠.

단순한 제 추측이 아닙니다. 예전에 마이스페이스는 사용자들이 자신의 홈페이지를 입맛에 맞게 마음껏 수정할 수 있도록 해주었습니다. 자신의 개성을 뽐낼 수 있도록 마음대로 고칠 수 있게 하는 것이 무슨 문제가 될까요?

하지만 이론은 현실과는 달랐습니다.

마이스페이스의 시도는 그 결과가 별로 좋지 않았습니다.[ci] 그 덕에 마크 저커버그의 페이스북이 마이스페이스를 빠르게 앞서나갈 수 있었죠. 트위터나 링크드인, 그 외 많은 회사의 경영진이나 프로덕트 관리자, 개발자들 역시 마이스페이스의 교훈을 잘 기억하고 있습니다.[cii]

그렇다고 시민 개발자가 디자인 프로그램을 배우거나 교육받을 필요까지는 없지만, 디자인에 관련된 아주 기본적인 개념은 알아 두는 것이 좋습니다. 다음 소개 드릴 일화에서 볼 수 있듯 애플리케이션의 전반적인 미적 감각이 사용자를 끌어들이고 사용자의 어려움이나 질문을 최소화할 수도 있기 때문이죠.

디자인은 왜 심지어 시민 개발에서도 중요한가

– 맷 웨이드, 컨설턴트 겸 작가

사용자 경험이라는 분야의 목표는 '사용자를 보다 깊이 이해하고, 사용자들이 무엇을 필요로 하는지, 사용자가 어떤 가치를 가지는지, 사용자가 무엇을 할 수 있는지, 그리고 사용자가 가지는 제약은 무엇인지 알아내는 것'이라고 볼 수 있습니다.[clii] 마치 디지털 인터페이스와 심리학의 교집합 같은 분야죠.

아시다시피 메타나 트위터, 넷플릭스, 애플, 구글, 그 외 거의 모든 테크 기업들은 실력있는 UX 전문가들을 고용하고 있습니다. 그 누구도 자사의 애플리케이션이나 웹사이트, 시스템, 디바이스들이 사용자들이나 고객들에게 혼란을 야기하는 것을 원하지 않습니다. 디자인이 정말 중요한 이유이죠.

그렇다고 시민 개발자가 어떤 분야의 디자이너여야만 할 필요는 없습니다. 시민 개발자들 모두가 사용자 경험을 공부했다고 생각해서는 안 됩니다. 하지만 노코드/로우코드 도구를 사용해서 애플리케이션을 만들면서 시민 개발자는 사실상 UX 디자이너가 되어 간다고 볼 수 있습니다. 물론 어떤 애플리케이션은 기대 이하의 UX 수준을 가질 수도 있습니다. 이 경우 사용자 경험이 사용자별로 일치하지 않는 경우가 생기며 직관적이지 않고 사용하기 어려운 경험으로 인하여 사용자의 불편을 야기하고 결과적으로 직장 동료나 파트너사, 고객과 같은 사용자들에게 혼란을 야기할 수 있습니다.

노코드/로우코드 도구는 정말 다양합니다. 그리고 시민 개발자가 할 수 있는 일은 어떤 도구를 사용하느냐에 따라 달라지죠. 몇몇 간단한 노코드 도구들은 시민 개발자가 할 수 있는 디자인 옵션들을 아주 많이 제한합니다. 반면 로우코드 도구들은 아무것도 없는 백지상태에서 시작해 라디오 버튼이나 체크박스, 로고, 드롭다운 메뉴 등 원하는 요소들을 원하는 대로 집어넣을 수도 있습니다. 다른 코드를 삽입할 수도 있기 때문에 로우코드는 시민 개발자가 할 수 있는 일을 더 많이 확장하는 편이죠.

시민 개발자들이 자유롭게 디자인하도록 내버려 둔다면, 시민 개발자나 팀, 부서, 조직들은 당연히 더 선호하는 색이나 글꼴, 아이콘들을 선택할 것입니다. 서로 다른 애플리케이션에서 제각각의 사용자 경험을 겪게 될 것이며 사용자의 혼란이나 불편을 야기하게 되겠죠. 상상이 잘되지 않으신다면, 만들어진 지 30년도 더 지난 마이크로소프트 파워포인트를 떠올려 보시기 바랍니다. 아직도 많은 사람은 눈에 잘 보이지도 않는 작은 글자와 대조적인 색상, 클립아트, 애니메이션 그리고 충격적인 글꼴로 가득한 슬라이드를 만들고 있습니다. 회의나 발표에서 이런 슬라이드 때문에 하품이 나고 지루한 정도라면 그나마 다행입니다. 정말 끔찍한 단하나의 슬라이드가 7명의 우주비행사의 생명을 앗아간 사건처럼[cliii], 끔찍한 파워포인트 슬라이드는 대형 사고로 이어질 수 있다는 점을 명심해야 합니다.

회사나 조직은 시민 개발자에게 반드시 템플릿이나 예제, 디자인 가이드라인, 스타일 가이드를 제공해서 이런 문제를 피해야 합니다. 7장의 로테르담시민 개발의 경우에도 디자인의 일관성에 대해서 설명한 적이 있죠. 가능하면 디자인 과정에서 추측해서 일해야 하는 부분을 없애는 것이 좋습니다. 따라 걸을 수 있는 평탄한 길을 깔아주는 것이 좋죠.

접근성 역시 꼭 신경 써야 하는 부분입니다. 글꼴 크기가 사용자들에게 적합한지, 색 팔레트의 구성이 충분한 대조를 제공하는지, 필요한 모든 아이콘과 아이콘 및 버튼 또는 텍스트 중무엇을 언제 사용하는지 가이드를 제공하는지, 다국어를 지원하는지, 대체 텍스트는 지원하는지, 고대비를 지원하는지, 다크 모드는 사용할 수 있는지 등 정말 많은 부분을 생각해 보아야 합니다.

이런 디자인 요소들을 사전에 충분히 고려한다고 해서 시민 개발자들이 만든 애플리케이션이 반드시 성공한다는 보장은 없습니다. 하지만 시민 개발자들이 엄청나게 많은 디자인 관련옵션들을 헤쳐 나가는 데에는 큰 도움이 됩니다. 또한 일관되고 뛰어난(또는 최악은 아닌) 사용자 경험을 제공받는 사용자들은 애플리케이션 개발자들에게 고마워할 것입니다.

애플리케이션에 대한 직관적인 지원을 제공하라

애플리케이션 사용자들이 질문하거나 피드백을 제공할 수 있는 방법이 있나요? 가장 좋은 방법은 처음부터 애플리케이션 내부에 애플리케이션 지원 기능을 넣는 것입니다. 노션 또는 에어테이블 등을 사용해서 지원 페이지 또는 요청을 위한 양식을 눈에 잘 띄는 곳에 배치하세요.

10.3 테스트

완벽하게 애플리케이션을 만드는 개발자는 그야말로 드물거나 없다고 볼 수 있습니다. 시민 개발자를 포함한 대부분의 개발자는 크고 작은 실수를 하기 마련이죠.

작은 실수라면, 사용자들이 한 번쯤은 눈감아 줄 테고 시민 개발자들은 만회할 기회를 얻겠죠. 하지만 애초에 사용자에게 실수한 부분을 노출할 필요는 없습니다. 테스트로 초기 문제를 찾고 사용자들이 애플리케이션을 선택할 확률을 올려줄 수 있습니다. 그러지 않더라도, 최소한 애플리케이션이 출시될 준비가 되었다는 확신을 줄 수 있죠.

당연하지만 더 복잡한 애플리케이션일수록 시민 개발자는 더 많은 테스트를 해야 합니다. [그림 10-1]처럼 말이죠.

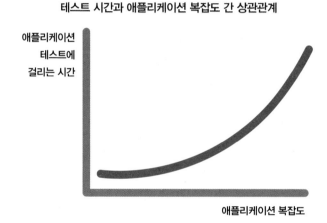

그림 10-1 테스트 시간과 애플리케이션 복잡도 간 상관관계

테스트에서 여러분이 유념해야 할 세 가지가 있습니다. 첫째, 테스트는 여러분이 만든 애플리케이션을 여러분 말고는 아무도 사용하지 않을 때만 생략할 수 있습니다. 그 외에는 꼭 테스트를 하세요. 아주 간단한 노코드 애플리케이션이라도, 여러분의 자동차 타이어를 발로 차 보는 수준의 테스트는 하는 것이 좋습니다. 더 복잡한 로우코드 도구를 사용한 애플리케이션이나 여러분이 코드를 추가한 경우에는 테스트를 훨씬 더 많이 해야겠죠.

둘째, 오류에는 두 가지 유형이 있습니다. 눈에 띄는 오류와 눈에 띄지 않는 오류이죠. 데이터베이스 항목의 이름을 잘못 짓는 것은 눈에 띄는 오류입니다. 보고서 공유 기능이나 사용자 지원 기능을 빼먹는 것은 눈에 띄지 않는 오류에 속하죠.

셋째, 여러분이 애플리케이션을 사용할 때 잘 동작한다고 해서 그것이 다른 사용자에게도 똑같이 적용되는 것은 아닙니다. 모든 크기의 화면이나 모든 종류의 디바이스에서 테스트해 보았나요? 다른 브라우저나 다른 운영체제들은요? 이런 것들을 확인하기 위해서 테스트가 꼭 필요한 것입니다.

10.4 출시

배포를 제대로 하지 못해서 애써 개발한 애플리케이션을 버리게 되는 일을 원하지는 않으시겠죠? 애플리케이션을 제대로 배포하려면 애플리케이션 개발 초기 단계에 고려해야 할 몇 가지가 있습니다. 물론 애플리케이션을 혼자서만 사용할 계획이라면 이 내용은 무시하셔도 됩니다.

홍보

이메일이나 내부 소통용 슬랙 또는 마이크로소프트 팀즈, 메타 워크스페이스 등에 전체 공지 형태로 애플리케이션 출시를 알릴 수 있습니다. 뉴스레터, 또는 입소문 등으로 알리는 것도 나쁘지 않죠.

애플리케이션의 버전

애플리케이션 출시를 어떤 방식으로 알리든, 그 메시지가 중요합니다. 홍보 내용은 진실되어야 합니다. 베타 애플리케이션을 출시해서 피드백을 받고 버그를 찾고 싶다면, 베타 애플리케이션이라는 점을 분명히 해야 합니다. 그러면 사용자들역시 애플리케이션이 완벽하게 동작하지 않을 것이라고 생각하겠죠. 애플리케이션을 개발 환경 또는 교육용 환경에 배포하는 경우에도 이를 분명하게 명시해야 합니다. 삶이 피곤하고 복잡해질 것 같아서 애플리케이션을 사용하지 않게 되는 일 또한 피해야겠죠.

교육 및 훈련

애플리케이션 출시는 짜릿한 일입니다. 동료나 파트너사, 또는 고객들이 여러분들이 만든 애플리케이션을 사용하고 그 즉시 엄청난 이점을 누릴 수도 있죠. 하지만 여러분이 생각하는 것과는 달리 애플리케이션의 UI나 기능은 생각보다 사용하기 어려울 수 있습니다.

그래서 애플리케이션에 대한 적절한 교육이나 훈련이 필요합니다. 복잡한 애플리케이션에 대해서 교육이나 훈련을 제공하지 않는 시민 개발자는 불장난을 하는 것이나 다름없죠. [그림 10-2]에서처럼 애플리케이션의 복잡도가 증가하면 애플리케이션 교육에 대한 요구 역시 당연히 증가합니다.

애플리케이션 복잡도에 따른 교육의 필요성

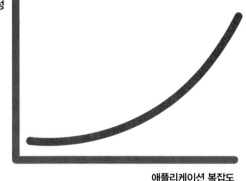

그림 10-2 애플리케이션 복잡도에 따른 교육의 필요성

또한 다음의 내용들도 고려해 보아야 합니다.

- 신규 사용자에게도 계속해서 교육을 제공할 것인가?
- 계속 교육을 제공할 것이라면, 일대일 교육 형태인가 아니면 그룹 단위로 교육을 제공할 것인가?
- 사용자에 대한 직접적인 교육을 제공할 수 없다면, 비디오나 가이드, 위키, FAQ 등을 제공할 것인가?
- 애플리케이션 사용자 간 커뮤니케이션을 위한 슬랙 또는 마이크로소프트 팀즈 등의 협업 허브를 제공할 것인가?

저는 고객 또는 동료에게 애플리케이션에 대한 교육을 제공할 때 너무 많은 학습을 제공하는 쪽으로 치우치는 실수를 저질러 왔었습니다. 다음 일화에서 소개 드리는 바와 같이 애플리케이션 교육을 하나의 목적만 가지는 거대한 클래스로 구성하는 방식은 좋지 않습니다.

교육의 두 범주

– 가레스 프로노부스트, 노코드 컨설턴트

저는 지금까지 수백 개의 회사를 위해 다양한 노코드 도구를 사용해서 커스텀 애플리케이션을 개발해 왔습니다. 하지만 제아무리 잘 만든 애플리케이션이라고 할지라도 사용자가 애플리케이션을 어떻게 사용하는지를 모르면 아무짝에도 쓸모가 없죠. 컨설턴트나 고용주의 입장에서 애플리케이션 사용자들이 적절한 교육을 받는지를 항상 확인해야 합니다. 이런 교육이나 훈련은 크게 두 가지 범주로 나눌 수 있습니다. 바로 솔루션 특화 교육과 도구 특화 교육입니다.

첫 번째 범주는 상대적으로 그 범위가 좁은 편입니다. 제가 회사를 위해 만들어 준 애플리케이션 자체에 초점을 두고 있는 것이죠. 주로 노코드 애플리케이션을 만들 때 직접 참여하지 않은 팀원들을 주로 대상으로 합니다. 이런 직원들은 대개 시민 개발자는 아니지만 커스텀 애플리케이션이 어떻게 동작하는지 알아야 하는 사람들입니다. 교육 동안 사용자들은 새로운 애플리케이션을 다루어 보면서 애플리케이션을 어떻게 제대로 사용하는지를 배우게 됩니다. 그러면서 애플리케이션의 정보를 보고, 수정하고, 입력하고 삭제하게 되는 것이죠.

두 번째 범주는 보다 넓은 시야가 필요합니다. 모든 사용자에게 노코드/로우코드 도구가 어떻게 동작하는지를 가르쳐야 하기 때문이죠. 회사 전용 애플리케이션을 만들 때 사용하지 않은 기능들도 알려주어야 합니다. 마치 도구를 만들기 위해 사용한 도구를 배우는 느낌인 것이죠. 노코드/로우코드 도구를 배운 시민 개발자들은 대체로 특별한 능력을 부여 받은 것처럼 느끼는 것 같습니다. 교육받은 시민 개발자들이 자신만의 애플리케이션을 개발하거나 개발하고 싶어 한다면, 여러분은 교육자로서 할 일을 아주 잘해 낸 것입니다.

10.5 지원, 유지보수 및 문서화

사용자들이 여러분이 만든 애플리케이션을 사용하고 있다고 가정해 보겠습니다. 여러분이 아주 우아하고 멋진 애플리케이션을 만들고 출시한 덕분에 복잡하고 중요한 비즈니스 문제들을 여럿 해결할 수 있게 된 것이죠. 여러분의 직장 동료들은 여러분의 업적을 기리는 노래를 만들어서 부르고 조각상을 만들어서 회사 로비에 전시할 것입니다. 음식은 맛있어지고, 공기가 깨끗해집니다.

하지만 여러분들이 해야 할 일이 전부 끝난 것은 아닙니다.

지원

애플리케이션을 출시한 이후 다음과 같은 것들을 지원해야 합니다.

- 사용자의 질문에 답할 것인가? 답을 한다면 누가 할 것인가? IT 부서 또는 다른 시민 개발자가 답하는가?
- 일할 사람이 여러분 한 명밖에 없다면, 휴가 등 부재 상황이 발생하는 경우 어떻게 할 것인가?
- 사용자가 문제를 어떻게 알려주는가?
- 사용자가 애플리케이션 버그를 여러분에게 연락하게 할 것인가? 그게 아니라면 멘딕스나 서비스나우, 노션 등 애플리케이션 개발에 사용한 도구 업체에 연락해야 하는가?
- 기존 사용자에게 지원 관련 내용들을 알려주었는가? 어떻게 알려 주었는가? 향후 추가될 새로운 사용자에게는 지원 관련 사항을 어떻게 알려줄 것인가?
- 누가 이슈를 추적하고 처리하고 사용자와 의사소통할 것인가?

이 질문들에 대해서 충분히 고민하고 생각한 다음 답해 보길 바랍니다. 이런 계획 없이 애플리케이션을 출시하는 것은 그야말로 재앙에 가깝거든요.

지식 보전 및 대비 계획

시민 개발자들 역시 더 좋은 기회를 찾아서 회사를 떠날 수 있습니다. 특히 요즘과 같은 대이동의 시대에서는 더더욱 그런 일이 많이 생기죠. 이런 상황에서 개발자가 가지고 있는 애플리케이션에 대한 지식은 정말 중요한 자산입니다. 수십 명의 직장 동료들이 노코드/로우코드 애플리케이션을 계속 쓰고 있었다고 하더라도 애플리케이션을 만든 사람만큼 애플리케이션을 잘 이해하는 사람은 없습니다. 전문적인 기술자나 개발자조차도 커스텀 애플리케이션의 내부 구조를 쉽게 이해할 수는 없다는 사실을 알아 두어야만 합니다. 저 역시 이와 비슷한 상황을 겪은 적이 있습니다.

회사 인사팀을 벗어난 뒤 저는 다른 조직의 ERP 시스템 구축 관련 일을 십 년이 넘게 했습니다. 긴 시간 동안, 그리고 틈틈이 한 짧은 기간의 일에서도 저는 마이크로소프트 액세스 데이터베이스를 만들었죠. 제 일이 끝나고 시스템을 유지보수할 새로운 담당자가 지정되면 저는 직접 담당자들을 만나서 제가 한 일에 대해서 설명해 왔습니다. 11장에서도 잠깐 소개하겠지만, 이런 시스템 중 일부는 제가 일을 끝마친 뒤에도 수년 동안이나 계속 사용된 경우도 있었습니다.

하지만 일부 고객들은 이렇게 만나서 앞으로 시스템을 어떻게 운영할 것인지를 논의하고 계획하는 자리를 거절하기도 했습니다. 호의는 고맙지만, 똑똑한 IT 부서에서 알아서 다 잘할 것이라는 것이었죠. 물론 제가 액세스 데이터베이스의 최신 방법론을 철두철미하게 지키고 모든 내용을 문서화했다면 당연히 문제가 없었을 것입니다. 하지만 데이터베이스의 기능 중 일부는 정말 복잡했습니다. 예를 들어 대시보드가 여러 개의 양식을 가져와서 화면에 보여주는 기능이죠. 양식 중 일부는 사용자에게서 입력을 받아서 마법과도 같은 일을 처리하기도 했습니다. 사실 그 내부에서는 여러 단계로 이루어진 질의와 서브 쿼리, 파일 내보내기, 이메일 공지 등의 기능이 뒤섞여 있었습니다.

제가 끝낸 몇 개의 프로젝트에서 차후에 긴급한 이메일이나 전화를 받은 적이 있습니다. 일을 끝마치고 인수인계를 거절했던 회사가 이제서야 제 도움이 필요해진 것이죠. 제가 일을 끝마치고 떠날때는 아무 문제없이 동작했던 액세스 보고서나 양식을 고치고 싶어진 것입니다. 시민 개발자들이 만든 정교한 애플리케이션들은 시민 개발자가 떠난 뒤에 유지보수하거나 수정하기가 결코 쉽지 않습니다.

애플리케이션에 대한 잘 작성된 문서도 좋지만, 무엇보다 시민 개발자들이 추후 시스템이나 애플리케이션을 맡을 담당자와 직접 인수인계 작업을 해야만 합니다. 저 역시 풀타임 근무자로 일할 때나 컨설턴트로 일할 때나 모두 인수인계 작업을 해 왔습니다. 전문가로서의 품격이 느껴질 뿐 아니라 여러분이 만든 애플리케이션을 통해 남은 직장 동료나 회사가 계속 이득을 얻을 수 있는 가능성 역시 커집니다. 그리고 여러분이 다른 회사나 직업, 프로젝트로 옮겨간 후에도 이 전에 마친 프로젝트 관련 질문들로 여러분들을 귀찮게 하지 않을 가능성도 높아집니다.

10.6 폐기

시민 개발자가 어느 회사에서 오랫동안 근무한다면, 자신이 직접 만든 애플리케이션을 스스로 폐기하는 일도 생길 것입니다. 애플리케이션을 폐기하는 이유는 다양하겠지만 크게 나눈다면 두 가지로 분류할 수 있습니다. 바로 공급업체에서 폐기를 주도하는 것과 고용주가 폐기를 주도하는 것이죠.

공급업체에서 폐기를 주도하는 이유는 다음과 같습니다.

- 월별 구독료의 증가
- 공급 업체의 사업 중단
- 더 뛰어나거나 더 저렴한 도구의 등장으로 노코드/로우코드 도구를 변경

고용주가 폐기를 주도하는 경우는 다음과 같습니다.

- 새로운 고용주가 모든 것을 통제하려고 할 때. 딱히 설명할 말이 없네요.
- 회사나 조직에서 더 엄격한 노코드/로우코드 정책을 수립함으로 인하여 여러분이 사용하던 노코드/로우코드 도구를 더 이상 사용할 수 없음
- 내부 감사에서 애플리케이션에 문제가 있다고 판단하고 폐기하기로 결정할 때. 이 경우는 대개 애플리케이션에 민감한 고객 정보나 개인 정보 등이 담겨있기 때문인 경우가 많습니다.
- 사용자가 더 이상 사용하지 않을 때
- 회사의 합병 또는 인수가 이루어질 때
- 애플리케이션에서 수집하고 처리하는 데이터에 더 적절한 ERP/CRP/PLM 시스템이 있다는 것을 발견할 경우

애플리케이션이 폐기되는 경우 발생할 수 있는 문제점을 최소화하기 위해 다음 사항들을 고려해 보는 것이 좋습니다.

명확한 일정 전달

웹 기반 무료 음악 서비스인 그루브샤크는 2015년 4월 30일 갑자기 사라졌습니다. 경고나 다른 어떤 메시지 하나 없이 사라졌습니다.

그루브샤크에 무슨 일이 생겼는지 셜록 홈즈와 같은 명탐정이 출동할 필요는 없었습니다. 그냥 법적인 문제였죠. 사실 저와 같은 그루브샤크 사용자들은 이 서비

스가 오래간다는 사실이 놀라울 따름이었습니다. 무제한 무료 음악을 2008년부터 2015년까지 제공한 것이죠. 법적인 문제는 오래전부터 시한폭탄처럼 째깍거리고 있었습니다.

시민 개발자들과 관련 조직들 역시 이와 비슷한 상황에 대비하고 소리소문없이 사라지는 결과를 피해야만 합니다. 시민 개발자들이 만든 애플리케이션은 조직이나 비즈니스에서 아주 중요한 역할을 담당할 수 있습니다. 그런 애플리케이션이 어느 날 갑자기 사라진다면, 전체 비즈니스 프로세스에 문제가 생길 수 있겠죠. 7장에서 소개한 다이아모넷 운전사들이 애플리케이션이 없어서 전체 일정을 통보받지 못하는 경우 어떤 일이 생길지는 불 보듯 뻔하겠죠. 세상이 멸망하지는 않지만 적어도 고객들은 실망이 클 것입니다. 고용주들도 마찬가지겠죠. 역사적으로도 노동 시장에서 아주 긴밀하게 연결되어 있는 고객이나 고용주들을 일부러 짜증나게 만들 필요가 있을까요?

노코드/로우코드 애플리케이션을 폐기할 계획이고 그 일정이 정해지면 그 즉시 고객 등의 사용자들에게 알려야 합니다. 그렇다고 애플리케이션 종료까지 매일 알려줄 필요는 없겠죠. 종료 두 달 전에 메시지나 이메일 등으로 딱 한 번만 알려주는 것도 충분하지는 않습니다. 그 중간 어딘가 적정선을 찾는 것이 좋겠네요.

미리 데이터 추출해 보기

물론 애플리케이션을 만들기 전에 노코드/로우코드 도구의 데이터 추출 기능이 제대로 동작하는지, 혹은 원하는 만큼 데이터를 추출할 수 있을지 시민 개발자들이 먼저 확인해 보았을 것입니다. 그래도 애플리케이션을 만든 이후에 데이터 추출 기능에 변경이 생겼을 수도 있으니 한 번 확인해 보는 것이 좋겠죠. 추출한 데이터가 다음과 같은 방식으로 전달된다고 해서 당황할 필요는 없습니다.

- 만료 기간이 정해진 링크를 이메일로 전달하는 경우
- JSON과 같이 사용해 보지 않은 포맷의 파일로 전달되는 경우: JSON은 노션을 비롯한 많은 최신 노코드/로우코드 도구에서 내부적으로 많이 사용하고 있습니다.[cliv]
- 쉼표(콤마, ',')로 값들이 구분된 파일 포맷 Comma-Separated Values (CSV)으로 전달되는 경우. 여러분이 주로 사용하는 스프레드시트 프로그램에서 제대로 다루기 힘들 정도로 많은 레코드가

포함되어 있을 수도 있습니다. 또는 문자열 필드 값이 여러 개의 콤마로 이루어져 있어서 데이터를 불러오고 처리하는 과정을 복잡하게 만들 수도 있죠.

최소한 아는 것이 모르는 것보다 낫습니다. 애플리케이션 자폭 한 시간 전인 금요일 오후 네 시부터 부랴부랴 데이터를 추출하는 것보단 미리 준비하는 편이 좋겠죠.

IT 부서에 지원 요청

6장에서 설명한 것처럼 IT 부서들은 시민 개발자들이 하는 일들에 점점 손을 떼고 있는 경향입니다. 그래도 IT 부서가 여러분들의 애플리케이션 소멸에 따른 데이터 추출과 다른 노코드/로우코드 도구로의 데이터 이전을 지원해 줄 수 있는지를 확인해 보는 것이 좋겠죠. 지원해 주면 좋겠지만, 최악의 경우에도 대비해 두어야 합니다.

10.7 정리하기

- 노코드/로우코드 도구로 새로운 애플리케이션을 정말 쉽고 재미있게 만들 수 있습니다. 하지만 시민 개발자들은 애플리케이션을 만들기 전에 애플리케이션의 라이프 사이클에 대해 진지하게 고민해 볼 필요가 있습니다.
- 정말 뛰어난 시민 개발자라 할지라도 모든 것을 만들 수는 없습니다. 초기 계획 단계에서 사용할 노코드/로우코드 도구로는 해결하고자 하는 문제를 처리할 수 없다는 사실을 미리 파악할 수 있습니다.
- 애플리케이션 개발 계획이나 설계, 개발, 출시, 지원, 유지보수 등의 다양한 관점에서 스스로에게 질문해 보는 것이 좋습니다.
- 노코드/로우코드 도구에서 데이터를 추출하는 것은 여러분이 생각하는 것만큼 매끄럽게 진행되지 않을 수도 있습니다.

노코드/로우코드와 시민 개발자들에 대한 미신과 현실

"남자는 무릇 자신의 한계를 알아야 하는 법이지."

– 영화 〈매그넘 포스〉의 배우 클린트 이스트우드(더티 해리 역)

최근 5년간 정말 강력한 노코드/로우코드 도구들이 쏟아져 나왔습니다. 시민 개발자들이 이 도구들 덕분에 수십만 개의 비즈니스 애플리케이션을 만들 수 있었죠. 노코드와 로우코드라는 단어는 비즈니스 세계에서 점점 더 많이 언급되고 있습니다. 더 중요한 것은 이 단어들이 대변하는 트렌드가 점점 더 강해지고 있다는 점이죠.

이 책을 쓰고 있는 지금 아마존에 '시민 개발자'라는 단어가 들어간 책을 검색하면, 여러분이 읽고 있는 이 책을 포함해서 그다지 많이 나오지 않습니다. 하지만 아마도 일 년 이내로 정말 많은 수의 책이 나오지 않을까 예상합니다.

아직은 초기 단계에 불과하기 때문에 시민 개발자들이 노코드/로우코드 도구로 무엇을 할 수 있고 무엇을 할 수 없는지 명확하게 알려지지는 않았습니다. 이 점을 염두에 두고, 이번 장에서는 노코드/로우코드 도구와 시민 개발자들에 대해 흔히 오해하고 있는 몇 가지 점들을 살펴보겠습니다. 여러 가지 오해들을 체계적으로 풀어보도록 하죠.

11.1 노코드/로우코드 도구들과 그 후속 제품들

사람들은 소위 '비주얼 프로그래밍'에 대해 많은 비판을 해왔습니다. 그리고 비주얼 프로그래밍이라는 이름은 다르게 바뀌었지만, 여전히 이런 비판은 계속되고 있으며 비평가들의 주장 중 대부분은 올바르지 않습니다. 별로 설득력이 없죠.

① 뭔가 대단해 보이는 구글 독스나 구글 시트에 불과하다

말도 안 되는 주장이죠. 이게 사실이었다면, 3장에서 설명한 것처럼 구글이 2020년 1월에 앱시트를 인수하는 일도 없었을 것입니다.

② 진짜 개발자들은 사용하지도 않는다

소프트웨어를 가능한 한 복잡하게 만들고 싶어 하는 소프트웨어 엔지니어는 아마 없을 것입니다.

사람들의 생각과는 달리 많은 개발자는 다양한 이유로 노코드/로우코드 도구들을 사용합니다. 코딩스케이프의 파트너인 지미 제이콥슨은 "프로그래밍을 직접 하기에 너무 과한 경우에는 개발자들도 노션이나 에어테이블과 같은 도구를 많이 사용합니다."고 말한 적이 있습니다.[clv] 기술에 좀 더 예민한 사람들은 노코드/로우코드 도구들을 전통적인 코딩과 결합하여 정말 놀라운 결과를 얻기도 하죠.

인도의 데이터 과학자인 하실 아그라왈 역시 이 점에 분명히 동의할 것입니다. 하실은 에어테이블과 타입폼, 그 외 몇 가지 서비스를 활용해서 정말 인상적인 지출 관리 애플리케이션을 만들었습니다. 고작 십 분 만에요.[clvi] 사실 하실은 일반적인 시민 개발자들보다는 프로그래밍에 더 익숙합니다. 하실뿐 아니라 다른 개발자들 역시 노코드/로우코드 도구를 사용해서 업무를 보다 쉽게 만들고 있습니다. 포레스터의 시니어 애널리스트인 존 브라틴체비치는 2022년 4월 컴퓨터월드에서 루카스 메리안과의 대화 도중 다음과 같은 말을 했었죠.

> 로우코드라는 용어는 시민 개발자라는 단어와 연관되지만, 사실 전문 개발자의 약 1/3도 개발을 단순화하고 빌드 시간을 줄이기 위해 로우코드를 사용합니다.[clvii]

소프트웨어 엔지니어들은 정말 많은 이유로 노코드/로우코드 도구들을 사용합니다. 노코드/로우코드 도구들을 스크립트리스^{scriptless}라고 부르는 모양이더라고요.

아무튼 소프트웨어 엔지니어들이 노코드/로우코드를 특히 많이 사용하는 곳은 바로 회귀 테스트입니다.[clviii] 회귀 테스트는 최근 이루어진 소프트웨어의 변경 또는 기능 개선이 기존의 기능에 영향을 미치지 않는지 확인하는 테스트라 볼 수 있습니다.

③ 노코드/로우코드 도구는 소규모 회사나 1인 회사에서나 쓸만하다

말도 안 됩니다. 코다만 해도 뉴욕타임즈나 우버, 보스턴 컨설팅 그룹보스턴 컨설팅 그룹과 같은 대기업에서 사용하고 있습니다.

④ 노코드/로우코드는 태생적으로 보안에 취약하다

이 말이 사실이라면 아마도 누군가가 뉴욕타임즈나 우버와 같이 노코드/로우코드 도구를 사용하는 회사의 IT 부서 운영자에게 보안이 취약하다는 사실을 알리지 않았나 봅니다. 사실 환자의 민감한 정보를 다루는 병원 회계 관리자가 노코드/로우코드 도구로 애플리케이션을 만들어서 업무를 자동화하는 경우는 보안상 위험 요소가 있다고 볼 수 있습니다. 대학 교수가 수강생 관련 개인 정보를 저장하는 것도 마찬가지죠. 여러분의 회사가 민감한 정보를 스프레드시트나 구글 독스에 저장하는 것을 금지한다면, 동일한 정책을 노코드/로우코드 애플리케이션에도 적용할 것입니다.

⑤ 현재 사용하고 있는 소프트웨어 라이선스가 동일 업체의 노코드/로우코드 도구에 대한 라이선스를 포함한다

꼭 그렇지는 않습니다. 여러분이 영업 부서에서 일하고 있으며 CRM으로 세일즈포스를 사용한다고 가정해 보겠습니다. 그럼 회사에서 세일즈포스의 노코드/로우코드 도구인 라이트닝에도 접근해서 사용할 수 있을 것이라 생각할 수 있지만 그렇지 않습니다. 책을 쓰고 있는 지금 시점에 세일즈포스는 라이트닝에 대해서 사용자별로 월간 사용료를 책정하고 있습니다. SaaS가 원래 그렇죠.

⑥ 나는 내가 쓰는 소프트웨어가 좋고 다른 업체들은 그 기능을 절대 따라 하지 못할 것이다

T. S. 엘리엇은 '미숙한 시인은 모방하고, 성숙한 시인은 훔친다'는 명언을 남겼죠. 물론 에어테이블이나 노션, 코다에 대해서 이야기한 것은 아니지만 같은 맥락으로 생각할 수 있습니다.

수십 년간 소프트웨어 개발 회사들은 적극적으로 다른 회사 제품의 기능들을 '빌려' 왔습니다. 마이크로소프트 엑셀에서 유용한 기능 중 하나인 피봇테이블은 구글 시트나 애플 넘버에서도 찾을 수 있습니다. 페이스북은 트위터의 해시태그와 스냅챗의 스토리를 가져왔죠. 릴스는 틱톡의 모조품이나 다름없죠. 상용 소프트웨어 이외에도 오픈 소스 프로젝트들 역시 다른 오픈 소스의 인기 있는 기능들을 가져오는 경우가 빈번하게 일어납니다.

물론 여러분이 사용하는 도구가 좋고 그 도구를 계속 사용할 수 있습니다. 하지만 다른 소프트웨어 회사가 그 도구의 핵심 기능을 절대 따라 하지 않을 것이라고 생각해서는 안 됩니다. 조호 크리에이터에서만 독점적으로 제공하는 기능은 아마도 멀지 않은 시점에 멘딕스에서도 만날 수 있을 것입니다.

⑦ 노코드/로우코드 애플리케이션은 그 수명이 짧다

재미있는 논리군요. 2022년 1월 월스트리트저널의 조안나 스턴은 3세대 무선 이동 통신 기술(3G)가 임박한 종말에 대한 기사를 썼습니다.[clix] 글과 함께 올린 동영상에서 스턴은 아이폰4로 몇 가지 기능들을 시험해 봅니다. 어떤 것이 되고 어떤 것이 안 되는지는 직접 동영상을 보시는 편이 더 좋겠네요.

아무튼 핵심은 모든 애플리케이션과 시스템은 시한부라는 점입니다. 모든 코드 역시 그 수명이 언젠가는 끝납니다. 중요한 것은, 과연 그 수명이 얼마나 오래갈 것 인가죠.

노코드/로우코드 애플리케이션은 생각보다 훨씬 그 수명이 길 수 있습니다.

4장에서 제가 2004년 사우스 저지의 급여 지불 문제를 마이크로소프트 액세스 애플리케이션으로 해결한 일화를 소개한 적이 있었죠. 그리고 2010년 같은 회사가 ERP 시스템을 업그레이드하게 되었습니다. 회사 프로젝트 매니저들 중 예전에 같이 일한 적 있는 사람들이 몇몇 있어서 연락하게 되었죠.

회사의 ERP 시스템 업그레이드에 대한 계획을 논의하고 있는 도중, 캐롤이라는 직원이 자신의 컴퓨터에 마이크로소프트 액세스를 열어 두고 있었습니다. 얼핏 화면을 보았을 때 제가 데이터베이스에서 주로 사용하는 스킨과 글꼴을 사용하는 것 같길래, 그에 대해서 이야기했습니다.

그랬더니 캐롤이 웃더군요.
"왜요?"라고 묻자,
캐롤은 저에게 기억이 나지 않느냐고 되물었습니다.
제가 어깨를 으쓱해 보였더니, 제가 만든 액세스 애플리케이션이라고 말해주더군요.
그게 아직도 동작하냐고 물어보니,
캐롤은 "당연하죠. 절대 바꾸지 않을 거니 고칠 생각은 하지도 마세요."라고 대꾸하더군요.

⑧ 모든 시나리오에 노코드/로우코드 도구와 맞춤형 애플리케이션이 필요하다

헛소리죠. 팀이나 그룹, 부서, 클라이언트. 또는 회사에서 사용할 맞춤형 애플리케이션은 과한 경우가 많습니다. 그럴 때는 단일 목적으로 사용할 수 있는 전통적인 도구가 더 낫죠. 예를 들어 가볍고 직관적이며 간단한 프로젝트 관리 애플리케이션인 투두이스트Todoist를 생각해 보죠. 팀에서 상대적으로 복잡한 프로젝트를 이메일과 구글 시트로 관리하려면 많은 난관에 부딪히고 여러 가지 문제가 발생할 수 있습니다. 그보다는 예전에 투두이스트를 사용해 본 경험이 있다면 그걸로 프로젝트를 관리하는 것이 훨씬 좋을 것입니다.

⑨ 모든 프로젝트나 업무에서 노코드/로우코드를 필요로 하지는 않는다

망치를 손에 쥐고 있으면 모든 것이 못으로 보이기 마련이죠. 작은 팀이나 부서에서 진행하는 소규모의 6주짜리 프로젝트라면 간단하고 단일 목적을 위해 만든 애플리케이션이면 충분할 수 있습니다. 여러분이 만든 아주 멋진 새로운 애플리케이션에 직장 동료들이 흥미를 가지지 않는다면, 이미 충분히 사용해 왔던 더 익숙한 방식을 택하는 것도 좋죠. 10장에서 다룬 노코드/로우코드 애플리케이션 라이프 사이클 관리가 골치 아픈 경우에도 마찬가지입니다.

이렇게 생각해 보죠. 2022년 6월을 기준으로 126,000개의 조직이 프로젝트 관리를 위해 아사나를 사용하고 있습니다.[clx] 팀들은 시민 개발자들이 노코드/로우코드 도구로 만든 야심 찬 커스텀 프로젝트 관리 애플리케이션 대신 아사나와 같은 사용자 친화적인 프로젝트 관리 프로그램을 더 선호합니다. 노코드/로우코드 도구로 아사나의 강력하고 뛰어난 기능들을 전부 대체할 수 있는 애플리케이션을 만들려고 시도하는 것조차 말이 안 되는 것이 될 수 있죠.

⑩ 노코드/로우코드 도구로는 한 가지밖에 할 수 없다

두 가지 예시로 간단하게 반박할 수 있겠네요.

첫째, 노션이나 코다는 엄청나게 많은 일을 할 수 있어서 오히려 어떤 사람들은 이해하기 어려울 지경입니다. 노션이나 코다는 모두 전통적인 개념의 문서 도구나 애플리케이션과 전혀 다르죠. 둘째, 이름에서도 알 수 있듯 마이크로소프트 파워 오토메이트는 수작업으로 처리하던 일들을 전부 자동화할 수 있습니다. 물론 자동화는 그 범주가 아주 다양하죠.

- 여러 애플리케이션 또는 서비스 간 데이터를 주고받기
- 파일 동기화
- 비즈니스 프로세스 간소화
- 커스텀 알림 설정
- 데이터 변형 및 분석을 위한 웹 데이터 수집[clxi]

3장에서 오늘날의 노코드/로우코드 도구들이 이전 세대의 도구들과 어떻게 다른지 알아보았었죠. 최신 노코드/로우코드 도구들이 훨씬 강력하지만, 기업용 슈퍼 애플리케이션을 만들고 싶다면 다시 한번 고민해 보시길 바랍니다.

⑪ 엔터프라이즈 시스템이 할 수 있는 것은 노코드/로우코드로도 전부 다 할 수 있다

과대광고입니다. 2장에서 비즈니스 애플리케이션과 시스템에 대해서 설명했었죠. 10명 정도의 직원이 있는 소규모 회사에서는 에어테이블을 경량 CRM으로 사용할 수 있겠죠. 하지만 중소규모나 대규모 기업에서는 가장 강력한 노코드/로우코드 도구도 견고한 엔터프라이즈 시스템을 대체할 수 없습니다. 에어테이블이나 노션과 같은 도구들은 정말 유용하긴 하지만 할 수 있는 것에 분명한 한계가 있습니다.

⑫ 노코드/로우코드에는 잘못된 점이 전혀 없다

어허, 큰일 날 소리입니다.

많은 시민 개발자가 멋진 애플리케이션을 만들기 위해 노코드/로우코드 도구들을 즐겨 사용하는 만큼, 경험이 풍부한 개발자들은 다음과 같은 단점도 있다고 말합니다.

| 업체 종속성 |

여러분의 회사에서 마이크로소프트와의 관계를 끊기로 했다고 가정해 봅시다. 이제 더 이상 마이크로소프트 팀즈나 오피스 365, 애저, 엑셀, 파워 앱 등을 사용할 수 없겠죠. 슬랙이나 구글 독스, 구글 시트로의 이전은 비교적 쉽게 이루어질 수 있겠지만 파워 앱으로 만들어진 커스텀 비즈니스 애플리케이션들을 다른 노코드/로우코드 도구로 옮기는 것은 쉽지 않을 것입니다.

사실 노코드/로우코드 대부분은 업체에 종속적이기로 그 악명을 널리 떨치고 있습니다. 저만해도 특정 업체에 많이 얽매여 있는 현실이니까요. 워드프레스와 Divi 테마로 구축한 웹사이트를 다른 고스트CMS로 옮긴다면 어떤 일이 벌어질까요? 재미도 없는 몇 주간의 지루한 작업과 고생만 하게 될 것입니다.

| 도구의 중복과 그로 인한 긴장 상태 |

1장에서 살펴본 것처럼 회사에서 이루어지는 많은 기술적인 결정이 다른 사업 부서에서 이루어지는 경우가 많아졌습니다. 물론 좋은 현상이지만, 이렇게 기술 관련 결정이 분산되면 전에 없던 새로운 문제가 발생하기도 합니다.

재무부서가 먼데이닷컴을 프로젝트 관리 도구로 사용한다고 생각해 봅시다. 다른 마케팅 부서는 프로젝트 관리에 클릭업을 사용하는군요. 그리고 회사에서 재무부서와 마케팅 부서의 공동 프로젝트를 진행하기로 합니다. 두 부서 중 어느 쪽이 사용하는 프로젝트 관리 도구를 사용하게 될까요? 클릭업을 선택하면 마케팅 부서 직원들은 프로젝트 관리에 어려움을 품고 재무부서에 앙심을 품을 수도 있겠습니다. 설명을 위해 지어낸 이야기 같겠지만, 실제로도 일어나는 일입니다. 제가 직접 보기도 했고요.

| 여러 도구의 혼재로 인한 여러 버전의 데이터 |

8장에서 다양한 노코드/로우코드 관련 철학에 대해서 소개했었죠. 더 분산된 방식일수록 직원 개개인이나 팀, 부서별로 원하는 도구를 사용할 수 있다는 이점이 있지만 그만큼 단점도 존재합니다. 사내 정치가 팽배한 회사 내에서는 직원들이나 팀들이 그들만의 애플리케이션을 사용하여 그들만의 데이터를 관리하려는 경향이 있죠. 그러다 보니 핵심 제품이나 직원, 고객 정보 등의 데이터에서 충돌이 발생하는 경우도 자주 생깁니다.

⑬ 노코드/로우코드를 거부하는 소프트웨어 회사는 곧 업계에서 뒤처지게 될 것이다

아마존은 합법적으로 이의를 제기할 수 있는 비즈니스적 관행을 통해 공급 업체나 관련 기관을 자주 귀찮게 합니다. 이 점을 눈여겨본 쇼피파이는 파트너에 보다 친화적인 정책을 선택했죠. 어떻게 보면 반 아마존 노선을 선택하여 경쟁하는 것이라 할 수 있습니다.[clxii] 또 다른 전자상거래 회사들 역시 경쟁 회사들과는 다른 방향으로 나아가고 있죠. 노코드/로우코드 역시 마찬가지입니다.

4장에서 말씀드렸다시피 모든 소프트웨어 회사에서 자사의 제품을 노코드/로우코드 도구라고 홍보하지는 않습니다. 노코드/로우코드라는 흐름은 부인할 수 없는 사실이지만, 많은 회사에서 이를 거부하거나 무시하고 있는 것도 사실입니다. 베이스캠프나 투두이스트는 스스로를 노코드/로우코드라고 표현하지는 않지만, 메이크나 재피어 같은 인기 있는 타사 서비스와 매끄럽게 융합할 수 있죠.

11.2 시민 개발자들

저는 제가 정의한 시민 개발자의 뜻을 더 좋아하지만, 5장에서도 설명했듯 시민 개발자에 대한 정의는 하나만 있기는 힘듭니다. 시민 개발자와 그들의 특징에 대한 일관된 의견이 전혀 없으니까요.

① 시민 개발자들은 다 똑같다

제 친구 제이슨 코닐리아리와 J.R. 카밀리온은 정말 뛰어난 코딩 전문가입니다. 하지만 노코드/로우코드 개발자는 아닙니다. 둘은 가장 뛰어났던 제 학생 다섯 명 중 둘이었으며 캡스톤 프로젝트에서 다른 누구보다도 뛰어난 능력을 보였습니다. 거의 모든 것을 만들 수 있을 정도이죠. 그 친구들보다 15세나 많지만 능력이 부족한 소프트웨어 엔지니어들도 여럿 봤습니다.

시민 개발자에게도 똑같은 진리가 적용됩니다. 시민 개발자들은 모두 똑같지 않습니다. 어떤 시민 개발자들은 다른 시민 개발자들보다 좀 더 잘합니다. 시민 개발자들에 대한 개념은 흑백논리가 아닙니다. 아주 다양하죠.

② 시민 개발자들은 일반적인 개발자들이 할 수 있는 것을 전부 다 할 수 있다

요즘 노코드/로우코드 도구들이 그 어느 때보다 강력하긴 하지만, 그렇다고 오해해서는 안 됩니다. 애플리케이션이나 시스템을 바닥부터 만드는 것과 비교하면 노코드/로우코드 도구는 한계가 있을 수밖에 없습니다. 만들기 쉽고 편한 만큼 수정에 제약이 있다는 장단점이 존재한다는 점을 잊지 마세요.

③ 시민 개발자들은 젊어야만 할 수 있다

전 시민 개발자지만 젊진 않아요.

남녀노소를 불문하고 호기심 많고 지적이며 개인적인 동기가 충분한 그 누구라도 노코드/로우코드 도구를 써서 강력한 비즈니스 애플리케이션을 만들 수 있습니다. 5장에서 설명 드린 바와 같이 사람들은 특정 동기를 통해 시민 개발자가 되었습니다. 비효율적인 비즈니스 프로세스나 관련 문제들을 해결하는 것 같은 동기 말이죠. 시민 개발에 나이는 중요하지 않습니다.

④ 모든 사람이 시민 개발자가 되고 싶어 한다

어떤 사람은 새로운 워크플레이스 기술을 배우고 싶지만 도저히 짬을 낼 수 없는 상황에 있기도 합니다. 그리고 그게 잘못된 일은 아니죠. 모든 사람이 시민 개발자가 될 필요는 없습니다.

⑤ 시민 개발자들은 기업용 시스템이나 애플리케이션을 대체할 무언가를 만들 수 있다

이전에 말한 내용과 비슷한데 답은 아닙니다. 시민 개발자가 제아무리 기술에 능숙하다고 해도 드래그 앤 드롭 도구로 비용 결제 및 지불 시스템을 만들 수는 없습니다. 50개 국가의 수백 명이 넘는 직원들이 사용할 수 있는 공급망 관리 시스템도 만들 수 없습니다. 물론 30년 전보다는 상황이 나아졌지만, 그래도 여전히 안 되는 것은 안 됩니다.

⑥ 시민 개발자들은 디자인을 신경 쓸 필요가 없다

10장에서 살펴본 것처럼 어떤 노코드/로우코드 도구들은 시민 개발자들에게 디자인 면에서 좀 더 많은 자유를 줍니다. 버블은 공식 UI 생성 도구를 제공하지만, 노션은 디자인 측면에서는 제약이 많죠.

시민 개발자들은 강력한 노코드/로우코드 도구 덕택에 사용자 경험에 대한 약간의 지식만으로도 많은 혜택을 누릴 수 있습니다. 기본적인 디자인 원칙은 대학을 졸업해야만 배울 수 있는 것이 아니죠. 책을 좋아하는 분들이라면 존 야블론스키의 『UX/UI의 10가지 심리학 법칙』(책만, 2020)을 읽어 보시길 권합니다. 책이 싫으시다면, 구글이 제공하는 UX 디자인 인증서를 알아보시는 것도 좋은 방법입니다.[clxiii]

보기 좋은 떡이 먹기에도 좋다는 말이 있죠.[clxiv] 사물에 대한 시각적인 자극은 모든 것에 영향을 주기 마련입니다. 제품이 어떻게 구성되고 어떻게 보여지느냐에 따라 고객들이 제품에 거는 기대도 달라질 것입니다.

⑦ 뛰어난 시민 개발자는 기술적인 배경지식이 전혀 필요 없다

큰일 날 소리입니다. 물론 다양하고 강력한 노코드/로우코드 도구들이 등장한 덕분에 시민 개발자들이 강력한 데이터베이스나 가벼운 시스템을 만들 수 있게 되긴 했습니다. 에어테이블이나 구글 테이블, 클릭업, 스마트시트 같은 도구들을 사용해서 말이죠. 시민 개발자들은 적은 시간을 투자해서 고객이나 행사 참석자 등을 관리할 수 있는 애플리케이션을 만들 수 있습니다.

하지만 노코드/로우코드 애플리케이션 역시 빠르게 동작하면서도 데이터 중복을 최소화해야 합니다. 10장에서 설명한 바와 같이 이런 일을 하려면 최소한 데이터베이스와 그와 관련된 지식을 알아야만 하죠.

⑧ 시민 개발자들이 만든 애플리케이션은 모두 직관적이다

두 가지 예를 들어보겠습니다.

- 애플리케이션이 점점 느려지고 서비스 지연 문제가 생기기 시작합니다. 당연히 사용자들은 불평을 늘어놓을 것이고요. 애플리케이션 담당자는 애플리케이션에 어떤 문제가 있는지 알아

볼 것입니다. 그리고 개발자들이 만든 꼬일 대로 꼬인 코드를 발견합니다. 이 문제는 그냥 반창고를 붙이는 수준의 코드 수정으로는 해결할 수 있는 수준이 아니죠. 그래서 '리팩터링'이라 불리우는, 애플리케이션의 원래 기능을 그대로 보전하면서 코드를 새로 작성하는 과정을 거치게 됩니다.

- 새로 고용한 데이터베이스 관리자 역시 비슷한 상황에 처해 있습니다. 전임자가 새로운 테이블을 덕지덕지 끼워 넣어 둔 것을 발견한 것이죠. 데이터베이스 스키마가 완전히 뒤죽박죽인 상태입니다. 덕분에 새로운 데이터베이스 관리자의 첫 석 달의 일정은 계획대로 흘러가지 못했습니다.

두 가지 경우 모두 잘못된 설계와 개발 방법의 대가를 치르고 있는 것이라고 볼 수 있습니다. 이런 문제는 항상 도사리고 있었지만, 이제서야 그 실체를 드러내게 된 것이죠. 이런 상황이 시민 개발자에게 전달하는 교훈은 무엇일까요? 분명하게 이해할 수는 없겠지만, 어렴풋이 눈치챌 수는 있습니다.

시민 개발자들은 그들이 사용하는 노코드/로우코드 도구의 내부를 들여다볼 필요가 없으며 들여다볼 수도 없습니다. 소프트웨어 개발 회사들은 자사의 중요 코드들을 보호하고 있으니까요. 물론 2022년 8월 패스워드 관리 도구인 라스트 패스의 소스 코드가 해커에 의해 유출된 것처럼 항상 완벽하게 보호되지는 않습니다.[clxv]

잘못된 계획이나 방법, 설계 및 개발은 모든 애플리케이션이나 시스템, 웹사이트에 문제를 일으킬 수 있습니다. 노코더, 로우코더, 풀코더 모두 사용자에게 혼란을 가중시키는 극악무도한 애플리케이션을 만들 수 있죠. 이상한 애플리케이션을 만들 수 있다는 점에서는 노코드/로우코드 도구들이 [표 3-1]의 다른 4세대 언어 통합 개발 환경과 별 차이가 없어 보이는군요.

⑨ 시민 개발자들은 쓸 만한 애플리케이션을 만들 줄 모르는 아마추어에 불과하다

이 책의 다양한 예시들이 그 반론입니다. 사실 아마추어에 대한 정확한 정의도 모호하군요. 다음 일화에서도 알 수 있듯 역사적으로 특정 분야에서 제대로 된 훈련을 받지도 못한 사람들이 엄청난 기여를 한 사례가 많습니다.

아마추어 기술자들의 급부상을 이끌어 낸 게시판

– 마이크 슈렌크, 개발자이자 컨설턴트 겸 작가

세계에서 위대한 발명 중 일부는 외부인들에 의해 만들어졌습니다. 체코 수도승인 그레고어 멘델을 생각해 볼까요? 멘델은 19세기 무렵 완두콩으로 실험을 시작했습니다. 그리고 오늘날의 사람들 대부분은 멘델을 유전학의 아버지로 알고 있죠. 아마추어 천문학자들은 다양한 혜성과 은하, 심지어 행성까지 발견해 왔습니다.[clxvi] 이외에도 프란스 요한슨의 책 『The Medici Effect』(Harvard Business Review Press, 2004)에 더 재미있는 예시가 많이 있습니다.

저는 특히 기술 분야에서 이런 아마추어들의 기여에 관해 많은 흥미를 가지고 있습니다. 아마추어 기술자들은 1980년대 초부터 주목받기 시작했으며 개인용 컴퓨터, 전화를 통한 인터넷 연결, 그리고 게시판 시스템(BBS)의 등장으로 급성장했죠. 이런 BBS는 그 옛날의 나우누리나 천리안과 같은 터미널 기반 시스템을 떠올리면 이해할 수 있을 것입니다.

BBS는 WWW^{World Wide Web} 시대가 도래하기 전인 1980년대부터 1990년대 초까지 온라인 커뮤니티의 주류를 형성했습니다.[clxvii] 아직 존재하기는 하지만 지금은 사용하는 사람은 거의 없죠.[clxviii] BBS는 오늘날까지도 많은 영향을 미쳤고 엄청난 혜택을 가져다주었지만 이 사실을 알고 감사를 표하는 사람은 극히 드뭅니다.

BBS는 정말 획기적이었습니다. 비슷한 관심사를 가지는 많은 아마추어들이 서로 연결되어 아이디어를 교환하고 서로의 지식을 배울 수 있는 곳이었죠. 뉴욕 대학교 교수 클레이셔키의 저서 『많아지면 달라진다』(갤리온, 2011)에서도 BBS의 역사적인 중요성을 다루고 있을 정도였으니까요. BBS는 커뮤니티라는 개념을 육성하였으며 포토토콜 커뮤니티나 코드 기반 커뮤니티, 그리고 오픈 소스 커뮤니티가 생겨나는 데 엄청나게 큰 기여를 했습니다. 오늘날에도 이런 아마추어들의 다양한 작업은 여러분들이 사용하는 인터넷 인프라와 소프트웨어에 많은 기여를 하고 있습니다.

가장 유명한 사람으로 팀 버너스 리를 들 수 있겠네요. 팀 버너스 리는 1973년부터 1976년까지 옥스퍼드 대학의 기관 대학인 퀸스 칼리지를 다녔습니다. 물리학 학사 학위를 받았으며 컴퓨터 과학 관련 학위가 없음에도 1989년 월드 와이드 웹을 발명했죠. 그리고 2004년 여왕 엘리자베스 2세가 팀 버너스 리에게 기사 작위를 수여했습니다.[clxix]

열정적인 아마추어들 덕분에 유전학과 천왕성을 발견할 수 있었는데, 그들이 노코드/로우코드로 엄청난 애플리케이션을 만들지 못한다는 법이 있나요?

⑩ 시민 개발자들은 결국 개발자들의 종말을 가져올 것이다

두 가지 이유 때문에 이런 일은 최소 수십 년 이내, 아니 어쩌면 절대 일어나지 않을 것입니다.

첫째, 노코드/로우코드는 제한된 문제를 해결하는 데 가장 최적화되어 있습니다. 노코드/로우코드가 전 국가적으로 중추 역할을 맡을 수는 없죠. 둘째, 종말을 겪게 될 것이라는 바로 그 개발자들이 노코드/로우코드 도구를 만들고 있습니다.

소프트웨어 엔지니어라면 자신의 기술 분야가 곧 사라질지도 모른다고 걱정할 필요가 없습니다. 경험 많은 개발자들은 이 사실을 이미 알고 있죠. 2021년 설문에 따르면 매니저 6명 중 불과 한 명만 노코드/로우코드 플랫폼이 전문 개발자라는 직업을 대체할 것이라고 기대한다고 응답했군요.[clxx]

⑪ 새로운 애플리케이션을 만들 때는 인증받은 컨설턴트만 믿을 수 있다

이 절을 마무리하면서 아주 오래된 비즈니스 질문을 노코드/로우코드의 맥락에 던져보고자 합니다. 아시다시피 시민 개발자들이 노코드/로우코드를 활용해서 강력한 비즈니스 애플리케이션을 만들 수 있습니다. 하지만 단 한 명이 이런 도구들을 배우고 애플리케이션을 만든다는 것이 얼마나 어려운 일인지도 잘 알고 있죠. 모든 직원이 그렇게 할 것이라고 생각하는 것도 어리석은 일입니다.

그럼, 어떻게 해야 할까요?

인터넷을 뒤져보면 4장에서 설명한 모든 노코드/로우코드 도구들에 대한 업체나 개발 회사를 찾을 수 있을 것입니다. 저 역시 이런 회사 중 몇몇 곳과 책을 쓰기 위한 대화를 나눈 바 있죠. 7장에서 살펴본 것처럼 이런 외부 업체를 활용하면 시민 개발자가 되기에는 시간이나 지식, 기술, 의지가 부족한 직원들과의 간극을 메꿀 수 있습니다. 좋은 일이죠. 하지만 이런 외부 업체나 컨설턴트들이 사용할 노코드/로우코드에 대한 인증을 받아야만 할까요?

저 같은 사람을 고용하여 전문성을 제공받고자 하는 생각을 어리석다고 조롱할 수는 없을 것입니다. 그렇다고 인증이 중요하지 않다는 것도 아닙니다. 소프트웨어 개발 회사나 컨설팅 회사는 애플리케이션 개발이라는 두려움에 떨고 있는 고객들로부터 사업을 따내기 위해 인증을 무기 삼는 일이 심심찮게 벌어지죠.

설득의 요소

2000년 8월 저는 실제로는 존재하지 않는 로손 소프트웨어에서 애플리케이션 컨설턴트로 일하게 되었습니다. 로손 소프트웨어는 고객사 측에서 피플소프트 HR 시스템과 급여 관련 패키지를 사용해 본 경험을 바탕으로 제가 비슷한 솔루션을 쉽게 배울 수 있을 것이라고 생각한 것이죠. 제가 소프트웨어를 배우고 나면 공개 및 비공개 강의나 고객 컨설팅 등을 통해 제 월급이나 성과급 등을 포함한 이득을 충분히 상회할 수 있을 것이라 판단했습니다. 그 판단은 틀리지 않았죠.

현명하게도 로손 소프트웨어는 저 같은 신입 사원을 깊은 물에 던져 놓고 헤엄쳐서 나올 수 있는지 구경하는 짓을 저지르지 않았습니다. 대신 3개월짜리 공식 프로그램을 시작했죠. 전 곧장 비행기를 타고 미네소타의 본사에 도착했습니다. 교육 과정에 열심히 참여했고, 시험을 원래 일정보다 2주나 앞당겨 통과했습니다. 제 담당 매니저는 정말 기뻐했었죠.

교육 과정을 빨리 끝마치고 한 번에 시험을 통과한 것에 대해 저 스스로도 자부심을 느꼈지만, 그렇다고 환상을 가지지도 않았습니다. 제가 취득한 새로운 인증서가 고객들이 처한 심각한 현실 상황을 해결하는 데 큰 도움이 되는 것은 아니었죠. 이론은 현실과는 다릅니다. 10주나 공부했지만, 전 아무것도 모르는 상태였습니다. 하지만 그건 로손 소프트웨어에는 중요하지 않았죠. 로손의 경영진들은 제가 취득한 새로운 인증서를 홍보에 써먹을 것이 분명했으니까요.

세월이 흘러 2010년이 되었습니다. 이제 전 로손의 인사 시스템 및 급여 관련 패키지를 완벽하게 알고 있습니다. 최소 만 시간 이상을 투자했죠. 고객들의 질문의 거의 대부분을 눈 하나 깜짝하지 않고 답할 수 있었습니다. 심지어 로손의 일부 시니어 컨설턴트들은 프로젝트나 여러 포럼을 통해 겪은 어려운 문제들을 저에게 직접, 또는 온라인으로 물어보기도 했습니다.

여기서 한 걸음 더 나아가서 전 데이터베이스의 테이블을 제대로 배워 보기로 결심했고 데이터베이스의 개체 간 관계도를 기억만으로 대부분 그려낼 수 있게 되었죠. 이런 지식 덕분에 전 훨씬 정교한 보고서를 만들 수 있었습니다. 거만하게 들리겠지만 이런 일을 할 수 있는 컨설턴트는 몇 없었죠.

관련 제품군에 대한 제 지식은 10점 만점에 거의 10점이었습니다. 약 10년 전에는 고작 3점에 불과했죠. 지식과 실력은 놀라울 만큼 향상되었지만, 한 가지 문제는 제가 더 이상 로손 소프트웨어나 인증된 파트너 회사에서 일한 것이 아니기 때문에 그 경력을 인증받을 수 없다는 것이었습니다. 기술적으로 인증받지 못한 상태인 것이죠. 당연히 고용주 입장에서 저는 불확실하고 믿을 수 없는 사람으로 비춰질 것입니다. 보수적인 경영진들에게는 외부 인증을 받지 못한 개인 전문가보다는 업체에서 보증하는 인증받은 비전문가가 더 안전한 선택이 될 것입니다. 이해는 되지만 상당히 역설적으로 들리는 상황이죠.

로손은 더 이상 독립적인 회사로 존재하지는 않지만 인증에 관련된 게임은 오늘날에도 여전히 이루어지고 있습니다. 선택된 업체 목록이 존재한다는 것은 곧 독립적인 회사에 선택을 받아야 한다는 것에 대한 어려움이 존재한다는 것을 뜻하죠. 오늘날에도 많은 대기업의 사장, 부사장들이나 C레벨 경영진들은 'IBM을 고용했다고 잘리는 일은 없다'는 대원칙을 따릅니다.

모든 조건이 동일하다면 당연히 인증받은 컨설턴트를 선택하는 것이 인증받지 못한 컨설턴트보다 훨씬 더 합리적입니다. 헷갈려서는 안 되죠. 문제는 인증 자체만으로는 성공적인 결과를 보장할 수 없다는 것입니다. 자격증은 그 무엇도 보장해 주지 않습니다. 다음에 새로운 애플리케이션을 개발할 때 아웃소싱을 고려해야 한다면 이 말을 꼭 유념하시기 바랍니다.

11.3 정리하기

- 노코드/로우코드 도구와 시민 개발자들을 둘러싼 무성한 소문들이 있습니다.

- 노코드/로우코드 도구의 강력함과 한계를 정확히 이해하는 것이 조직이나 부서, 팀에서 제품을 구매하고 개발하고 배포하는 데 큰 도움이 됩니다.

- 시민 개발자들은 노코드/로우코드 도구들을 주로 사용해서 놀라운 애플리케이션을 만들 수 있습니다. 하지만 잊지 마세요. 시민 개발자는 마법사도 아니고 풀스택 엔지니어도 아닙니다. 더 복잡한 애플리케이션이나 시스템은 보다 전문적인 개발자가 필요합니다.

"그들은 먼저 당신을 무시할 것입니다. 그다음에는 당신을 조롱할 것입니다. 그리고
당신을 공격하고 불태워 버리고자 할 것입니다. 그리고 당신을 기리기 위한 기념비
를 세울 것입니다."

– 니콜라스 클라인

직원들은 큰 좌절감을 맛보고 있습니다. IT 부서나 IT 직원들은 새로운 비즈니스
애플리케이션에 대한 수요를 도저히 충족시킬 수가 없더군요. 하지만 시민 개발
자들은 더 이상 마냥 기다리지 않습니다. 강력한 노코드/로우코드 도구 덕분에 시
민 개발자들은 팀이나 부서, 회사에서 절실히 필요로 하는 강력한 애플리케이션
들을 쉽게 만들고 배포할 수 있습니다. 수작업을 자동화하고, 핵심 정보들을 추적
하고 관리하며 관련 정보들을 신속하게 전파함으로써 의사소통 문제를 줄이고 있
습니다.

좋아하지 않을 이유가 없습니다. 그럼 어떻게 시민 개발자가 될 수 있을까요?

저는 그동안의 경험으로 워크플레이스 기술이라는 분야가 앞으로 어떤 방향으로
나아갈 것인지를 능숙하게 읽어낼 수 있습니다. 이 책을 쓰기 위해 다양한 연구
를 하면서 깨달은 것은, 노코드/로우코드에 대한 초기 평가가 거의 들어맞았다는
것입니다. 노코드/로우코드는 부연할 여지 없이 엄청나게 성장하고 있죠. 책에서
소개한 다양한 통계나 사례, 연구 결과 등이 이를 완벽하게 뒷받침하고 있습니다.
조직의 리더들이나 조직들은 노코드/로우코드 철학과 시민 개발을 점점 더 많이
받아들이고 있습니다. 그리고 이것들은 단지 시작에 불과하죠.

하지만 완전히 녹아들진 않았습니다. 전반적인 경향은 아주 뚜렷하지만, 노코드/로우코드를 반대하고 거부하는 사람들 역시 많습니다. 더 나은 워크플레이스 기술과 노코드/로우코드를 전반적으로 반대하는 사람들과 무리들이죠.

이 장에서는 시민 개발자들이 마주칠지도 모르는 적들의 유형에 대해서 소개하고자 합니다. 그리고 도전해 보겠습니다. 시니어 리더들이 시민 개발을 방해하는 장애물들을 제거하고 자유롭게 활동할 수 있도록 말이죠. 뒤이어 시민 개발자들의 장기적인 성공을 위한 관리 및 기술적인 팁을 몇 가지 제공하겠습니다.

12.1 실제 저항

낙관주의자라면 유리잔에 반쯤 찬 물을 보고 '물이 반이나 차 있구나'라고 생각하겠죠. 5장에서 소개한 가트너의 통계를 다시 떠올려 볼까요?

> 비즈니스 영역에서 주도하는 IT 예산은 꾸준히 증가해서 2020년 기준으로 전체 IT 관련 예산의 약 36%를 차지하고 있으며 앞으로도 계속 증가할 전망입니다.[clxxi]

회의론자들은 저 숫자를 보면, '겨우 36%라고? 나머지 64%는 어디로 갔지? 시민 개발에 투자되지 않는 것인가'라고 생각할 것입니다.

이제까지 노코드/로우코드 도입과 관련된 충분한 숫자를 제시해 왔었기 때문에, 이번 절에서는 좀 다른 방식으로 설명하고자 합니다. 노코드/로우코드 도구와 그 결과들을 받아들이지 않을 뿐 아니라 아주 적극적으로 반대한 세 가지 사례를 소개하도록 하겠습니다.

① 여러 조직에 걸쳐 있는, 망가진 프로젝트를 고치려는 시도
지금부터 들려드릴 이야기에 나오는 이름들은 모두 드라마 〈석세션 Succession〉에서 따온 것들입니다.

소프트웨어 대기업인 웨이스타는 지난 5년간 연례 회의를 개최했습니다. 기업 홍보를 위해 웨이스타는 외부 에이전시인 고조와 계약해서 인플루언서들을 활용하는 프로그램을 진행했습니다. 웨이스타의 핵심 사업 분야와 관련된 팔로워들을 다수 보유한 열 명의 인플루언서들이 그 대상이었습니다.

웨이스타가 절 주목했고, 고조의 담당자 게리가 저에게 참여 의사를 물어왔습니다. 약간의 협상과 엄청나게 많은 이메일을 주고받은 끝에 저는 캠페인 동안 의사소통이나 협업이 어떤 방식으로 이루어지는지를 물어봤습니다. 다행히 고조의 직원들은 기술에 아주 능숙한 사람들이었습니다. 제가 이메일로 협업하는 것을 불편하게 생각하는 것만큼 고조의 직원들 역시 이메일을 통한 연락은 비효율적이라고 생각하고 있었죠. 고조의 직원 중 일부는 이메일의 황금기에 태어나지도 않았기에 이메일을 사용하는 것이 좋은 아이디어라고 생각하지 않았을 것은 어찌 보면 당연했죠. 저 역시 제 고객이 슬랙과 구글 독스를 사용하길 바란다는 의사를 표명하면 속으로 환호성을 지를 만큼 이메일보다는 더 적합한 도구를 선호합니다.

일단 전 3주간의 캠페인에 참여하기로 결정했습니다. 얼핏 보기에 쉽게 돈을 벌 수 있을 것이라고 생각했죠. 서로 다른 소셜 미디어 채널들에 각기 열 개의 게시글을 올리면 되는 일이었습니다. 하지만 열정과 의욕이 금방 식어버렸고, 곧이어 상황이 좋지 않게 돌아가기 시작했습니다.

| 캠페인 도구 |

줌으로 킥오프 미팅을 끝내고 난 뒤 게리는 고조의 전 직원들과 인플루언서들이 참여할 수 있는 새로운 슬랙 워크스페이스를 만들어서 모두를 채널에 초대했습니다. 그러고는 곧 인플루언서별로 별도의 비공개 채널들을 만들었죠. 각 인플루언서들과 팀 간의 커뮤니케이션을 별도의 채널로 분리하는 것이 슬랙에서 할 수 있는 유일한 방법은 아니었지만 어쨌든 나쁘지 않은 방법이었습니다. 인플루언서들은 다른 사람들을 방해하지 않으면서도 고조 직원들에게 재빠르게 질문할 수 있었으니까요. 이는 슬랙을 사용하는 관용적인 방법이기도 합니다. 하지만 채널이 많다는 것은 곧 서로 간의 오해를 불러일으킬 여지도 크다는 것을 뜻하기도 하지요.

게리는 인플루언서 개별 구글 독스를 만들어서 웨이스타 팀원들과 공유하기도 했습니다. 게리와 팀원들은 인플루언서들이 게시한 소셜미디어 글에 대한 코멘트나 제안을 구글 독스에 기록했죠.

웨이스타 직원들은 급기야 자신들의 피드백을 별도로 제공하기 시작했습니다. 또한 인플루언서들이 소셜 미디어에 글을 올리기 전에 미리 승인을 받기를 원했죠. 어떤 경우에는 고조 팀원들이 저를 구글 독스에 태그하기도 했지만 그렇지 않은 경우가 훨씬 많았습니다. 여러 슬랙 채널에서의 메시지와 고조 팀원들로부터 전달받은 직접적인 메시지가 더해지면서, 프로젝트가 시작되고 불과 이틀밖에 지나지 않았는데도 전 완전히 혼란스러워졌습니다. 다음 사항들에 대해서 확실히 알수가 없었던 것이죠.

- 무엇을 해야 하는가
- 언제 해야 하는가
- 웨이스타와 고조 직원들이 해도 된다고 승인했는가

팀에서는 슬랙과 구글 독스를 프로젝트 관리 도구로 사용했습니다. 하지만 슬랙이나 구글 독스는 프로젝트 관리용으로 만들어진 것이 아닙니다. 이를 무시하고 사용하는 경우, 팀에서 같은 목적을 위해 서로 다른 애플리케이션들을 동시에 사용함으로 발생하는 혼란을 피할 수 없을 것입니다. '만약'에 일어날 수 있는 문제가 아니라, '언제' 일어나는지가 중요한 문제입니다. 언젠가는 일어날 일이니까요.

웨이스타에서 게시물을 승인했는지, 그리고 공유해도 되는지 고조로부터 명확한 답변을 얻기란 정말 어려운 일이었습니다. 다른 인플루언서들도 비슷한 상황이었죠. 제가 어렵다고 느꼈다면, 게리와 그 팀원들은 캠페인 동안 흩어져 있는 여러 소셜 미디어로부터 모든 인플루언서들의 게시글을 모으는 데 얼마나 많은 시간과 노력을 투자해야만 했을지 상상조차 안 되는군요.

| 더 나은 방법 |

간단한 내용에 대한 쓸데없는 질문과 답변은 며칠 더 계속되었습니다. 결국 전 게리에게 구글 독스 대신 노션이나 코다 같은 노코드/로우코드 도구를 써서 프로젝트에 좀 더 적합한 애플리케이션을 만드는 것이 어떻겠냐고 넌지시 제안해 보았습니다. 노션이나 코다의 강력하면서도 유연한 데이터베이스 기능을 사용하면 모든 인플루언서들이 어떤 활동을 언제 했는지, 그리고 무엇을 해야 할지 쉽게 관리할 수 있을 것입니다. 그리고 마감일이 지났는데도 처리되지 않은 일들에 대한 알림도 제공할 수 있습니다. 구글 독스에서는 할 수 없는 것들이죠.

전 우선 새로운 노션 워크스페이스를 만들어서 가짜 데이터베이스를 하나 만들었습니다. 그리고 게리를 게스트로 초대했죠. 다음 [그림 12-1]이 바로 그 프로토타입 애플리케이션이었습니다. 그리 복잡하지 않았죠.

🗄 Waystar Influencer Program

⊞ Posts ⊞ Board +

Aa #	◉ Influenc...	☰ Content	🗓 Due Date	◉ Status	◉ Network
1	Pete	Psyched to be attending the #Waystar conference.	August 27, 2021	Posted	LinkedIn
2	Mark	#Waystar conference will be amazing.	August 27, 2021	Posted	LinkedIn
3	Lucy	Teach me a better way to work #Waystar	August 27, 2021	Posted	LinkedIn
4	Mark	The #Waystar conference starts at 1 pm. I'm stoked.	August 24, 2021	Approved	Twitter
5	Ian	Looking to learn more about modern collaboration? #Waystar conference begins shortly.	August 16, 2021	Submitted	Twitter

그림 12-1 웨이스타 인플루언서 관리를 위해 제안한 노션 애플리케이션의 데이터베이스

게리는 제 제안이 고맙긴 하지만 프로젝트가 잘 진행되고 있으며 정확히는 웨이스타에서 요청한 대로 진행되고 있다고 말했습니다. 웨이스타의 전반적인 마케팅 방향은 매끄러운 협업이 그 중심이었기 때문에, 그런 모순된 설명은 저에게도 적용이 가능했죠. 하지만 안타깝게도 프로젝트는 기존과 같은 방식으로 계속 진행하기로 결정되었습니다.

그 뒤로 상황은 더 안 좋아졌습니다. "X를 트윗하거나 Y를 링크드인에 공유해도

되나요?"라는 간단한 질문조차도 그 답을 얻기 위해서 상상할 수 없는 노력이 필요했습니다. 질문에 대한 답은 최소 다섯 개 이상의 개별적인 슬랙 메시지가 필요했으며 그런 노력 끝에도 일을 진행해도 되는지에 대한 명확한 답변은 돌아오지 않았습니다. 결국 같은 방법으로 세 번이나 확인을 해서야 트윗이나 링크드인에 게시글을 올릴 수 있었죠. 웨이스타 직원들이 게시글에 대한 변경을 요청했지만 게리나 지에게 이를 알려주지 않아서 몇 번이나 게시글을 지워야 하는 일도 생겼었죠. 전 마감 기한을 지키려고 노력했지만, 게리는 계속 기한을 이리저리 변경했습니다. 정말, 너무너무, 힘들었습니다.

② 변화를 거부하는 구닥다리 대필작가 에이전시

이 사례에서도 가명을 사용하겠습니다.

웨이페어 라이터즈는 여덟 명의 정규직 직원이 있는 성공한 캐나다 대필작가 에이전시입니다. 적은 인력임에도 한 해 평균 수백 개의 프로젝트를 맡아서 진행하고 있죠. 웨이페어의 미션은 간단합니다. 고객의 아이디어를 훌륭한 책으로 만들어 내는 것이죠. 문학적인 큐피드라고나 할까요. 성공한 임원들이나 유명인들을 경험 많은 작가들과 연결해 주어서 그들의 이야기를 멋진 책으로 만들어 줍니다.

웨이페어는 자사 서비스에 15%의 수수료를 매깁니다. 웨이페어가 CEO에게 집필 비용으로 10만 달러를 청구하면, 대필작가는 수수료를 제외하고 8만 5천 달러를 받는 것이죠. 모든 대필 작가는 계약직으로 일합니다. 보통 프로젝트 당 수백 명의 작가들로 구성된 그룹 내에서 약 10명에서 30명 남짓한 대필 작가들이 프로젝트에 지원합니다.

| 비효율적인 프로세스 |

웨이페어가 고객과 작가를 연결해 주는 방식은 회사가 설립된 이래로 거의 바뀌지 않았습니다. 고객이 계약서에 서명하면 웨이페어 직원은 등록된 모든 작가에게 이메일을 보냅니다. 이메일 내용에는 프로젝트에 대한 사항과 배경, 일정, 요구사항, 대략적인 비용 등이 포함됩니다.

웨이페어는 새로운 프로젝트를 단 한 번의 대량 이메일로만 공지합니다. 웨이페어 직원들은 프로젝트를 그 장르나 성격, 유형별로 따로 나누어 알림을 보내지 않습니다. 그래서 비소설 분야 전문 작가가 새로운 소설 분야 관련 알림을 받지 않는 방법이 없습니다. 중간이 없죠. 모든 프로젝트에 대한 알림을 받거나 알림을 전혀 받지 않거나 둘 중 하나입니다. 그로 인해 불필요한 이메일이 주당 2~3통가량 전송되고 있죠. 대필 작가들은 사소한 불편함을 감내하고 있습니다.

대필 작가가 웨이페어의 프로젝트 공지 이메일을 보고 관심이 생겨서 프로젝트에 지원하기로 했다고 생각해 봅시다. 프로젝트에 지원하고자 하는 대필 작가는 자기소개서와 작성 예시, 책 발췌문, 전기^{bio}, 이력서, 링크, 레퍼런스 등 작가 관련 자료들을 포함하여 요청받은 자료들을 웨이페어로 보낼 것입니다. 그 과정에서 대필 작가들은 필수 정보들을 빼먹기도 하겠죠.

다음과 같은 자그마한 불편함이 웨이페어 프로세스 전체에 영향을 미치기도 합니다.

- 대필 작가의 지원서가 웨이페어 직원의 스팸 메일함으로 가버려서 웨이페어 직원이 대필 작가의 지원 사실을 전혀 모르는 경우가 발생합니다.
- 특정 프로젝트에 관심을 가지는 대필 작가가 웨이페어의 프로젝트 담당자에게 별도로 이메일을 보낼 수 있습니다. 하지만 담당자가 휴가나 예상하지 못한 부재로 이메일을 확인하지 못하고, 그 와중에 고객은 선택지의 가장 높은 곳에 위치한 두 명의 대필 작가와 이미 인터뷰를 끝마쳐 버리죠. 기회가 열리기도 전에 닫혀버리는 것입니다.

아무 문제가 없을 때에도 웨이페어의 프로세스는 원활하지 않았으며 투명하지도 않았습니다. 대필 작가가 일단 지원서를 제출하면, 고객에 인터뷰를 요청할 때까지 웨이페어는 아무것도 알려주지 않습니다. 대필 작가는 지원 후 과정에 대해서 전혀 아는 것이 없죠. 블랙박스나 마찬가지입니다. 몇몇 대필 작가들은 우연히 높은 수익성의 프로젝트를 따내기도 하지만, 웨이페어 직원들이 대필 작가들에게 프로젝트 관련 내용을 시기적절하게 알려주지 않기 때문에 결과적으로 대필 작가들은 보수가 상대적으로 낮은 프로젝트에 참여하는 경향을 보입니다. 수익성이 높지만 참여하지 못할 가능성이 높은 프로젝트보다는, 수익은 적어도 참여할 가능성이 높은 프로젝트를 선택하는 것이 더 안정적이니까요.

웨이페어 직원들은 직원들대로 수작업에 압도되어 있는 상황입니다. 직원들은 대필 작가들에게 지원서를 받았다고 회신을 보내지 않았습니다. 전반적으로 웨이페어의 프로세스는 이상적이지 않았습니다. 대필 작가 중 한 명은 웨이페어의 프로세스를 몇 년 동안 경험한 후, 더 나은 방법이 있다고 웨이페어에 직접 제안했습니다. 대필 작가가 우연찮게도 시민 개발자였던 것이죠. 네, 바로 접니다.

| 모두를 위한 더 나은 경험을 제공 |

전 웨이페어사에서 저와 주로 연락하는 마리와 십오분가량 통화했습니다. 웨이페어사가 지금보다도 훨씬 더 일을 잘 처리할 수 있다고 생각했지만, 그 이야기를 이메일로 주고받는 건 좋지 않다고 생각했기 때문이죠.

마리는 현재 프로세스와 프로세스에서 사용하는 기술들이 구닥다리라는 점에 동의했습니다. 대필 작가들의 지원서를 수작업으로 처리하고 정렬해서 살펴보는 것은 확실히 마리나 그녀의 직장 동료들을 힘들게 만들고 있었죠. 하지만 대부분의 웨이페어 직원은 기술에 그렇게 관심이 많지 않았기 때문에, 달리 시도할 만한 다른 방법도 몰랐습니다.

전 마리에게 웨이페어의 현재 프로세스를 개선하고 관련된 모든 사람을 편하게 만들 수 있는 몇 가지 노코드/로우코드 도구를 제안해 봤습니다. 스마트시트나 클릭업이 먼저 떠올라서 이야기했지만, 다른 도구를 사용하더라도 비슷한 일을 할 수 있었을 것입니다. 아마도 간단한 구글 폼에 필수 입력 항목 몇 개만 지정하더라도 웨이페어 직원들의 일이 더 수월해졌을 것이니까요.

유명한 취업 관련 사이트인 indeed.com과 비슷하게 웨이페어는 대필 작가 채용을 비공개 또는 비밀번호로 보호되는 웹페이지에 게시할 수도 있습니다. 대필 작가들은 클릭 한 번으로 원하는 장르나 유형별로 알림을 받고 지원할 수 있죠. 이메일 대량 발송 따위는 필요 없습니다. 간단한 양식을 사용해서 대필 작가들이 지원 프로세스를 따라가게 만들고, 필수 항목을 반드시 기입하게 만들며 제출 버튼을 누르기 필요한 문서들을 첨부할 수도 있습니다. 그리고 매번 지원할 때마다 관련 내용을 다시 작성하지 않고, 포트폴리오 형식으로 언제나 사용할 수 있는 프로필 형태의 정보를 만들고 관리할 수도 있을 것입니다.

물론 마리가 최종 결정을 내릴 수는 없겠지만, 최소한 흥미는 가지는 것으로 보였습니다. 마리가 이 내용을 상사에게 한번 이야기해 보겠다고 답했거든요.

| 말씀은 고맙지만 괜찮습니다 |

며칠이 지나서 마리가 답을 보내왔습니다. 고맙지만 사양하겠다고요. 웨이페어의 머리가 굳을 대로 굳으신 사장님께서 현재의 그 뒤죽박죽 프로세스를 계속 유지할 것이라고 했답니다. 그 프로세스를 바꿀 수 없으면, 고칠 수도 없겠죠.

몇 달이 지나서 새로운 웨이페어 직원이 모든 대필 작가에게 이메일을 보냈습니다. 아쉽게도 마리는 퇴사한 모양이고요. 아마도 저와의 대화 덕분에 마리가 무언가 새로운 것을 느낀 것이 아닐까요.

③ 워드프레스의 반란

제 고객들이나 협력 회사 직원들, 공급 업체들은 제가 제시하는 내용을 이해하긴 하지만 그 전부를 받아들이지는 않습니다. 어떤 사람들은 더 나은 방법이 있음에도 이를 받아들이길 거부하기도 하죠.

맷 멀런웨그 역시 그런 기분을 잘 알고 있는 사람입니다.

제가 책에서 유명한 콘텐츠 관리 시스템인 워드프레스를 여러 번 언급 했었죠. 여러 차례 언급했다는 것은 제 자신이 아주 열광적인 워드프레스 팬이라는 뜻이기도 합니다. 워드프레스는 2018년 말경 새로운 블록 방식의 시각적 구성 기능인 구텐베르크를 새로운 기본 기능으로 개발하고 소개했습니다. 워드프레스의 창립자 맷 멀런웨그는 아주 생각이 깊은 사람이고 그가 하는 주장의 근거는 아주 탄탄합니다. 이 책에서 이야기한 소프트웨어의 방향을 잘 이해하고 같은 생각을 하는 사람이기도 합니다. 맷 멀런웨그는 새로운 편집기인 구텐베르크가 전통적인 에디터에 비해 5~10배 더 많은 기능을 갖추고 있다고 설명합니다.

… 더 많은 버튼과 더 많은 블록이 제공됩니다. 사람들의 유연성과 창의성을 활짝 열어서 예전에는 코드나 엄청난 테마가 필요했던 일들을 더 쉽게 하도록 만드는 아이디어의 일부이죠. 그리고 퍼블리싱을 대중화하고 모든 사람이 쉽게 접근할 수 있도록 만들겠다는 워드프레스의 목표에 한 발짝 더 다가서게 되는 것이죠.[clxxii]

생각만 해도 짜릿한 일이죠. 하지만 워드프레스의 커뮤니티 대부분은 맷 멀런웨그의 말에 별로 호의적이지 않았으며 오히려 많은 불만을 표출했습니다. 구글에 '워드프레스 구텐베르크 구려 WordPress Gutenberg sucks'라고 검색하면 그 결과가 453,000개나 나올 정도니까요.

구텐베르크가 발표되고 얼마 지나지 않아 워드프레스 개발자들은 예전 텍스트 방식 에디터를 복원하는 새로운 플러그인을 만들었습니다. 사용자들은 이 플러그인을 출시 직후 60만 회나 다운로드 했습니다.[clxxiii] 4년 뒤에는 다운로드 수가 500만을 넘었고요. 결국 멀런웨그는 구텐베르크를 없애기 위해 만들어진 특별한 소프트웨어가 워드프레스 역사상 가장 빠르게 성장한 플러그인이라는 사실을 인정할 수밖에 없었습니다.

노코드/로우코드 개발은 전통적인 시스템이나 애플리케이션, 소프트웨어 개발 프레임과 비슷한 점이 많습니다. 바로 이들에 대한 큰 변화를 모두가 항상 받아들일 것이라는 생각은 큰 오산이라는 것이죠. 아주 큰 변화는 이따금 엄청난 반항을 불러오기도 하니까요. 그럼 이런 일이 생기면, 어떻게 해야 할까요?

12.2 관리 전략

완전히 고립된 기술이란 존재하지 않습니다. 노코드/로우코드도 마찬가지죠. 이제부터 전 관리자의 관점에서 시민 개발에 대한 조언을 해 보고자 합니다.

① 시민 개발에 대해서 예상할 수 있는 거부반응에 대비하라

6장에서 노코드/로우코드의 다양한 장점에 대해서 소개했었죠. 아마도 여러분의 직장 상사들이나 동료들은 노코드/로우코드의 장점을 십분 활용하여 만든 애플리케이션을 받아들일 것이라고 생각할지도 모르겠네요. 아닐 수도 있고요.

이 장의 도입부에서 여러분들에게 소개해 드린 세 가지 사례가 와 닿지 않았을 수도 있습니다. 그럼 여러분들이 정부 기관에서 일한다고 한번 가정해 보죠. 고위 관리자들이나 경영진들은 특정 노코드/로우코드 도구의 사용을 승인하지도 않을 뿐더러 사용하는 것도 금지할 것이 분명합니다. 도구가 아니라 도구로 만들어진 애플리케이션도 금지할 것이 뻔하고요. 만약 최고 경영진이 이런 애플리케이션을 언젠가 승인한다고 해도, 여러분의 동료들이 애플리케이션을 사용할 것이라는 보장도 없습니다.

사실 여러분들의 동료가 애플리케이션을 사용할 것인지 여부는 중요하지 않을 수 있습니다. 부서에서 여러분 혼자만 아주 근사한 코다 대시보드를 사용해서 어떤 추세를 관찰하고 관리할 수도 있죠. 하지만 5장에서 설명했다시피 오늘날의 노코드/로우코드 도구들은 이전 세대의 도구들보다 협업을 훨씬 더 쉽게 만들어 줍니다. 노코드/로우코드 도구는 이상적으로 봤을 때 혼자서 쓸 자그마한 애플리케이션을 만드는 용도가 아니라, 협업을 위한 것이라고 볼 수 있죠.

시민 개발을 받아들이는 추세는, 그저 추세에 불과하죠. 아마 수많은 경영진은 아직도 시민 개발을 받아들이길 강렬하게 거부하고 있을 것입니다.

② 노코드/로우코드는 계속 존재할 것임을 인지하라

기술 분야에서 오래 일하다 보면, 언젠가는 매혹적이고 새로운 기술이나 도구에 열광하는 경영진이나 리더를 만날 수 있을 것입니다. 새롭고 아름다워 보이는 것을 추구하고 갈망하는 이른바 샤이니 오브젝트 신드롬^{shiny object syndrome} 이죠.

실제로도 흔하게 일어나는 사례를 한번 예로 들어 볼까요. 대규모 조직의 새로운 CIO인 제시는 새로운 시스템이나 방법론, 기술을 정말 사랑하는 사람입니다. 새로운 기술이 나타나면 제시는 팀원들을 소집해서 즉시 새로운 기술에 대해 알아볼 것을 지시하죠. 팀원들은 조사를 진행하긴 하지만 몇 주 지나지 않아 제시가 기술에 흥미를 잃어버렸다는 것을 깨닫게 됩니다. 이윽고 제시의 IT 부서 관리자들은 제시가 최신 기술을 알아보라고 지시하는 것을 무시하기 시작하죠. 한 달 정도 지나면 제시가 흥미를 잃고 관심을 두지 않을 것이라는 것을 알기 때문이죠.

노코드/로우코드는 시각적 프로그래밍이나 이전 세대의 프로그래밍 언어에서 발전된 것입니다. 하지만 노코드/로우코드 역시 일시적인 유행일 뿐이라고 주장하는 것은 정말 터무니없는 소리입니다. 노코드/로우코드는 샤이니 오브젝트 증후군에 해당하지 않죠.

③ 직원 교육과 훈련에 투자하라

7장에서 시너지스 에듀케이션이 마이크로소프트 파워 앱을 활용해서 다이나믹스 365를 어떻게 훌륭하게 고쳤는지 살펴본 적이 있죠. CIO인 로웰 밴드 캠프가 새로 회사에 온 직원을 교육 보내지 않았다면 이런 새로운 기술들을 어떻게 사용할 수 있는지 배우지도 못하고, 회사의 혁신 또한 일어나지 않았을 것입니다.

최근에 이 책뿐만 아니라 다른 제 저서에서도 여러 번 강조한 사실이 있습니다. 직원들이 자신만의 시간과 비용을 들여서 새로운 기술을 배울 것이라고 기대해서는 절대 안 됩니다. 직원의 교육과 훈련에 투자하는 것은 그만큼의 가치가 있습니다. 직원들의 생산성이 향상되는 것뿐 아니라 직원들이 관리자나 고용주들로부터 그 가치를 인정받고 있다고 느끼게 만들어 줍니다. 빡빡한 고용 시장에서 그런 기분을 받게 만드는 것은 나쁘지 않은 일이죠.

④ 성과를 공개하라

이 책에서 소개한 아무 노코드/로우코드 도구 제작 회사의 웹사이트에 한번 가보세요. 해당 회사의 도구들이 회사나 부서, 팀, 또는 개개인을 어떻게 도울 수 있었는지 소개하는 내용을 쉽게 발견할 수 있을 것입니다. 그 외에도 투자 대비 수익률(ROI) 소개도 있을 수 있지만, 그 내용은 쉽게 믿지 않는 편이 좋습니다. 물론 이 책을 읽는 분들이라면 ROI를 가지고 도구나 회사를 판단하지는 않을 거 같네요.

대형 소프트웨어 개발 회사의 마케팅 부서에서 일한다면 저도 성공 사례들을 길게 나열해 둘 거 같습니다. 잠재적인 고객에게 있어 다른 고객의 성공 이야기는 필수입니다. 물론 성공 이야기가 모든 고객에게 큰 의미가 되는 것은 아니지만, 그렇다고 성공 사례를 빼먹으면 회사를 살펴보고 있는 고객들은 의심을 품을 수도 있습니다. 그리고 다른 소프트웨어 제작 회사의 웹사이트로 가 버릴지도 모르고요.

회사 내부에서도 노코드/로우코드 프로젝트로 얻은 솔루션이나 개선점과 같은 성공 사례를 홍보하는 것이 좋습니다. 이런 강력한 이야기들은 조직이나 부서, 팀에 강력한 동기를 부여할 수 있죠. 이런 회사 내부의 홍보는 소프트웨어 회사가 스스로를 과시하기 위해 소개하는 성공 사례들과는 다른 효과를 불러오죠. 아마 직원들은 무언가를 하기 위한 더 나은 방법이 있는지 질문하기 시작할 것입니다.

"잠깐만요. 이것도 자동화할 수 있나요?"

그리고 거기서부터 시작이죠.

⑤ 사람들을 자유롭게 풀어줘라

1장에서 많은 IT 부서가 Shadow IT로 수년간 고통받고 있다고 말했었습니다. 하지만 오늘날의 IT 부서들은 혁신의 깃발을 들어올리기 시작했죠.

많은 조직이 비즈니스에서 주도하는 애플리케이션 개발로 얻을 수 있는 이점이 그 단점을 능가한다는 사실을 깨닫고 있습니다. 그래서 조직들은 비즈니스에서 주도해서 만들거나 구입한 기술을 두 팔 벌려 받아들임과 동시에 거버넌스와 공급 업체 관리를 제공하기 시작했죠.

12.3 기술 전략

여러분들도 노코드/로우코드 기술이 얼마나 많은 이점을 가지고 있는지 잘 알고 계시리라 생각합니다. 하지만 아직도 많은 회사나 부서, 그룹, 또는 개개인이 노코드/로우코드를 제대로 활용하지 못하거나 잘못된 방식으로 사용하고 있는 것도 사실입니다. 그래서 이번에는 그 효용 가치를 극대화하기 위한 기술 관련 팁들을 몇 가지 소개할까 합니다.

① 나무를 보지 말고 숲을 보라

카리나 소렌티노는 멘딕스의 고객 콘텐츠 부서를 이끌고 있습니다. 멘티스는 노코드/로우코드 도구 제작 회사로서 앞서 책에서 소개한 적이 있죠. 카리나는 저에게 "저희 고객 대부분은 수많은 커스텀 애플리케이션을 만들고 있고, 아마 대기업의 경우 수백 개가 넘을 거예요."라고 말한 적이 있습니다.

당연하겠지만 대부분의 애플리케이션은 광범위한 비즈니스 영역을 다루지 않습니다. 애플리케이션 하나로 가능한 모든 비즈니스 정보를 관리하고 다루지 않는다는 것이죠. 대신 각각의 애플리케이션은 저마다의 분야에 특화되고 좁은 범위의 문제를 해결합니다.

② 비즈니스 요구사항을 고려해라

조직의 유형에 따라 다르겠지만 어떤 조직은 여러 가지 핵심 기술들을 효과적으로 사용할 필요가 있기도 합니다. 2장에서 설명했던 엔터프라이즈 시스템들의 유형을 다시 한번 되새겨보죠.

- 고객 관계 관리(CRM) 시스템
- ERP Enterprise Resource Planning
- 학습 관리 시스템
- 제품 수명 주기 관리 시스템
- 티켓 관리 시스템

교통이나 건설, 항공우주, 국방, 생명과학 산업 등의 분야에 속한 대기업은 적절한 제품 생명 주기 관리 시스템이 없으면 비즈니스를 꾸려나가는 데 어려움을 겪을 수밖에 없습니다. 학습 관리 시스템 없이 업무를 처리하는 대학도 마찬가지죠.

학생들의 시험이나 출석 점수를 구글 시트나 이메일로 관리한다는 것은 정말이지 끔찍한 일입니다.

이런 상황에서는 노코드/로우코드는 답이 될 수 없습니다. 당연히 회사나 조직의 규모가 클수록, 그리고 관련 비즈니스가 복잡할수록 적절한 엔터프라이즈 시스템을 사용해야 합니다. 물론 큰 부서나 조직 내의 작은 팀은 노코드/로우코드 도구를 사용해서 커스텀 애플리케이션을 만드는 것이 더 나을 수도 있죠. 다음 [그림 12-2]에 이 관계를 시각화해 보았습니다.

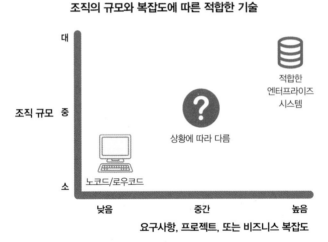

그림 12-2 조직의 규모와 복잡도에 따른 적합한 기술

[그림 12-2]의 내용은 엄격하게 적용되어야 하는 규칙이 아니라 통상적인 개념을 나타내는 것입니다. 절대적으로 따라야 하는 것이 아니죠. 또한 노코드/로우코드는 11장에서 설명한 바와 같이 소기업이나 1인 회사에서만 사용할 만한 것이 아닙니다. 오히려 그 반대이죠. 포춘 선정 100대 기업 중 80개 기업과 포춘 선정 1,000대 기업 중 절반 이상의 기업이 에어테이블을 사용하고 있을 정도이니까요.[clxxiv] 하지만 이런 기업들은 CRM이나 ERP와 같이 꼭 사용해야 하는 엔터프라이즈 시스템을 대체할 목적으로 에어테이블을 사용하지는 않습니다. 또한 팀이나 부서, 회사 규모와 관련된 정량화된 수치에 주의해야 합니다. 다음 두 가지 경우를 생각해 보죠.

- **사례 1**: 소규모 컨설팅 회사에서 근무하는 시민 개발자가 프로젝트 관리 애플리케이션을 만들었습니다. 회사의 열두 명의 컨설턴트가 이 애플리케이션을 사용하고 있습니다.
- **사례 2**: 액센츄어 헬스케어 분야에 입사한 신입 사원이 회사의 요구사항에 부응하기 위해 열다섯 명의 컨설턴트를 위한 아주 멋진 애플리케이션을 개발합니다.

첫 번째 사례에서는 회사의 12명의 직원 전부가 애플리케이션을 사용하고 있으니 그 사용률은 100%입니다. 그렇다면 73만 명 이상의 직원이 일하고 있는 액센츄어에서도 모든 직원이 애플리케이션을 사용할까요?[clxxv]

절대 아닙니다. 규모는 중요한 문제죠.

마지막으로 작업에 적합한 도구를 선택할 때 있어서 [그림 12-2]에서처럼 양 극점은 쉽게 결정할 수 있습니다. 하지만 모호한 경계 부분에서는 어떤 선택을 해야할까요? 인생과 마찬가지로 불확실한 상황에서의 판단은 무엇보다 중요합니다.

노코드/로우코드에 대한 조언, 2부: 범위가 중요합니다.

– 스티브 풋먼, 데이터 관리 전문가 겸 음악가 겸 작가

저는 30년 이상 IT 분야에서 일하면서 여러 가지 역할을 맡아왔습니다. 1990년 초반 저는 시민 개발자였으며 그 당시에는 그 누구도 이 단어를 알지 못했죠. 저와 제 직장 상사는 독립적인 애플리케이션으로 풀 수 있는 작은 문제들을 찾아왔습니다. 아마 더 큰 규모의 IT 조직이라면 우리가 만든 해결책을 채택하지 않겠지만, 그건 중요하지 않았죠. 우리는 회사에서 주로 채택하는 표준 개발 방식이나 인터페이스를 따를 필요가 없었습니다. 그래서 감시망을 피해 교묘히 숨어 다닐 수 있었죠.

전 제가 들려드릴 이야기를 통해 여러 가지 이질적인 시스템이나 애플리케이션들을 유기적으로 연결하고 통합하는 이른바 '접착제[glue]' 애플리케이션에 대해 경고를 하고 싶습니다. 대기업에서 부서 단위로 해결할 수 있는 문제보다 더 규모가 큰 문제를 해결해야 한다면, 고민해야 할 요소들이 훨씬 더 많아집니다. 예를 들면 사용할 도구나 코딩 표준, 데이터 인터페이스, 보안과 보안 규정, 유지보수 계획 등이 있을 수 있죠. 이런 경우라면 애플리케이션을 작고 짜임새 있게 구성하는 것이 성공 가능성을 높일 수 있는 방법입니다.

제 경험상 IT 부서들은 대개 이런 작은 규모의 시도와 노력에 대해서는 잘 승인해 주는 편입니다. IT 부서의 시스템 개발에 관련된 수요와 비용을 줄일 수 있기 때문이죠. 하지만 이런 해결책들이 다음에 나열할 항목에 해당한다면, 해결책은 오히려 더 큰 괴로움을 불러올 수도 있습니다.

- 감사 추적을 제공하지 않고 표준화된 데이터를 조작하는 경우
- 결과를 대중에 공개할 경우
- 부서의 영역을 넘어선 범위까지 확장되는 경우

③ 노코드/로우코드 도구를 사용할 수 있는 기회를 적극적으로 찾아라

"우리는 항상 그렇게 해 왔기에"라는 말을 저는 개인적으로는 좋아하지 않습니다. 특히 부서나 부서, 또는 회사에 왜 그렇게 과도하게 수동 프로세스 절차를 고집하는지를 물어보았을 때 이 대답을 들으면 더더욱 싫어집니다. 이 말보다는 호머 심슨이 한 반어적인 표현인 "저에게 자기계발은 항상 열정적인 관심사였죠." 라는 말이 더 좋습니다. 영원히 지속될 수 있는 완벽한 기술 스택에 도달했다고 생각하는 것은 터무니없는 짓입니다. 이상적으로는 몇 년마다 프로젝트나 상호작용, 과제 등을 평가하는 것이 좋습니다. 새로운 도구를 검토하는 것도 현명한 방법이죠.

대필 프로젝트에 노션 활용하기

3년 전 저는 소프트웨어 회사의 CEO인 그렉을 대필한 적이 있습니다. 저와 그렉은 프로젝트가 최소 반년은 갈 것이라고 생각했죠. 시간대와 일정이 서로 달랐기 때문에 우리는 대부분의 작업을 다음의 협업 도구를 활용하여 비동기적으로 진행했습니다.

- 일정 관리용 캘린들리
- 프로젝트 관리용 트렐로
- 화상 회의용 줌
- 콘텐츠 및 주석 공유용 구글 독스
- 통상적인 대화와 연구, 파일 공유를 위한 슬랙[clxxvi]
- 간단하고 빠르게 비동기 비디오를 녹화하기 위한 룸(이제는 슬랙 클립을 사용할 수도 있음)

그렉 역시 기술에 능숙한 사람이었지만 스스로는 사용하는 도구가 너무 많고 복잡하다고 느낀 모양입니다. 저도 그렉의 기분을 이해하지만, 우리가 사용하는 도구들 각각은 고유하면서 필수적인 목적을 위해 사용하는 것이었습니다.

전 언제나 노코드/로우코드 도구를 사용할 기회가 생기면 적극적으로 사용해 왔습니다. 많은 애플리케이션을 사용하고, 의식적으로 더 많이 사용하려 했습니다. 마이크로소프트 워드로 원고를 작성하고 드롭박스에 여러 버전의 원고를 저장합니다. 그래머리를 사용하면 더 좋은 글을 쓸 수 있죠. 칸바는 그림을 그리고 싶은 비전문가에게는 정말 좋은 도구입니다. Otter. ai를 사용해서 인터뷰를 기록하죠. 이런 식으로 다양한 분야에서 다양한 애플리케이션을 사용합니다.

그렇지만 후속 대필 프로젝트에서는 사용하는 도구의 수를 줄였습니다. 호머에게서 영감을 받은 덕분이죠. [그림 12–2]의 개념을 명확하게 되짚으면서 결국 노코드/로우코드를 선택하게 되었죠. 구체적으로는 트렐로와 구글 독스, 슬랙을 어느 정도 대체할 수 있는 노션을 사용했습니다. 또한 캘린들리와 줌에 연결할 수 있는 간단한 노션 대시보드도 만들었습니다. 원스톱 쇼핑이죠. 그 덕분에 저와 제 고객들은 더 이상 이 도구 저 도구를 찾아서 실행하느라 시간을 허비하지 않습니다. 가장 최근 프로젝트에서는 모든 문서와 팟캐스트, 글, 비디오, 콘텐츠 및 조사 내용을 노션에 저장했습니다. 티아고 포르테의 최근 글을 인용하자면 노션이 두 번째 뇌가 된 셈이죠.[15]

노션은 이제 저의 필수 애플리케이션이 되었습니다. 대필 프로젝트뿐 아니라 컨설팅이나 강의, 저술, 연구 등 광범위한 분야에서 사용하고 있습니다. 심지어 간단한 CRM 시스템으로도 활용하고 있죠.

④ 중복되고 겹치는 도구를 최소화하라

8장에서 같은 조직 내에서 같은 일을 할 수 있는 네 가지 서로 다른 노코드/로우코드 도구를 사용하는 경우는 되도록 피해야 한다는 것을 사례를 통해 설명한 바 있습니다.

우선 여러 소프트웨어 제작 회사의 도구를 사용하는 것은 단일 업체의 제품을 사용하는 것에 비해 더 많은 비용이 소요됩니다. 또한 서로 다른 팀이나 부서, 조직 등이 협업이나 함께하는 프로젝트에서 서로 선호하는 도구를 사용하자고 주장할 가능성도 커집니다. 마지막으로 상호운용성과 확장성에도 크나큰 제약이 생기죠. 서로 다른 애플리케이션 간의 모든 기능과 데이터를 완벽하게 통합할 수 있다고

---

15 https://tinyurl.com/tiago–phil

생각하는 것은 어리석은 짓입니다. IT 부서가 참여해도 마찬가지죠.

언제든 맥락을 읽어야 합니다. 분산화된 IT, 비즈니스 분야에서 주도적으로 이루어진 구매 결정, 시민 개발이 혼재된 상황에서 조직 전반에 걸친 표준화는 정말 어려운 일입니다. 승인받지 않은, 서로 다른 노코드/로우코드를 사용하는 직원들을 혼내기보다는 같은 도구를 사용하는 것에 따른 이점을 교육하고 알리는 것이 더 좋습니다. 채찍보다는 당근이죠.

하나의 프로젝트를 관리하는 데 클릭업과 트렐로, 노션 및 코다를 모두 사용하는 팀은 여러 가지 문제를 겪을 가능성이 큽니다. 조건이 동일하다면 프로젝트에서 최소한의 노코드/로우코드를 사용하는 것이 충돌 가능성을 줄이는 지름길입니다. 다음 [그림 12-3]에 이 핵심 원칙을 간략하게 도식화하였습니다.

노코드/로우코드의 다양성과 프로젝트 충돌 가능성의 관계

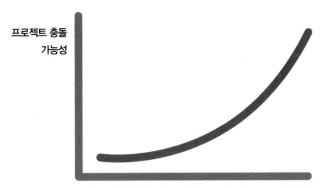

프로젝트 충돌
가능성

프로젝트에서 사용하는 서로 다른 노코드/로우코드 도구의 수

그림 12-3 노코드/로우코드의 다양성과 프로젝트 충돌 가능성의 관계

⑤ 자동화하고 통합하고 그리고 더 많은 것을 하라

에어테이블을 사용하면 구글 시트보다 좀 더 나은 스프레드시트를 빠르게 만들 수 있습니다. 에어테이블로 할 일이 그것밖에 없다면 그렇게 해야겠죠. 하지만 간단한 작업을 쓸데없이 복잡하게 만들 필요는 없습니다. 물론 구글 시트로는 처리할 수 없는 것을 해야 한다면 이야기는 달라집니다.

노코드/로우코드는 시민 개발자가 지능적으로 자동화를 구현할 때 정말 그 진가를 발휘합니다. 자동화할 수 있는 수작업 프로세스를 찾아보세요. 그리고 일어나는 놀라운 변화를 만끽해 보세요. 데이터를 줄이거나 중복된 데이터를 제거하는 방법을 한번 찾아보세요. 더 나아가서 새로 만든 노코드/로우코드 애플리케이션을 다른 비즈니스 애플리케이션이나 시스템과 통합하는 것도 좋은 방법입니다.

이런 생각만으로 노코드/로우코드에 비우호적인 사람이나 수동적이면서 화가 날 정도로 비효율적인 프로세스에 집착하는 직장 동료들을 설득할 수 있을까요? 아마 못 할 것입니다. 하지만 이성적인 사람이라면 이런 강력하고 사용자 친화적이며 통합하기 쉽고 기기에 독립적인 비즈니스 애플리케이션들을 무시하거나 외면하기가 점점 더 어려워질 것입니다.

12.4 정리하기

- 그룹이나 부서, 회사의 모든 사람이 시민 개발자들을 환영할 것이라고 생각하면 안됩니다. 좋든 싫든 어떤 사람들은 시민 개발을 위협이라고 인식할 수도 있습니다.
- 문제의 복잡도가 클수록 노코드/로우코드 도구를 사용하여 애플리케이션을 만드는 것이 의미가 없게 됩니다.
- 현명한 경영 및 기술 전략을 통해 노코드/로우코드 도구와 시민 개발자들의 영향력을 극대화할 수 있습니다.

"미래는 이미 여기에 있다. 공평하게 배분되지 않았을 뿐."

– 윌리엄 깁슨

어떤 사람들이나 팀, 부서, 회사, 산업 분야, 국가는 다른 그룹에 비해 좀 더 빠르게 최신 기술을 수용합니다. 하지만 결국 모두 같은 방향으로 나아가게 되죠. 스마트폰이나 모바일 결제, 클라우드 컴퓨팅과 같은 기술들의 역사가 우리에게 이 사실을 가르쳐 주었습니다.

이 책을 마무리하면서 여러분에게 노코드/로우코드와 시민 개발자, 그리고 앞으로 다가올 미래에 대해서 알려드리고자 합니다. 정답이 아닌 예측일 뿐이죠.

범위와 성숙도 면에서 성장하고 있는 노코드/로우코드

소프트웨어 회사들은 그 규모와 관계없이 노코드/로우코드를 적극적으로 받아들이고 있습니다. 그리고 이런 회사들의 고위 경영진들은 시민 개발의 중요성을 분명히 이해하고 있죠. 또한 자사 제품에 더 많은 노코드/로우코드 기능들을 포함시키는 한편 전략적인 인수도 진행하고 있습니다. 경기 침체의 가능성 때문에 많은 스타트업이 투자 시점보다 낮은 가치로 평가를 받고 있으며, 투자자들이 투자 지분을 현금화하려는 움직임 때문에 더 많은 인수가 일어날 수 있죠. 세일즈포스나 마이크로소프트, 아마존, IBM, SAP와 같은 공룡 기업들이 저렴한 가격에 그들의 제품을 보완할 수 있는 많은 스타트업들을 인수할 수 있는 기회인 것입니다.

상대적으로 작은 소프트웨어 기업들 역시 활발한 움직임을 보이고 있습니다. 최근 있었던 일을 예로 들어보죠. 첫 번째로 2021년 9월 노션이 Automate.io를 인수한 일을 예로 들 수 있습니다.[clxxvii] 노션은 앞으로 점점 더 많은 타사 애플리케이션이나 서비스와 통합되겠죠. 이제 노션이 구글 독스가 조금 더 개선된 버전에 불과하다고 주장하는 것은 더 이상 통하지 않습니다. 그리고 노션의 경쟁자들은 노션과의 경쟁을 위해 더 많은 것을 준비해야 할 것이고요. 이런 일들은 결국 시민 개발에 엄청나게 큰 이득을 가져다줄 것입니다.

둘째로 Okta의 사례를 들 수 있습니다. Okta는 현재 14,000개 이상의 회사에서 자사 서비스의 사용자 인증을 위한 소프트웨어로 사용되고 있습니다. 싱글 사인온Single Sign-On(SSO)은 아주 멋진 개념은 아니지만 현대 서비스에서 거의 필수적인 개념이 되었죠. 이런 Okta와 같은 서비스를 사용하지 않는 상황을 생각해 볼까요? IT 부서가 회사의 각 직원이 사용하는 애플리케이션이나 서비스, 시스템마다 각기 다른 사용자 이름과 비밀번호를 관리하는 것이죠.

어떤 분은 별거 아니라고 생각하실지도 몰라서, 이것이 얼마나 중요한 일인지를 알려드리기 위해 재미있는 통계치를 하나 가져왔습니다. 2021년 3월 Okta는 고객사 당 평균 88개의 다른 비즈니스 애플리케이션을 사용한다고 조사한 바 있습니다.[clxxviii] 심지어 일부 회사는 이보다 두 배는 많은 애플리케이션을 사용한다고 밝히기도 했고요. 이렇게 많은 비즈니스 애플리케이션들을 관리하기 위해 과거 IT 부서와 IT 직원들은 새로 입사한 직원들을 수십 개의 애플리케이션이나 시스템에 추가하기 위해 아주 복잡한 스크립트를 만들어서 실행하곤 했습니다. 이런 문제들을 노코드/로우코드와 시민 개발자들이 해결할 수 있다고 생각하신다면, 여러분들은 이 책을 아주 잘 읽으신 겁니다.

2021년 11월 Okta는 핵심 기능을 보완할 수 있는 노코드/로우코드 도구인 Okta 워크플로를 공개했습니다. 그리고 2022년 9월, 저는 Okta 워크플로의 커뮤니티를 이끌고 있는 맥스 카츠와 줌에서 만나 이야기를 나누었죠. 맥스 카츠는 IT 관리자들이 과거에 사용하던 스크립트를 더 이상 만들거나 유지할 필요가 없다고 설명했습니다. IT 관리자들이 더 쉽고 풍요로운 삶을 즐길 수 있을 것이라고 덧붙였죠. 조직이나 회사에 새로운 직원이 들어오게 되면 자동화 작업이 시작됩니다. 몇 분 만에 새로운 직원은 회사의 핵심 시스템과 애플리케이션에 접근이 가능해지죠. 더 좋은 것은 Okta 워크플로가 다양한 타사 애플리케이션 및 서비스와 통합이 가능하다는 점입니다.**clxxix**

더 똑똑한 소프트웨어

머신러닝과 인공지능, 로봇 프로세스 자동화의 발달로 인해 기존의 노코드/로우코드 도구들 역시 더더욱 강력해지고 있습니다. 저 같은 기술 덕후들에게는 그야말로 희소식이죠. 애플리케이션과 시스템들은 이미 사용자들이 어떤 방식으로 상호작용하는지 효율적으로 학습하고 있습니다. 어떤 애플리케이션들은 사용자들도 미처 모르는 유용한 기능이나 통합 방식에 대한 내용을 사용자에게 알려주기도 합니다. 워크미나 펜도는 이런 분야에 최근 진출한 소프트웨어 회사입니다. 특히 펜도는 스스로를 '소프트웨어를 더 좋게 만들어 주는 소프트웨어를 만든다'고 평가하고 있죠.**clxxx**

비즈니스 애플리케이션의 차세대 주자

수백만의 사람들이 날마다 애플 시리, 아마존 알렉사, 마이크로소프트 코타나를 사용하고 있습니다. 그 외에도 다양한 어시스턴트 기능들을 사용하죠. "헤이 구글, 오늘 날씨는 어때?" 정도만 물을 수 있던 시대는 예전에 지나갔습니다. 개인적으로 처음 구글 홈을 시도해 봤던 때가 생각나는군요. 구글에 "필 사이먼이 누구지?"라고 물어보았을 때, 상당히 정확한 답변을 들어서 기분이 좋았습니다.

언젠가는 손이 아닌 말로 애플리케이션을 개발하는 날이 오게 될까요? 말로 프로그래밍하는 것이 소프트웨어 개발의 다음 방식이 될 수 있을까요?**clxxxi**

그럴지도 모르죠.

스타트업 회사인 세레나데는 개발자가 만들고자 하는 코드를 말해서 개발할 수 있는 인공지능 기반 소프트웨어를 개발했습니다. 그리고 2020년 말 210만 달러의 투자를 유치했습니다.[clxxxii] 그렇다고 과대평가는 금물입니다. 개발자들이 키보드를 갖다 버리고 말로만 프로그래밍을 하는 것은 아직은 어려운 일입니다. 그럼에도 향후 몇 년 사이 음성 기반 프로그래밍이 큰 발전을 이룰 것이라는 예상은 틀리지 않다고 생각합니다. 과거에도 이런 일들이 많이 있었으니까요.

1998년에 이런 예측을 한다고 생각해 봅시다. 바로 그 당시 주류인 비주얼 프로그래밍이 2023년에는 더욱더 강력하고 저렴하면서도 확장성이 뛰어난 도구로 발전한다는 예측이죠. 이 도구는 대부분의 상황에서 소프트웨어 개발자 없이 애플리케이션 개발을 가능하도록 만들어서 애플리케이션 개발을 대중화할 것입니다. 시민 개발자라고 불리우는 사람들이 고부가가치의 비즈니스 애플리케이션들을 만들어서 이 책에서 설명한 것과 비슷한 다양한 유형의 문제들을 해결하죠. 또한 경영진이나 IT 부서 및 IT 직원들은 회사 및 조직 내에서 이루어지는 비전문가들의 애플리케이션 개발을 승인할 뿐 아니라 적극 장려할 것입니다.

그 당시라면 정말 말도 안 되는 헛소리라고 치부했을 상상이죠.

작별 인사

음성 기반 프로그래밍이나 스스로 학습하는 소프트웨어, 메타버스, 그 외 오늘날 유행하고 있는 많은 트렌드들이 사그라들 것인지 아니면 앞으로도 지속될 것인지 알 수 없습니다. 어떤 노코드/로우코드 도구 제작 회사가 살아남을 것인지도 모릅니다. 전 그렇게 똑똑하지 않거든요.

제가 확실히 아는 것은 노코드/로우코드 도구들과 시민 개발자들의 미래는 밝다는 것입니다. 가트너의 제이슨 웡 역시 저와 같은 생각을 가지고 있는 것 같군요. 제이슨 웡은 "비즈니스 부서들은 점점 더 많은 애플리케이션을 스스로 개발하고 있으며, 그렇기 때문에 시민 개발자들이 미래의 애플리케이션 개발에서 더 중요한 역할을 맡게 될 것이다."고 언급한 바 있습니다. **clxxxiii**

이 책에서 계속 설명한 수많은 트렌드들은 결국 노코드/로우코드 도구와 시민 개발에 대한 예상 가능한 미래를 이야기하고 있습니다. 노코드/로우코드와 시민 개발은 정말 흥미로운 것이며, 이제 막 시작한 참입니다.

영화 〈빅 레보스키〉에서 도니가 한 말 그대로입니다.

"명심하라고, 이 친구야!"

국내 노코드 /로우코드 개발자 인터뷰

'장피엠'의 노코드/AI

AI/노코드 분야 유튜브 크리에이터, 일잘러 장피엠 **장병준**
(또는 노코드캠프 대표 장병준)

Q **본인 소개와 함께 하시는 일에 대해 간단히 소개 부탁드립니다.**

안녕하세요. AI/노코드 분야 유튜브 크리에이터 일잘러 장피엠(장병준)입니다. 저는 AI와 노코드를 활용해서 더 똑똑하게 일하는 방법과 마인드셋을 주제로 콘텐츠를 만들고 있습니다. 구체적으로는 AI와 노코드를 활용해서 저비용으로 온라인 비즈니스를 시작하는 방법과 코딩을 몰라도 사무 업무 프로세스를 자동화하는 아이디어들을 소개하고 있습니다.

과거 저는 스타트업에서 신규 사업의 제품─시장 적합성^{Product-Market Fit}을 찾는 일을 주로 했었는데, 문과(경제학 전공) 출신 기획자로서 코딩을 할 줄 모르는 게 제 업무의 큰 병목이었습니다. 빠르게 아이디어가 유효한지를 테스트하고 싶어도 언제나 개발자의 도움을 받아야 했기 때문이죠. 러프한 아이디어만 있는 사업의 초기 단계에서 더 빠르게 실행할 수 있는 방법을 계속해서 고민했고, 그 결과 노코드라는 것을 알게 되었습니다. 그 후 노코드는 제 업무의 파트너가 되어 더 큰 성과를 빠르게 낼 수 있었고, 제 성공 경험을 공유하고 싶어서 유튜브를 시작했던 게 지금까지 이어지고 있습니다.

지금은 유튜브 외에도 스타트업 창업가, 예비 창업가, 1인 기업가, 스타트업 실무자분들에게 노코드를 더 알리고 싶어서 '한국 노코드 커뮤니티'라는 작은 커뮤니티도 만들어서 운영하고 있고 한국 노코드 커뮤니티 웹사이트(https://www.nocodekorea.org)와 카카오톡 오픈채팅방을 통해서도 노코드 관련된 최신 정보 공유와 문제 해결에 도움을 드리고 있습니다. 노코드에 관심 있는 분들과 온/오프라인 모임도 종종 진행하고 있습니다. 마지막으로 저는 체계적으로 노코드를 배우고 싶어 하는 분들을 위해 '노코드캠프'라는 온라인 노코드 강의 사이트도 만들어서 강사로서 노코드를 알려드리고 있기도 합니다. 노코드를 우리나라에 더 알리고 활성화시키는 것을 제 개인의 미션으로 생각하여 이런 활동들을 활발히 하고 있습니다.

❓ 일잘러 장피엠 님이 생각하는 노코드/로우코드란 무엇일까요?

기술이 발전할수록 더 많은 사람이 더 쉽게 기술을 사용할 수 있게 된다는 '기술의 민주화'라는 말이 있습니다. **노코드/로우코드는 소프트웨어 개발 분야의 민주화**라고 볼 수 있을 것 같습니다. 컴퓨터 공학을 전공하지 않아도, 코딩 개념이나 문법을 몰라도, 개발을 통해서 얻을 수 있는 효율성과 확장성을 가지고 자기 일의 큰 변화와 성과를 만들어 낼 수 있으니 말이죠.

노코드/로우코드의 등장과 부상으로 인해서 기존의 소프트웨어 개발을 하던 사람들이나 기업 외에도 점점 더 많은 개인과 기업이 소프트웨어 개발을 하게 될 거라 예상합니다. 그로 인해 개인 입장에서는 온라인 비즈니스를 시작하는 진입 장벽이 낮아져서 더 많고 다양한 온라인 기반 사업이 앞으로 더 많이 등장할 것입니다. 전통적인 IT 기업 외에도 거의 모든 기업이 업무 프로세스에 필요한 소프트웨어를 직접 만들고 수정하면서 디지털 기반으로 일하는 방식이 자리를 잡을 것입니다.

현재 그러한 변화의 초입에 와있다고 생각합니다. 챗GPT로 시작된 AI 혁명 역시 일종의 기술 민주화로서 노코드/로우코드 대중화를 가속화할 거라 생각합니다. AI 역시 더 많은 사람이 쉽게 쓸 수 있는 방향으로 진화되고 있다는 점에서 노코드/로우코드와 사상적으로도 맞닿아 있을 뿐 아니라, 활용성의 측면에서도 AI와 노코드를 함께 썼을 때 매우 큰 시너지가 나기 때문이죠. 예를 들면 커스텀 코드를 구현하는 것에서 챗GPT의 도움을 받아서 노코드 프로젝트의 퀄리티를 높일 수도 있을 것이고, 디테일한 조건으로 업무 프로세스를 세부 정의하지 않더라도 챗GPT API 도움을 받으면 '알잘딱깔센' 처리되도록 자동화할 수도 있습니다.

저는 디지털/AI 등의 키워드가 IT 업계를 넘어서 전 산업과 모든 인간의 생활에 영향력을 확대하고 있기 때문에 노코드/로우코드 트렌드는 일시적인 유행이 아니라 분명한 미래의 발전 방향이라고 생각합니다. 그렇기 때문에 **지식 노동자로서 노코드/로우코드는 마치 엑셀처럼 누구나 알고 활용할 수 알아야 하는 업무의 필수교양**이 될 거라고 예상하고 있습니다.

Q 노코드/로우코드를 활용한 사례가 있을까요(본인 혹은 기업)?

저는 스타트업의 신규 사업 개발 일을 할 때 노코드를 이용해서 신사업 아이디어를 테스트했습니다. 직장인 커뮤니티인 블라인드(Blind)에서 일하던 시절에는 '이직 전형 중인 후보자에게 카운터오퍼할 수 있는 인재 풀 서비스'를 노코드로 개발해서 초기 사업성 테스트를 했고 그 결과 블라인드 하이어라는 정식 인재 채용 서비스로 이어져서 현재까지 운영이 되고 있습니다.

저의 사례 외에도 요즘은 많은 초기 창업 기업이나 스타트업에서 노코드를 이용해 사업성 테스트를 진행하고 있습니다. 간단한 서비스 랜딩페이지나 회사 홈페이지 정도는 노코드로 간단하게 제작한 후, 사업 내용이 바뀌면 빠르게 반영하는 게 보편화가 되었습니다. 더 나아가서 노코드 도구로만 서비스를 만들어서 투자 유치도 하고 초기 사업을 운영하는 기업도 늘어나고 있습니다. 대표적인 노코드를 활용한 초기 스타트업의 이커머스 성과 관리 대시보드 서비스 '씨그로(https://www.cigro.io/)'와 운동하는 40~50대 여성들을 위한 커뮤니티인 '히로인스(https://www.heroines.me/)' 등이 있습니다.

제가 현재 운영하고 있는 1인 기업인 노코드 강의 사이트 '노코드캠프(https://www.nocodecamp.kr)' 역시 노코드로만 운영되고 있습니다. 블로그나 강의 비디오 모두 노코드로 관리하고 있고, 노코드로 강의 상품 결제를 받고 있으며, CS나 고객 관리 등 관리자 업무도 모두 노코드 기반으로 자동화되어 있습니다. 노코드 덕분에 초기 큰 규모의 외주비와 개발자 고용 없이도 저 혼자 사업을 시작할 수 있었고, 현재 다양한 일을 하면서 서비스를 운영할 수 있는 것도 모두 노코드 덕분입니다.

Q 추천할 만한 노코드/로우코드 도구가 있을까요?

노코드 도구는 난이도와 사용 목적에 따라서 매우 다양합니다. 모두에게 추천할 만한 노코드 도구라는 것은 없기 때문에, 자신의 니즈나 배경지식, 선호하는 디자인 스타일에 맞는 도구를 선택하는 게 중요합니다. 다만 기본적인 사용 방식은 비슷하기 때문에 일단 하나를 써 보시고, 해소되지 않는 니즈가 있다면 그 니즈를 해결해 주는 도구로 넘어가는 방식을 추천드립니다. 최적의 도구를 초보 단계에서 찾느라 골머리를 쌓는 것보다 일단 빠르게 실행해서 작은 결과물이라도 만들어 보시는 게 훨씬 빠르게 내게 맞는 도구를 찾는 방법입니다.

초보자에게는 모바일 애플리케이션을 만들기보다는 웹사이트부터 만들어 보시기를 권해드리는데, 이때는 Framer, Softr, 웹플로, 버블과 같은 도구를 추천합니다. 왼쪽에서 오른쪽으로 갈수록 더 어려워지지만, 개발에 준하게 다양한 기능들을 구현할 수 있는 서비스들입니다. 이 글로벌 서비스들은 글로벌 노코드 커뮤니티에서 대세로 추천되는 도구입니다. 국내 도구가 편하시거나 국내향 쇼핑몰을 만드시고 싶으시다면 아임웹, 웨이브온과 같은 국산 노코드 도구도 좋은 선택입니다.

모바일 애플리케이션 빌더로는 Glide, Adalo, Flutterflow와 같은 도구들이 글로벌하게 인기가 있습니다. 다만 모바일 애플리케이션은 사용자가 애플리케이션

설치에 도달하기까지 진입장벽이 높은 편이고, 총체적으로 좋은 고객 경험을 제공하는 게 리텐션에 너무 큰 영향을 주기 때문에 노코드로 간단히 만들어서 빠르게 테스트해 본다는 관점에서 큰 성과를 얻기는 어려울 수 있습니다.

재피어나 메이크, 파워 오토메이트와 같은 업무 자동화 도구도 추천드립니다. 이러한 자동화 도구는 노코드 서비스의 서버와 같은 기능을 하기도 하지만, 신규 서비스를 만들지 않는 일반 사무 담당자도 자기의 업무에 적용해 볼 수 있습니다. 반복적이지만 핵심적이지 않은 일들을 이런 자동화 도구를 이용해 자동화해 보시는 것으로 노코드 활용에 입문해 보셔도 좋을 것 같습니다.

Q 노코드/로우코드가 어떤 분야에서 가장 빛을 낼까요?

노코드/로우코드는 아직은 기존 개발 방식을 대체할 수 있는 수준은 안 됩니다(미래에는 어떻게 될지 모르겠지만요). 개발할 수 있는 기능의 제한이 있고, 사용자가 늘어남에 따라 속도나 비용 면에서 개발 프로젝트에 비해 현저히 떨어지기도 합니다. 그래서 노코드를 이용해서 초기 제품-시장 적합성을 테스트했던 스타트업들도 어느 정도 서비스가 성장하면 기존 개발 방식으로 전환하는 게 일반적입니다.

그러나 1인 기업이나 강의/전자책 등을 판매하는 온라인 지식 사업, 이커머스 등의 소규모 온라인 사업자의 경우 노코드로도 충분히 사업 운영을 할 수 있습니다. 저는 그래서 오히려 이런 소규모 브랜드나 비즈니스에서 노코드가 빛이 날 거라 생각합니다. 노코드/로우코드의 영향으로 이런 소규모 사업자가 기하급수적으로 늘어날 것으로 예상하며, 인건비/임대료 등의 고정비를 최소화하고 소규모로 조직을 작게 유지하면서 높은 이익률을 만들어 내는 스몰 비즈니스가 약진할 거라 예상합니다.

평생직장의 개념이 희미해지고 있는 현재의 커리어 분위기에서 언젠가는 내 사업을 하는 것을 고민하는 사람이 점점 더 늘어나고 있기 때문에 누구든 스타트업 창업이나 스몰 비즈니스 창업에 관심을 가져야 한다고 생각합니다. 그런 분들이 노코드/로우코드를 학습하시는 건 미래에 대한 가장 확실한 준비라고 생각합니다.

Q 노코드/로우코드의 한계는 무엇일까요?

노코드/로우코드는 특정 도구에 종속되어 있어서 해당 도구에서 제공하지 않는 기능 구현은 어렵습니다. 따라서 유지보수하고 기능을 확장하기에 어려움이 있습니다. 또한 성능과 확장성의 한계도 있습니다. 개발 프로젝트에 비해서 대체로 속도가 느린 편이며, 사용자 수가 늘어나게 되면 비용이 많이 들고, 유지보수가 오히려 기존 개발 방식보다 더 어려워집니다. 이러한 문제들은 아직 노코드/로우코드가 초기 단계이기 때문이기도 하고, 노코드/로우코드 기반의 협업 방식이 연구되고 합의되지 않아서라고 생각합니다. 시간이 지남에 따라 일정 부분 해결될 거라 믿습니다. 그렇지만 현재는 이러한 한계점 때문에 현재는 초기 온라인 서비스나 소규모 비즈니스 정도에서 활용하는 것을 추천합니다.

Q 앞으로의 노코드/로우코드 생태계는 어떻게 변화할까요?

노코드/로우코드는 분명 성장할 시장이고 디지털 기반의 업무방식이 보편화되면 될수록 다양한 기업과 다양한 업무 환경에서 사용될 업무 스킬임에는 분명하다고 생각합니다. 노코드/로우코드, 그리고 AI는 전문 기술의 민주화를 가속화할 것이고 지식 노동자의 업무 방식을 크게 바꿀 것입니다. 우리는 앞으로 반복적인 실무를 수행하고, 정보를 단순히 정리하는 것을 넘어서, 한 차원 더 추상화되고 고차원적인 고민을 업무 환경에서 할 것을 더 요구받게 될 것입니다.

그렇지만 노코드/로우코드가 개발을 전면적으로 대체하는 방향으로 가지는 않을 것 같습니다. 대규모의 복잡한 IT 서비스들은 여전히 코드 기반으로 동작할 것입니다. 성능 최적화는 여전히 코드가 노코드보다 훨씬 큰 장점이 있기 때문입니다. 대신 노코드/로우코드는 더 많은 소규모 비즈니스의 촉매제가 될 것이고, 대기업보다는 중소기업이나 소규모 창업기업에서 더 적극적으로 활용될 것이라 예상합니다.

Q 맺음말

AI와 노코드의 부상으로 인해 이런 최신 기술을 잘 활용해서 더 다양한 일을 더 효율적으로 처리해 내는 '슈퍼 개인'들이 등장할 것이라 생각합니다. 노코드/로우코드/AI에 대한 두려움보다는 호기심을 가지고, 이러한 훌륭한 기술 도구들을 조수로 활용해서 자신의 생산성을 높이는 '슈퍼 개인'으로 독자들이 성장하시기를 응원합니다.

디지털 전환의 핵심,
노코드/로우코드 플랫폼

마이크로소프트 시니어 클라우드 아드보캇, **유저스틴**

Q **본인 소개와 함께 하시는 일에 대해 간단히 소개 부탁드립니다.**

안녕하세요, 마이크로소프트에서 클라우드 디벨로퍼 아드보캇Cloud Developer Advocate 으로 일하고 있는 저스틴입니다. 마이크로소프트 애저Azure 클라우드를 중심으로 전 세계 개발자 커뮤니티를 포함한 개발자 생태계의 발전을 위한 다양한 시도를 하고 있습니다. 현재는 한국을 포함한 아시아−태평양 지역의 개발자 커뮤니티를 중심으로 소통합니다.

개발자 커뮤니티와 소통을 위해 주로 마이크로소프트 학습 웹사이트에 올라가는 다양한 기술 문서를 작성하고, 이를 개발자 커뮤니티와 공유하며 다양한 피드백을 받아 다시 제품 개발팀에게 전달하는 역할을 합니다. 이렇게 작성한 다양한 기술 콘텐츠를 다양한 형태로 재가공해서 온라인 및 오프라인 밋업과 콘퍼런스 등을 통해, 동영상 플랫폼을 통해 배포하고 전달합니다.

Q **저스틴 님이 생각하는 노코드/로우코드란 무엇일까요?**

우선 마이크로소프트는 파워 플랫폼Power Platform이라는 노코드/로우코드 플랫폼을

보유하고 있습니다. 또한 마이크로소프트 애저 클라우드에도 로직 앱^{Logic Apps}이

라는 로우코드 서비스가 있어 이미 개발자 생태계와 다양한 방식으로 노코드/로

우코드 플랫폼 및 서비스를 제공하고 있습니다.

제가 마이크로소프트에 입사하기 전, IT 컨설턴트로 활동하고 있던 지난 몇 년 동

안 이러한 노코드/로우코드 플랫폼을 활용해서 고객사의 시스템 통합 프로젝트

를 리드했습니다. 그때 가장 많이 했던 일은 바로 다양한 시스템 및 서비스를 '통

합'하는 일이었습니다. 고객사가 갖고 있던 기존의 레거시 애플리케이션과 신규

애플리케이션, 그리고 다양한 SaaS 서비스들은 저마다 따로 놀고 있었지만, 실제

고객들의 요청은 이러한 모든 애플리케이션이 마치 하나인 듯 움직이는 것이었습

니다. 이를 위해서는 데이터가 하나의 워크플로 안에서 자연스럽게 시스템을 넘

나들 수 있어야 했는데요, 수시로 통합을 위한 시스템이 새롭게 추가된다거나 기

존의 시스템이 변경된다거나 할 때마다 이러한 시스템 통합을 위한 코드 혹은 애

플리케이션을 새롭게 작성하는 것은 굉장히 비효율적이었습니다. 이때 로직 앱과

같은 로우코드 서비스를 사용해서 굉장히 손쉽게 작업할 수 있었습니다.

이러한 로우코드 애플리케이션을 손쉽게 작성할 수 있었던 이유는 바로 로직 앱

과 같은 로우코드 플랫폼이 거의 대부분의 로직을 추상화해 둔 상태였고, 데이터

만 옮길 수 있는 인증과 커넥션만 제공하면 충분했기 때문이었습니다.

사실 노코드/로우코드 플랫폼은 자체적으로 할 수 있는 것이 거의 없다고 생각합

니다. 오히려 노코드/로우코드 플랫폼을 통해 기존의 애플리케이션 혹은 시스템

의 활용도를 강화시켜 줄 수 있고, 그렇게 활용할 수 있는 근간에는 수많은 추상

화가 자리 잡고 있다고 생각합니다.

Q 노코드/로우코드를 활용한 사례가 있을까요(본인 혹은 기업)?

저는 제 개인적인 업무 활용에 있어서 파워 플랫폼과 같은 노코드/로우코드 플랫

폼을 적극적으로 활용하는 편입니다. 가장 최근에 진행했던 프로젝트 역시도 파

워 플랫폼을 활용한 이벤트 운영 자동화 플랫폼을 만드는 프로젝트였는데요, 해커톤과 같이 운영 인력이 절대적으로 많이 필요한 행사 운영에서도 참가자 등록부터 안내까지, 행사 당일 체크인 키오스크 운영, 참가자들에게 클라우드를 접속할 수 있는 권한 부여 및 할당, 참가자 진행 상황 확인을 위한 체크포인트 운영 등 다양한 상황에서 파워 플랫폼의 파워 앱과 파워 오토메이트 등을 활용했습니다.

또 다른 예를 들자면, 온라인 소셜미디어 마케팅을 위해 X, 메타, 인스타그램 등과 같은 다양한 소셜미디어 플랫폼 특성에 맞는 홍보 문구를 작성해야 할 때, 마이크로소프트 폼Microsoft Forms을 이용해 홍보 아이디어를 입력하면 이후 자동으로 파워 오토메이트 워크플로가 알아서 ChatGPT를 연결한 후 각종 미디어에 특성에 맞게 홍보 문구를 작성해 주고 스케줄에 맞춰 포스팅까지 해 주게끔 하는 내부 사용자용 도구도 만들어서 활용했던 사례도 있습니다. 별다른 수고를 들일 필요 없이 이 모든 것들을 굉장히 짧은 시간 안에 파워 플랫폼과 같은 노코드/로우코드 도구를 이용해서 만들 수 있었기 때문에 현업 담당자들에게도 손쉽게 전파되었습니다.

Q 추천할 만한 노코드/로우코드 도구가 있을까요?

앞서도 계속 언급했지만, 마이크로소프트의 대표적인 노코드/로우코드 도구인 파워 플랫폼을 추천합니다. 가트너에서 매년 발표하는 기업용 노코드/로우코드 플랫폼의 매직 쿼드런트Magic Quardrant에서 항상 최상위에 있는 플랫폼이기도 하고, 마이크로소프트의 제품군뿐만 아니라 경쟁사의 제품군 및 써드파티 제품군과도 완벽한 통합을 자랑하는 도구입니다.

기업용 노코드/로우코드 도구는 기본적으로 단단한 보안을 바탕으로 현업 실무자들이 자신의 업무를 손쉽게 자동화 시킬 수 있는 방법을 제공하고 있기 때문에 업무 용도로 노코드/로우코드 도구를 선택하고자 한다면 파워 플랫폼이 최고의 선택이 될 수 있습니다.

Q 노코드/로우코드가 어떤 분야에서 가장 빛을 낼까요?

지난 몇 년간 코로나바이러스로 인한 팬데믹이라는 유례없는 전 세계적인 재난 상황을 견뎌내며 기업들은 디지털 전환Digital Transformation이라는 큰 숙제를 원하든 원하지 않든 거의 반강제적으로 수행하게 되었습니다. 이것이 결국에는 디지털 강제Digital Imperative라는 현상으로까지 해석을 하게 되었는데요, 이러한 디지털 전환의 근간은 업무 프로세스 혁신이 바탕이 되었습니다. 오프라인으로 하던 업무를 온라인으로 지난 몇 년간 처리하면서 자연스럽게 업무 프로세스가 디지털화되었고 이는 곧 업무 프로세스 혁신으로 바뀌었습니다. 이를 통해 정말로 사람이 필요한 업무와 아닌 업무를 구분할 수 있게 되었고, 굳이 사람의 개입이 필요하지 않은 부분들은 모두 워크플로 자동화 도구로 대체할 수 있게 되었습니다. 놀랍게도, 이러한 자동화 도구의 실제 사용자는 전문적인 개발자가 아니라 시민 개발자Citizen Developer라고 불리는 개발자가 아닌 각 분야의 전문가들이고 이들이 바로 이 노코드/로우코드 플랫폼의 실질적인 수혜자 겸 사용자가 되었습니다.

따라서, 앞으로도 노코드/로우코드 플랫폼은 바로 이러한 업무 생산성 혁신이라는 분야에서 가장 큰 영향력을 발휘할 것이고, 이를 사용하는 시민 개발자를 위해 얼마나 쉽게 사용할 수 있는가라는 사용성을 최대한 이끌어낼 수 있는 플랫폼이 가장 빛을 발휘할 것으로 생각합니다.

Q 노코드/로우코드의 한계는 무엇일까요?

노코드/로우코드 플랫폼은 기존의 애플리케이션 혹은 시스템을 대체하지 못합니다. 앞서 말씀드렸듯이 **기존의 애플리케이션 혹은 시스템을 자연스럽게 연결시켜주는 일종의 접착제와 같은 역할을 하는 보조재**로써 가장 확실하게 작동할 것입니다.

다만, 그러기 위해서는 디지털 전환이라는 관점에서 업무 프로세스 혁신이라는 과제가 반드시 선행돼야 하는데, 이 과정을 거치지 않은 채로 노코드/로우코드 플랫폼을 기업에 도입하려면 반드시 실패할 것입니다. 그러다 보니 기존 전문 개발자의 반발, 시민 개발자의 관성 등이 어떤 식으로든 변화하지 않는다면 노코드/로우코드 플랫폼은 한계를 마주할 수밖에 없을 것입니다.

Q 앞으로의 노코드/로우코드 생태계는 어떻게 변화할까요?

앞으로 노코드/로우코드 플랫폼은 사용자의 입력을 점점 더 최소화하는 방향 또는 사용자의 일반적인 입력만으로도 원하는 결과를 만들어 주는 방향으로 이동할 것으로 생각합니다. 이미 ChatGPT와 같은 다양한 생성 AI 도구가 나온 상태에서 이를 노코드/로우코드 플랫폼에 적용시킨다면 몇 가지 자연어 입력만으로도 내가 원하는 노코드/로우코드 기반의 애플리케이션 또는 워크플로가 만들어질 것입니다. 이미 마이크로소프트에서는 파워 플랫폼 코파일럿Power Platform Copilot 이라는 서비스를 고객에게 제공하기 시작했고 이를 통해 엄청난 업무 생산성 향상이 이뤄지고 있다는 사례를 보여주고 있습니다.

Q 맺음말

노코드/로우코드 도구는 나(개발자) 대신 코드를 만들어 주는 도구가 아닙니다. 따라서 개발자를 대체할 수 없습니다. 반대로 여러분의 업무를 좀 더 쉽게 만들어 주는 도구가 될 수는 있습니다. 즉 여러분 없이는 존재할 수 없는 도구가 됩니다. 그런 관점에서 볼 때 여러분의 상상력을 십분 발휘한다면 엄청나게 강력한 도구가 될 수 있습니다. 여러분이 매일 하는 업무 중 뭔가 불편한 것이 있다면, 이를 개선하기 위해 노코드/로우코드 플랫폼을 도입해 보세요. 그리고 그 결과로 뭔가 굉장히 내 하루가 편해졌다면 이제 여러분은 노코드/로우코드 플랫폼을 여러분의 일상 업무에 제대로 적용할 준비가 된 것입니다.

i.   PricewaterhouseCoopers. 2018. "Our Status with Tech at Work: It's Complicated." October 2018. https://tinyurl.com/529axcyw.

ii.   Katie Costello. 2020. "Gartner Says Worldwide IT Spending to Grow 4% in 2021." Gartner. October 20, 2020. https://tinyurl.com/nsvpwt27

iii.   Maria Stancu. 2020. "COVID-19 Forces One of the Biggest Surges in Technology Investment in History —KPMG Romania." KPMG. November 23, 2020. https://tinyurl.com/2b7kwpvy

iv.   "Report: 91% of Employees Say They're Frustrated with Workplace Tech." VentureBeat. June 10, 2022. https://bit.ly/3Ra1xl2.

v.   Eagle Hill Consulting. n.d. "Uncovering ROI: The Hidden Link between Technology Change and Employee Experience." Accessed August 26, 2022. https://bit.ly/3R6mwFC.

vi.   https://www.salesforce.com/content/dam/web/en_us/www/assets/pdf/platform/salesforce-research-enterprise-technology-trends.pdf.

vii.   Christian Kelly. n.d. "Power to the People!" Accenture. Accessed August 26, 2022. https://accntu.re/3ASh3wQ.

viii.   "Harvey Nash. "Everything Changed. Or Did It?" KPMG CIO Survey 2020. December 4, 2020. https://tinyurl.com/yc6xruy5.

ix.   "New Rackspace Technology Survey of Global IT Leaders Reveals Lack of Confidence, Resources within Their Organizations in Responding to Growing Array of Cyber Threats." 2021. https://bit.ly/3QRRLUN

x.   McKinsey & Company. 2020. "Beyond Hiring: How Companies Are Reskilling to Address Talent Gaps." February 12, 2020. https://mck.co/3TiJkDK.

xi.   Kevin Townsend. 2019. "With $600 Million Cybersecurity Budget, JPMorgan Chief Endorses AI and Cloud." SecurityWeek.com. https:// bit.ly/3con3Up.

xii.   Peter Bendor-Samuel. 2017. "How to Eliminate Enterprise Shadow IT | Sherpas in Blue Shirts." Everest Group." Everest Group. April 17, 2017. https://www.everestgrp.com/eliminate-enterprise-shadow-sherpas-blue-shirts/.

xiii.   "PMI Citizen Developer." n.d. Project Management Institute. https:// www.pmi.org/citizen-developer.

xiv.   FED. 2017. "How to Harness Citizen Developers to Expand Your AD&D..." Forrester. April 19, 2017. https://bit.ly/3AsAACw.

xv.   Arnal Dayaratna. 2021. "Quantifying the Worldwide Shortage of Full-Time Developers." IDC: The Premier Global Market Intelligence Company. September 1, 2021. https://bit.ly/3Kqy4B3.

xvi.   Jonathan Frick, KC George, and Julie Coffman. 2021. "The Tech Talent War Is Global, Cross-Industry, and a Matter of Survival." Bain & Company. September 20, 2021. https://bit.ly/3dZZWA6.

xvii.   "Google Career Certificates Fund." n.d. Social Finance. Accessed August 26, 2022. https://bit.ly/3KvQu3G.

xviii.   "Google Introduces 6-Month Career Certificates, Threatening to Disrupt Higher Education with 'the Equivalent of a Four-Year Degree.'" Open Culture. September 5, 2020. https://bit.ly/3Rcu8WT.

xix.   Abigail Johnson Hess. 2020. "Google Announces 100,000 Scholarships for Online Certificates in Data Analytics, Project Management and UX." CNBC. July 13, 2020. https://tinyurl.com/y7fpppxf.

xx.   Arnal Dayaratna. 2021. "Quantifying the Worldwide Shortage of Full-Time Developers." IDC. September 1, 2021. https://tinyurl.com/yc8v4j6m.

xxi.   Jen DuBois. 2020. "The Data Scientist Shortage in 2020." QuantHub. April 7, 2020. https://bit.ly/3TmdjLa.

xxii.   Emily Tate. 2017. "Data Analytics Programs Take Off." Inside Higher Ed. March 15, 2017. https://bit.ly/3QRV7XT.

xxiii.   Owen Hughes. 2021. "Developers Are Exhausted. Now, Managers Are Worried They Will Quit." TechRepublic. June 29, 2021. https://tek.io/3wxXVlc.

xxiv.   Jonathan I. Dingel and Brent Neiman. 2020. "How Many Jobs Can Be Done at Home?" Journal of Public Economics 189 (September): 104235. https://bit.ly/3e0h3Bz.

xxv.   Chris Teale. 2022. "Tech Companies Are Still Figuring Out Return-to-Office Plans. Most Workers Don't Want a Full-Time, In-Person Return." Morning Culsult. May 31, 2022. https://pro.morningconsult.com/trend-setters/tech-workers-survey-office-hybrid-remote-work

xxvi.   Microsoft. 2021. "Microsoft Digital Defense Report." October 2021. https://tinyurl.com/yy5xy52c.

xxvii.   "Cyber Security Risks: Best Practices for Working from Home and Remotely." March 30, 2021. https://bit.ly/3pQ6pQS.

xxviii.   Computer Economics. 2021. "Application Development Outsourcing on the Rise." Computer Economics-for IT Metrics, Ratios, Benchmarks, and Research Advisories for IT Management. October 11, 2021. https://tinyurl.com/2npjojjd.

xxix. Wikipedia Contributors. 2018. "Google Sheets." December 21, 2018. https://tinyurl.com/y2d439cq.

xxx. https://www.patronum.io/key-google-workspace-statistics-for-2023/.

xxxi. Jordan Novet. 2020. "Google's G Suite Now Has 6 Million Paying Businesses, Up from 5 Million in Feb. 2019." CNBC. April 7, 2020. https://tinyurl.com/r6ynotg.

xxxii. David Thacker. 2019. "5 Million and Counting: How G Suite Is Transforming Work." Google Cloud Blog. February 4, 2019. https://bit.ly/3RgqBXs.

xxxiii. The Today Show. 2019. "'What Is Internet?' Katie Couric, Bryant Gumbel Are Puzzled." June 20, 2019. https://tinyurl.com/2nctcoes.

xxxiv. Funding Universe. n.d. "PayPal Inc. History." https://tinyurl.com/2qydqxeu.

xxxv. Sissi Cao. 2019. "The Washington Post's Most Valuable Asset Is Now Its Software, Thanks to Jeff Bezos." Observer. October 3, 2019. https://bit.ly/3corjDn.

xxxvi. Cade Metz. 2016. "The Epic Story of Dropbox's Exodus from the Amazon Cloud Empire." Wired. March 14, 2016. https://tinyurl.com/gwwg87c.

xxxvii. Ben McCarthy. 2022. "A Brief History of Salesforce." SalesforceBen. August 3, 2022. https://bit.ly/3Kqlvod.

xxxviii. Julie Bort. 2013. "The Most Controversial and Entertaining Things Larry Ellison Has Ever Said." Business Insider. April 14, 2013. https://bit.ly/3AslFqP.

xxxix. TechTarget. 2020. "If You've Got More than One of Them, Are They Computer Mice or Mouses?" WhatIs.com. February 10, 2020. https://tinyurl.com/2g3geq4v.

xl.   Dave Farley. 2022. "Will Low Code/No Code Kill Programming Jobs?" YouTube. February 16, 2022. https://tinyurl.com/2jmmzu6p.

xli.   Owen Hughes. 2021. "These Old Programming Languages Are Still Critical to Big Companies. But Nobody Wants to Learn Them." TechRepublic. June 30, 2021. https://tinyurl.com/2ff4zrvw.

xlii.   Google. 2019. "Blockly." Google Developers. 2019. https://developers.google.com/blockly.

xliii.   FMS. n.d. "Microsoft Access Version Releases, Service Packs, Hotfixes, and Updates History." Accessed August 27, 2022. https://tinyurl.com/2nbpf2r7.

xliv.   Matthew MacDonald. 2021. "Microsoft Access: The Database Software That Won't Die." Young Coder. October 21, 2021. https://tinyurl.com/y54voymu.

xlv.   W3. n.d. "Usage Statistics and Market Share of Adobe Dreamweaver." Accessed October 12, 2023. https://tinyurl.com/2jymwnxd.

xlvi.   Squarespace. 2022. "The Essentials of No−Code Website Design." Squarespace. July 21, 2022. https://tinyurl.com/2ejzeva4.

xlvii.   W3. n.d. "Usage Statistics and Market Share of Adobe Dreamweaver." Accessed October 12, 2023. https://tinyurl.com/2jymwnxd.

xlviii.   W3. n.d. "Usage statistics and market share of WordPress" Accessed September 25, 2023. "https://w3techs.com/technologies/details/cm−wordpress.

xlix.   "Bubble Feature Index." n.d. Bubble. Accessed August 26, 2022. https://bubble.io/feature−index.

l.   FinSMEs. 2021. "Bubble Raises $100M in Series A Funding." July 27, 2021. https://tinyurl.com/2keorj42.

li.   Clive Thompson. 2020. "The New Startup: No Code, No Problem." Wired. May 18, 2020. https://tinyurl.com/2h37lce4.

lii.   Carly Page. 2022. "Microsoft to Block Office Macros by Default Starting July 27." TechCrunch. July 22, 2022. https://tinyurl.com/2y4vlhb9.

liii.   Andrew Myrick. 2021. "How to Quit All Apps at the Same Time on Your Mac." AppleToolBox. April 14, 2021. https://tinyurl.com/2mv6v9zp.

liv.   Romain Dillet. 2021. "Apple Is Bringing Shortcuts to the Mac and Starts Transition from Automator." TechCrunch. June 7, 2021. https://tinyurl.com/y6ldvdqe.

lv.   "Google Trends." n.d. "No-Code Development Platform." Accessed August 26, 2022. https://bit.ly/3CBryWq.

lvi.   Clay Richardson. June 9, 2014. "New Development Platforms Emerge for Customer-Facing Applications." https://bit.ly/3fxP6BV.

lvii.   Rob Marvin. 2014. "How Low-Code Development Seeks to Accelerate Software Delivery." SD Times. August 12, 2014. https://bit.ly/3AsCe79.

lviii.   ISO. 2019. "ISO 9407:2019: Footware Sizing-Mondopoint System of Sizing and Marking." June 15, 2019. https://bit.ly/3PRvfdG.

lix.   Intuit QuickBooks. 2021. "10 Best Apps for QuickBooks Integration." March 15, 2021. https://intuit.me/3pO6lvi.

lx.   "Excel Add-In for QuickBooks." n.d. CData Software. Accessed August 26, 2022. https://bit.ly/3QPgQzQ.

lxi.   Intuit QuickBooks. n.d. "QuickBooks App Store." Accessed August 26, 2022. https://intuit.me/3cpodiw.

lxii. Maddy Osman. 2023. "Wild and Interesting WordPress Statistics and Facts." Kinsta, September 22, 2023. https://kinsta.com/blog/wordpress-statistics/#plugins-statistics.

lxiii. Anna Fitzgerald. 2022. "20 WordPress Statistics You Should Know in 2022." January 17, 2022. https://bit.ly/3dZnjtE.

lxiv. Elegant Themes. n.d. "The Most Popular WordPress Themes in the World." https://tinyurl.com/kpz7eyh.

lxv. "Airtable and Slack." n.d. Airtable. Accessed August 26, 2022. https://tinyurl.com/2o6fxtoc.

lxvi. Microsoft. "Real-World Examples of Microsoft Power Automate in Action." Accessed September 30, 2022. https://tinyurl.com/2kompcgn.

lxvii. Phil Simon. 2021. "Automation in Action." airSlate. June 22, 2021. https://tinyurl.com/2je3j9ug.

lxviii. Phil Simon. "r/Airtable-Base Snapshots." Reddit. August 31, 2022. https://tinyurl.com/2geuld2e.

lxix. Gartner. 2021. "Gartner Forecasts Worldwide Low-Code Development Technologies Market to Grow 23% in 2021." February 16, 2021. https://gtnr.it/3AniXUF.

lxx. Sarah Frier. 2022. "Zuckerberg's Metaverse to Lose 'Significant' Money in Near Term." Bloomberg. March 25, 2022. https://tinyurl.com/2du2qhwm.

lxxi. Ordinary Things. "Mark Zuckerberg launches Horizon Worlds in France and Spain with an eye-gougingly ugly. . ." Twitter. August 16, 2022. https://tinyurl.com/2l7dkham.

lxxii. Lucas Mearian. 2022. "Low-Code Tools Can Fill a Void Caused by the Great Resignation." Computerworld. April 28, 2022. https://bit.ly/3pO849m.

lxxiii. Ron Miller. 2020. "Google Acquires AppSheet to Bring No-Code Development to Google Cloud." TechCrunch. January 14, 2020. https://tcrn.ch/3Tfmg97.

lxxiv. Rashi Shrivastava. 2021. "All-In-One Doc Startup Coda Reaches $1.4 Billion Valuation in $100 Million Raise from a Major Pension Fund." Forbes. July 8, 2021. https://bit.ly/3CyLd9q.

lxxv. Jared Newman. 2021. "Microsoft Loop Is a Notion Clone for Office Lovers." Fast Company. November 2, 2021. https://tinyurl.com/2mcemq77.

lxxvi. Glide. n.d. "Glide." https://www.glideapps.com.

lxxvii. Draftbit. n.d. "Draftbit: Build the Mobile App You've Always Wanted, Without the Time and Cost." Accessed August 26, 2022. https://draftbit.com/.

lxxviii. Natasha Lomas. 2021. "Landbot Closes $8M Series A for Its 'No Code' Chatbot Builder." TechCrunch. January 20, 2021. https://tinyurl.com/2g8qtxeh.

lxxix. Swan. n.d. "The Easiest Way to Embed Banking Features into Your Product." Accessed September 5, 2022. https://swan.io.

lxxx. Zac Townsend. 2021. "What the Embedded-Finance and Banking-As-aService Trends Mean for Financial Services." McKinsey & Company. March 1, 2021. https://tinyurl.com/embed-ps2.

lxxxi. Phil Simon. 2015. "People Need Banking, Not Banks: The Case for Thinking Different." Wired. February 25, 2015. https://tinyurl.com/2gusnnj3.

lxxxii.   Domo. 2020. "Develop Data Apps That Power Any Framework." March 9, 2020. https://tinyurl.com/2hlobodx.

lxxxiii.   Gartner. "Gartner Forecasts Worldwide IT Spending to Exceed $4 Trillion in 2022." October 20, 2021. https://tinyurl.com/y36ccyae.

lxxxiv.   Gartner. "Citizen Developer." Gartner Information Technology Glossary. n.d. Accessed August 26, 2022. https://gtnr.it/3wwRw9y.

lxxxv.   Dennis Gaughan, Yefim Natis, Gene Alvarez, and Mark O'Neill. n.d. "Future of Applications: Delivering the Composable Enterprise." Gartner. Accessed August 26, 2022. https://gtnr.it/3AiHqdG.

lxxxvi.   Gartner. "Gartner Says the Majority of Technology Products and Services Will Be Built by Professionals Outside of IT by 2024." https://gtnr.it/3APOkZe.

lxxxvii.   Eric Rosenbaum. 2020. "Next Frontier in Microsoft, Google, Amazon Cloud Battle Is over a World Without Code." CNBC. April 1, 2020. https://cnb.cx/3CA6kYR.

lxxxviii.   David F. Carr. 2021. "Gartner: Citizen Developers Will Soon Outnumber Professional Coders 4 to 1." VentureBeat. October 22, 2021. https://bit.ly/3e0xqOM.

lxxxix.   John Bratincevic. "The Forrester Wave: Low−Code Platforms for Business..." Forrester. October 28, 2021. https://bit.ly/3CyKlw4.

xc.   "The World's Most Important Gathering of CIOs and IT Executives." Gartner IT Symposium. October 19-22, 2020. https://bit.ly/3AOYfOH.

xci.   U.S. Small Business Administration. 2020. "Frequently Asked Questions." October 2020. https://bit.ly/3csv1vF.

xcii.   Laurie McCabe. 2014. "Why Vendor Definitions of SMB Size Matter." Laurie McCabe's Blog. May 5, 2014. https://tinyurl.com/2h4czd4a.

xciii. CompTIA 2015. "Enabling SMBs with Technology." March 15, 2015. https://tinyurl.com/2hz3grbz.

xciv.   United States Census. 2022. "Business Formation Statistics." August 11, 2022. https://bit.ly/3CBvHts.

xcv.   Clint Boulton. 2021. "CIOs Embrace Business−Led IT amid Tech Demo−cratization." CIO. August 2, 2021. https://bit.ly/3KsjrgW.

xcvi.   Cliff Justice and Phil Fersht. 2020. "Enterprise Reboot: Scale Digital Technologies to Grow and Thrive in the New Reality." https://bit.ly/3dZr7Ls.

xcvii. Lucas Mearian. 2022. "Low−Code Tools Can Fill a Void Caused by the Great Resignation." Computerworld. April 28, 2022. https://bit.ly/3pO849m.

xcviii. Conner Forrest. 2015. "'Citizen Developers' Are Ready to Fill the Gaps in Enterprise Applications." TechRepublic. September 29, 2015. https://tek.io/3QV5hY0.

xcix.   Phil Simon. 2022. "r/nocode: How Would You Describe Your Background?" Reddit. August 16, 2022. https://bit.ly/3CxLIWP.

c.   M. Lebens, R. Finnegan, S. Sorsen, and J. Shah (2021). "Rise of the Citizen Developer." Muma Business Review 5, no. 12: 101-111. https://doi.org/10.28945/4885.

ci.   TrackVia. 2014. "The Next Generation Worker: The Citizen Developer." https://bit.ly/3wAN75L.

cii.   Gene Marks. 2021. "Gen Z Workers Are More Confident, Diverse and TechSavvy but Lack Experience | Gene Marks." Guardian. December 5, 2021. https://bit.ly/3Kre2GA.

ciii.   Mary Elizabeth Williams. 2021. "Student Debt Is Still Awful. So Why Are We Students Still Taking Out Loans?" Salon. September 6, 2021. https://tinyurl.com/2fo6kdlb.

civ.   Gallup. 2021. "The American Upskilling Study: Empowering Workers for the Jobs of Tomorrow." September 15, 2021. https://tinyurl.com/2l6jwk57.

cv.   Beezy. 2022. "2022 Workplace Trends & Insights Report." May 11, 2022. https://tinyurl.com/2kmabx78.

cvi.   Kim Bozzella. 2022. "Are Citizen Developers the New Intrapreneurial Corporate IT Team?" Forbes. August 18, 2022. https://bit.ly/3CyCunA.

cvii.   Stephanie Glen. 2022. "Developer Shortage Fuels Rise in Low−Code/No−Code Platforms." TechTarget. July 14, 2022. https://bit.ly/3KmV3Nq.

cviii.   Mary Branscombe. 2021. "8 Tips for Managing Low−Code Citizen Developers." CIO. December 1, 2021. https://tinyurl.com/2qxd6xwy.

cix.   Marc Ferranti. 2001. "Gartner Found to Be Lacking in IT−Business Alignment." CIO. November 15, 2001. https://www.cio.com/article/266303/business−alignment−gartner−found−to−be−lacking−in−it−business−alignment.html.

cx.   Zapier. 2018. "Email Parser by Zapier." July 2, 2018. https://parser.zapier.com.

cxi.   Matteo Duò. 2020. "Microsoft Teams vs Slack: Which Collaboration App Is Better?" Kinsta. July 3, 2020. https://tinyurl.com/2zbfonro.

cxii. Slack. n.d. "Workflows." Slack API. Accessed August 29, 2022. https://api.slack.com/workflows.

cxiii. Microsoft. n.d. "Record Form Responses in a Google Sheet." Microsoft Power Automate. Accessed August 26, 2022. https://bit.ly/3Rflib2.

cxiv. Beezy. n.d. "2021 Digital Workplace Trends & Insights." Accessed September 6, 2022. https://tinyurl.com/2mk38lv5.

cxv. ClickUp. n.d. "Zoom Integration with ClickUp." Accessed August 26, 2022. https://clickup.com/integrations/zoom.

cxvi. Notion. n.d. "Timeline View Unlocks High−Output Planning for Your Team." Accessed August 28, 2022. https://tinyurl.com/2qokt85u.

cxvii. Erica Chappell. 2021. "How to Create a Kanban Board in Excel? (with Templates)." ClickUp (blog). March 8, 2021. https://tinyurl.com/2n57xxjo.

cxviii. EdrawMax. n.d. "How to Make a Gantt Chart in Google Sheets." https://tinyurl.com/2zb5xq7b.

cxix. Manasi Sakpal. 2021. "How to Improve Your Data Quality." Gartner. July 14, 2021. https://tinyurl.com/yajckfxa.

cxx. Marc Ambasna−Jones. 2022. "Why Some Data−Driven Decisions Are Not to Be Trusted." Computer Weekly. March 8, 2022. https://tinyurl.com/y8fwklvn.

cxxi. Jan−Erik Asplund. 2021. "Zapier: The $7B Netflix of Productivity." March 24, 2021. https://tinyurl.com/2njanpoz.

cxxii. Zapier. n.d. "Post Failed PayPal Charges to Slack." Accessed August 26, 2022. https://bit.ly/3AnnbM1.

cxxiii. Phil Simon. 2022. "Episode 69: Next-Level Slack with Christine McHone," in Conversations About Collaboration (podcast). August 16, 2022. https://tinyurl.com/2j98qn5k.

cxxiv. Clive Thompson. 2020. "The New Startup: No Code, No Problem." Wired. May 18, 2020. https://tinyurl.com/2h37lce4.

cxxv. Microsoft. "The Next Great Disruption Is Hybrid Work—Are We Ready?" March 22, 2021. https://tinyurl.com/yg296gkf.

cxxvi. Ben Wigert and Jennifer Robison. 2020. "Remote Workers Facing High Burnout: How to Turn It Around." Gallup. October 30, 2020. https://bit.ly/3Tl6sle.

cxxvii. McKinsey & Company. 2021. "Employee Burnout Is Ubiquitous, Alarming—and Still Underreported." April 16, 2021. https://mck.co/3e1LTdh.

cxxviii. Joshua Bleiberg and Darrell M. West. 2015. "A Look Back at Technical Issues with Healthcare.gov." Brookings. April 9, 2015. https://tinyurl.com/yxf7xe2u.

cxxix. Mia Hunt. 2022. "Innovation in Government: Lessons from the Netherlands." Global Government Forum. March 5, 2022. https://tinyurl.com/2jxwp64o.

cxxx. Mendix. 2022. "The City of Rotterdam Empowers Development at Scale." August 14, 2022. https://tinyurl.com/2z7j82ny.

cxxxi. Eric Katz. 2018. "The Federal Agencies Where the Most Employees Are Eligible to Retire." Government Executive. June 18, 2018. https://tinyurl.com/y3vv3pvt.

cxxxii. Microsoft. n.d. "Business Apps | Microsoft Power Apps." https://bit.ly/3TjcdzG.

cxxxiii. Google Workspace. 2021. "How Kentucky Power Utilized AppSheet."
November 5, 2021. https://www.youtube.com/watch?v=TEkezmy5vmQ.

cxxxiv. Fujitsu. 2019. "Fujitsu Highlights Growing Demand for Multi-Cloud
Flexibility." February 2019. https://tinyurl.com/2fagjhzf.

cxxxv. Lizzy Lawrence. 2022. "Slack or Bust: How Workplace Tools Are
Becoming Job Deal-Breakers." Protocol. February 9, 2022. https://
tinyurl.com/y7lvonrh.

cxxxvi. Joel Khalili. 2022. "Microsoft Teams Is About to Pinch One of Slack's Best
Features." TechRadar. August 8, 2022. https://tinyurl.com/2r39ot2g.

cxxxvii. Mary Branscombe. 2021. "8 Tips for Managing Low-Code Citizen
Developers." CIO. December 1, 2021. https://tinyurl.com/2qxd6xwy

cxxxviii. Quote Investigator. n.d. "I Would Spend 55 Minutes Defining the Problem
and Then Five Minutes Solving It." Accessed August 30, 2022. https://
tinyurl.com/2lajde2v.

cxxxix. Sarah Perez. 2021. "Google's AirTable Rival, Tables, Graduates from
Beta Test to Become a Google Cloud Product." TechCrunch. June 14,
2021. https://tcrn.ch/3TefK2l.

cxl. Skillshare. n.d. "Classes Online | Skillshare." www.skillshare.com. https://
skl.sh/3CyVtys.

cxli. H. A. Vlach & C. M. Sandhofer (2012). "Distributing Learning over Time:
The Spacing Effect in Children's Acquisition and Generalization of
Science Concepts." Child Development 83, no. 4: 1137-1144. https://doi.
org/10.1111/j.1467-8624.2012.01781.x.

cxlii. Irina V. Kapler, Tina Weston, and Melody Wiseheart. 2015. "Spacing in a
Simulated Undergraduate Classroom: Long-Term Benefits for Factual

and Higher-Level Learning." Learning and Instruction 36 (April): 38-45. https://doi.org/10.1016/j.learninstruc.2014.11.001.

cxliii. Association for Psychological Science. "Back to School: Cramming Doesn't Work in the Long Term." ScienceDaily. https://tinyurl.com/36g3vj. Accessed August 28, 2022.

cxliv. Mike Berg. 2020. "Software Development Life Cycle (SDLC)." Techopedia. November 12, 2020. https://tinyurl.com/y4bx9qgf.

cxlv. IFTTT. n.d. "Connect Your Google Sheets to Twitter with IFTTT." Accessed August 27, 2022. https://tinyurl.com/yjjz5wv6.

cxlvi. Simon Black. 2022. "Learn How to Build Your Data Model Rapidly in 3 Easy Steps." Mendix. July 5, 2022. https://tinyurl.com/2h6kaddv.

cxlvii. Airtable Community. 2019. "Max Field Limit." October 10, 2019. https://tinyurl.com/2ka9c4vo.

cxlviii. Airtable. n.d. "Marketing Campaign Tracking Template—Free to Use." Accessed August 26, 2022. https://bit.ly/3PTF6Q9.

cxlix. Loren Soeiro. 2021. "What's the Curse of Knowledge, and How Can You Break It?" Psychology Today. April 28, 2021. https://tinyurl.com/2dlt5o2w.

cl. Ernie Smith. 2020. "No Room for Design." Tedium. July 14, 2020. https://bit.ly/3SrN590.

cli. "Did MySpace Kill the Potential for Customization on Social Media?" 2020. Tedium. July 14, 2020. https://tinyurl.com/2px82236.

clii. Usability.gov. 2019. "User Experience Basics." 2019. https://tinyurl.com/y4bopkhw.

cliii. Adam Shaari. 2020. "The PowerPoint Slide That Killed 7 Astronauts." Medium. August 16, 2020. https://tinyurl.com/2o35nl3v.

cliv.   Jake Teton-Landis. 2021. "The Data Model behind Notion's Flexibility." Notion. May 18, 2021. https://tinyurl.com/yj9mxwag.

clv.   Jimmy Jacobson. Personal conversation. September 18, 2022.

clvi.   Harshil Agrawal. 2021. "Building an Expense Tracking App in 10 Minutes." N8n.io. August 11, 2021. https://bit.ly/3cns6Vf.

clvii.   Lucas Mearian. 2022. "Low-Code Tools Can Fill a Void Caused by the Great Resignation." Computerworld. April 28, 2022. https://tinyurl.com/y47xaohx.

clviii.   R. Maheshwari and Kathy Andrews. n.d. "Top 10 Codeless Testing Tools in 2022." Qentelli. Accessed September 9, 2022. https://tinyurl.com/2gptb2fc.

clix.   Joanna Stern. 2022. "The 3G Shutdown Is Coming—Here's How That Affects You." Wall Street Journal. January 14, 2022, sec. Tech. https://www.wsj.com/articles/the-3g-shutdown-is-comingheres-how-that-affects-you-11642165204.

clx.   Asana. 2022. "Asana Announces Record First Quarter Fiscal 2023 Revenues." June 2, 2022. https://tinyurl.com/2qs6xct9.

clxi.   Leila Gharani. 2022. "Web Scraping Made EASY with Power Automate Desktop—for FREE & ZERO Coding." YouTube. February 10, 2022. https://bit.ly/3wAJzAh.

clxii.   Yiren Lu. 2020. "Can Shopify Compete with Amazon without Becoming Amazon?" New York Times. November 24, 2020. https://tinyurl.com/y2zxkjp4.

clxiii.   Google. n.d. "Google UX Design Certificate." https://tinyurl.com/2fmmougd.

clxiv.   Martin R. Yeomans, Lucy Chambers, Heston Blumenthal, and Anthony Blake. 2008. "The Role of Expectancy in Sensory and Hedonic Evaluation: The Case of Smoked Salmon Ice-Cream." Food Quality and Preference 19, no. 6: 565-73. https://doi.org/10.1016/j.foodqual.2008.02.009.

clxv.   Karim Toubba. 2022. "Notice of Recent Security Incident." The LastPass (blog). August 25, 2022. https://tinyurl.com/2jhypdr8.

clxvi.   Das Bipro. 2017. "14 Space Discoveries by Amateur Astronomers." RankRed.October 9, 2017. https://tinyurl.com/2ku9wd8u.

clxvii.   Mariusz Zydyk. n.d. "Bulletin Board System (BBS)." WhatIs.com. https://tinyurl.com/2oddokvh.

clxviii.   Benj Edwards. 2016. "The Lost Civilization of Dial-Up Bulletin Board Systems." Atlantic. November 4, 2016. https://tinyurl.com/j7t2la3.

clxix.   w3. 2004. "Tim Berners-Lee, Inventor of the World Wide Web, Knighted by Her Majesty Queen Elizabeth II." July 16, 2004. https://tinyurl.com/2e2y6gzl.

clxx.   Melanie Wachsman. 2021. "Survey: Low-Code and No-Code Platform Usage Increases." ZDNET. July 1, 2021. https://tinyurl.com/2eehhdmd.

clxxi.   Eric Rosenbaum. 2020. "Next Frontier in Microsoft, Google, Amazon Cloud Battle Is over a World Without Code." CNBC. April 1, 2020. https://cnb.cx/3CA6kYR.

clxxii.   Sarah Gooding. 2018. "Matt Mullenweg Addresses Controversies Surrounding Gutenberg at WordCamp Portland Q&A." WP Tavern. November 10, 2018. https://bit.ly/3PV2Qn1.

clxxiii.   "Classic Editor." n.d. WordPress.org. Accessed August 26, 2022. https://bit.ly/3pOTgYa.

clxxiv. Andrew Ofstad. 2021. "Putting the Power of Software Development in the Hands of Everyone." Protocol. November 10, 2021. https://bit.ly/3PRXRDE.

clxxv. Accenture. 2022. "Q4 FY22 (Ended August 31, 2022)." https://tinyurl.com/2gw2arng.

clxxvi. Phil Simon. 2020. "Using Slack to Ghostwrite a Book: A Case Study." February 24, 2020. https://tinyurl.com/2mqflpt4.

clxxvii. Manish Singh. 2021. "Notion Acquires India's Automate.io in Push to Accelerate Product Expansion." TechCrunch. September 8, 2021. https://tinyurl.com/yhcg39z7.

clxxviii. Okta. 2021. "Businesses @ Work." March 23, 2021. https://tinyurl.com/yhbn8efq.

clxxix. Okta. n.d. "Okta Workflows." Accessed August 26, 2022. https://bit.ly/3Torr6K.

clxxx. Pendo. n.d. "Software That Makes Your Software Better." https://www.pendo.io.

clxxxi. Rina Diane Caballar. 2021. "Programming by Voice May Be the Next Frontier in Software Development." IEEE Spectrum. March 22, 2021. https://bit.ly/3e0zjuQ.

clxxxii. Ron Miller. "Serenade Snags $2.1M Seed Round to Turn Speech into Code." TechCrunch. November 23, 2020. https://tcrn.ch/3Rise7n.

clxxxiii. Jason Wong. 2019. "The Importance of Citizen Development and Citizen IT." October 10, 2019. https://gtnr.it/3TocvWe.